HISTOIRE

DU

DIX-NEUVIÈME

SIÈCLE

I

IMPRIMERIE E. FLAMMARION, 26, RUE RACINE, PARIS.

ŒUVRES COMPLÈTES DE J. MICHELET

HISTOIRE

DU

DIX-NEUVIÈME

SIÈCLE

ÉDITION DÉFINITIVE, REVUE ET CORRIGÉE

TOME PREMIER

DIRECTOIRE — ORIGINE DES BONAPARTE

PARIS

ERNEST FLAMMARION, ÉDITEUR

26, RUE RACINE, PRÈS L'ODÉON

Tous droits réservés.

INTRODUCTION

Dans ma Préface, j'exposerai le sujet de ce volume et de ceux qui doivent suivre.

Mais j'ai besoin de dire d'abord comment il a été préparé et fini, dans telles circonstances qui pouvaient l'empêcher de paraître jamais.

En 1838, lorsque j'entrai à l'Institut dans la section des sciences morales et politiques, les diverses nuances de partis, d'opinions et de gouvernements par lesquels la France a passé, y étaient représentées par des hommes qui avaient fait et su bien des choses. La Convention s'y voyait encore en Lakanal, l'âge du Directoire en Reinhard. L'Empire y était dans la personne du duc de Bassano. Ils causaient volontiers avec un écrivain fort jeune relativement, et qui semblait uniquement occupé de l'ancienne monarchie. Alors combien j'espérais peu amener mon *Histoire* jusqu'au dix-neuvième siècle! Cependant mon instinct de chasseur historique m'intéressait à leurs récits, et je ne rentrais guère sans avoir quelque note curieuse que je jetais au fond de mes cartons.

Ces notes attendirent trente années. Aux Archives aussi, où j'étais chef de la Section historique, j'eus occasion de voir et d'écouter d'autres personnages que leurs affaires y amenaient pour faire quelques recherches et qui causaient obligeamment. Là, je connus Lagarde, le spirituel secrétaire du Directoire, et tel des fournisseurs qui, bien plus que le Directoire, commanditèrent le jeune Corse et le lancèrent à leurs dépens dans la grande affaire d'Italie, qui enfin, malgré son ingratitude sauvage, s'attachèrent à sa fortune et lui manipulèrent son coûteux 18 Brumaire.

Ces notes assez précieuses dormaient paisiblement dans leurs cartons, lorsqu'au jour où j'allais m'en servir, elles furent fort en péril.

J'habite près de l'Observatoire, quartier désert, silencieux, qui n'avait jamais eu l'honneur d'être mêlé aux grandes aventures de Paris. Un matin, on décide que, pour défendre cette ville, le plus sûr est de la brûler. Mais, si l'on en brûlait le centre, l'Hôtel de Ville, à plus forte raison devait-on incendier tout ce qui se trouvait sur la route de l'armée de Versailles, le quartier du Mont-Parnasse et de l'Observatoire. Ma maison au coin de deux rues et près du Luxembourg, dans une position stratégique, devait y passer la première. Ce qui n'arriva pas. Ses gardiens obstinés firent ajourner la chose. Cependant le combat se rapprochant, on brûla le rez-de-chaussée, qui fut tout à fait mis en cendres. Le premier fut incendié et les flammes qui montaient flambèrent le second étage et le troisième que j'occupe; elles ont roussi le fauteuil sur lequel j'ai écrit tant d'années. Mais ce fut tout; le temps manqua au feu pour en faire davantage. Ce qui fit le plus de dégât dans cet appartement conservé par miracle au-dessus de l'incendie, ce fut l'explosion de la poudrière dans le Luxembourg. Les vitres volèrent non pas en éclats, mais divisées en petits fragments acérés, en aiguilles qui allèrent s'implanter partout, spécialement dans mon visage; je veux dire dans celui de mon portrait, qui eut de plus une balle. Si son original eût été là, il eût été à coup sûr, sinon tué, au moins aveuglé. — Et qui eût pu alors se reconnaître dans mes manuscrits ?

J'étais absent de Paris ; j'en étais sorti, lorsque l'Impératrice, loin de songer à la défense, laissait entrer dans cette ville de deux millions d'âmes tout un monde de bouches inutiles, quatre ou cinq cent mille paysans. Personne ne pouvait comprendre un gouvernement si insensé qui, dans Paris, engouffrait la nation comme pour la faire prendre en une fois [1].

Cette ineptie parut dans tout son jour lorsque la France aurait eu si grand besoin de plaider sa cause, de répondre aux calomnies, aux articles payés d'une foule de journalistes, quand, dis-je, dans cette tempête d'injures et de sifflets, elle resta muette, ayant elle-même enfermé, étouffé entre quatre murs ses voix les plus autorisées. Dans ce temps lugubre, de près de six mois, le monde retentit des coups sonores que recevait la France muette. Mon

---

1. Les forts n'étaient pas gardés (constaté par M. Thiers). M. Michelet avait vu dans sa jeunesse les Prussiens envahir deux fois le territoire, entrer à Paris en maîtres insolents. — Il ne se sentait plus la force de subir une troisième fois cette humiliation. Un matin, il vint à moi, me dit d'une voix concentrée que j'entends encore : « Si je reste, j'en mourrai. » Nous partîmes le soir même ; mais à distance il reçut le contre-coup de nos malheurs ; il devait mourir des blessures faites à la France. — A. M.

âge de soixante-douze ans ne me permettait pas d'être la voix forte qu'il eût fallu. Mais la chose était si criante que, même sans être Français, on eût pu en être ému. Les dérisions de l'ennemi ne me perçaient pas tant le cœur que l'abandon de nos amis. J'avais constamment le songe de 1400, du temps de Charles VII, la vision de celui qui voyait le vainqueur trônant autour de Notre-Dame, et la France humiliée qui pleurait dans le Parvis.

Dans ce grand silence, seul en Europe je parlai. Mon livre que je fis en quarante jours fut la première, et longtemps la défense unique de la Patrie. Traduit en plus d'une langue, spécialement en anglais, il rompit l'unanimité de malveillance que l'or de M. de Bismarck avait facilement obtenue. Des voix jeunes, éloquentes, s'élevèrent, et même de Londres, pour nous. La conscience publique fut avertie, de la Tamise au Danube. L'Autriche et l'héroïque Hongrie insérèrent par fragments mon livre en leurs journaux. J'intitulai ce cri du cœur : *la France devant l'Europe*, lui donnant pour épigraphe ce grave avis d'avenir : Les juges seront jugés (janvier 1871)[1].

1. Ce que ne dit pas l'auteur de ce livre, c'est qu'il a été vendu

Par un hasard singulier que je ne regrette nullement, l'éditeur de ma grande *Histoire* a publié cette année le premier volume de sa réimpression, et dans ce volume la préface où, rendant compte de mes études préalables, j'explique sans restriction mes sympathies pour l'ancienne Allemagne, pour son apôtre Luther, pour ses jurisconsultes populaires, et l'amitié dont m'a honoré leur savant collecteur, Jacob Grimm, esprit très pénétrant, qui comprit bien que, derrière la France académique, officielle, il y en avait une autre, non plus spirituelle, mais candide et profonde.

Mon point de vue était fraternel pour l'Allemagne. Oh! que je l'ai aimée, cette Allemagne-là, la grande et la naïve, celle des *Niebelungen* et de Luther, celle de Beethoven, et celle du bon Frœbel et des jardins d'enfants. Mais j'aimais beaucoup moins l'Allemagne ironique de Goethe, l'Allemagne sophistique d'Hegel qui a produit son fatalisme d'aujourd'hui. J'espérais

au profit de l'armée, des blessés. A cet argent s'ajoutaient des envois de linge, de vêtements. Dans cet hiver qui fut un des plus rudes de ce siècle, nous n'eûmes que nos habits d'été, un feu unique pour déraidir les doigts glacés. Ainsi, M. Michelet à soixante-douze ans, malade, déjà atteint au cœur, s'imposait volontairement les plus rudes privations pour tout envoyer à nos soldats. — A. M.

mieux de l'Allemagne, et je suis frappé de la voir morte en sa victime même, au sépulcre de fer où (un État slave) la Prusse l'a inhumée.

Mes sympathies pour l'Allemagne et, en général, pour les grands peuples de l'Europe, sympathies d'autant plus françaises qu'elles étaient européennes, ont apparu surtout au Collège de France. Entouré de ces jeunes gens qui m'aimaient, j'y tenais la table d'Arthur, où tous les peuples venaient s'asseoir, me demander de leur verser la vie.

Tant que César dura, je ne pensai pas à y retourner. J'achevais l'immense monument que je devais à la France. Mais, en 1871, je crus devoir réclamer moins pour moi que pour le Collège de France, pour l'inamovibilité de ses professeurs, droit reconnu dès sa fondation, et par plus d'un ministre même.

M. Jules Simon, alors ministre, me répondit que ma chaire était régulièrement occupée. Ce que je nie. — En 1852, M. Alfred Maury, bibliothécaire très confident de l'empereur, s'y fit nommer, et, de plus, directeur des Archives, ce qui est un sous-ministère.

Même interdiction contre mes livres d'enseignement, contre le *Précis d'histoire moderne*, prescrit jadis par l'Université. Tant on craint même les livres impartiaux qui remplaceraient ceux de l'Empire.

Ceci n'est pas une plainte.

Suspendu en 1847 par le ministère Guizot,

Destitué au 2 décembre (sans retraite, ni pension),

De nouveau repoussé de ma chaire par le gouvernement de Versailles,

Je n'ai pas à me plaindre. Car rien ne m'a manqué. Les gouvernements, les partis se sont trouvés d'accord pour me récompenser en proclamant, de leur mieux, mon indépendance.

Je le méritais bien. Je n'ai point varié. Si je n'ai point ma chaire, j'ai d'autant mieux mon tribunal, immuable, assez haut, pour bien voir les tempêtes où tout s'agite et tourne au grand vent des révolutions. Pour les rois, pour les peuples, et les révolutions elles-mêmes, là est le Jugement dernier, l'arrêt définitif, la sentence et la grande épée.

1er Janvier 1872.

PRÉFACE

Un des faits d'aujourd'hui les plus graves, les moins remarqués, c'est que l'allure du temps a tout à fait changé. Il a doublé le pas d'une manière étrange. Dans une simple vie d'homme (ordinaire, de soixante-douze ans), j'ai vu deux grandes révolutions qui autrefois auraient peut-être mis entre elles deux mille ans d'intervalle.

Je suis né au milieu de la grande révolution territoriale, et j'aurai vu poindre la grande révolution industrielle.

Né sous la terreur de Babeuf, je vois avant ma mort celle de l'Internationale.

Plusieurs fois la même panique a créé de mon temps ce que l'on croyait un remède, le gouvernement militaire, le César d'Austerlitz, le César de Sedan.

Grands changements qui, captivant l'attention, l'ont détournée d'un fait non moins grave et plus général : la création de l'empire le plus grand qu'ait vu le soleil, l'empire anglais, dix fois plus étendu que ceux de Bonaparte et d'Alexandre-le-Grand.

Jamais la mort n'a eu de tels triomphes sur le globe. Car si Napoléon en dix ans seulement (1804-1814) a, d'après ses propres chiffres, tué dix-sept cent mille Français et sans doute autant d'Allemands, Russes, etc., l'Angleterre, dans un procès célèbre, accusa un de ses gouverneurs d'avoir tué par la famine, en un an, des millions d'Indiens. Par ce seul fait, on juge ce que put être en cent années la tyrannie coloniale exercée sans contrôle dans l'inconnu, sur deux cents millions d'hommes.

Mais si les forces destructives ont eu de tels succès, les forces créatrices n'étonnent pas moins par leurs miracles. Et cela si récent ! Je crois rêver quand je songe que ces choses incroyables se sont faites dans une vie d'homme. Je suis né en 98. C'est le temps où M. Watt, ayant fait depuis longtemps sa découverte, la mit en œuvre dans sa manufacture (Watt et Bolton), produisant sans mesure ses ouvriers de fer, de cuivre, par lesquels l'Angleterre eut bientôt la force de quatre cents millions d'hommes. Ce prodigieux monde anglais, né avec moi, a décliné. Et ce siècle terrible appliquant à la guerre son génie machiniste a fait hier la victoire de la Prusse.

Ceux qui croient que le passé contient l'avenir,

et que l'histoire est un fleuve qui s'en va identique, roulant les mêmes eaux, doivent réfléchir ici et voir que très souvent un siècle est opposé au siècle précédent, et lui donne parfois un âpre démenti. Autant le dix-huitième siècle, à la mort de Louis XIV, s'avança légèrement sur l'aile de l'idée et de l'activité individuelle, autant notre siècle par ses grandes machines (l'usine et la caserne), attelant les masses à l'aveugle, a progressé dans la fatalité.

Notez qu'à ces grands faits d'en bas répond par en haut très fidèlement une petite sonnette. C'est la philosophie, qui dit parfaitement les mêmes choses. Au fatalisme de 1815 et d'Hegel succède le fatalisme médical, physiologique, de Virchow, Robin et Littré.

Moi, je m'en tiens ici à la grosse machine. Et si je parle ici du fatalisme d'idées, ce sera par occasion, et seulement quand j'y serai traîné par le progrès des sciences naturelles (comme par Lamarck en ce volume).

En général, cette histoire, fort matérielle, pourrait se dire toute en trois mots : *Socialisme*, *Militarisme* et *Industrialisme*.

Trois choses qui s'engendrent et s'entre-détruisent l'une l'autre.

La terreur de Babeuf fit Bonaparte autant que ses victoires, c'est-à-dire que le Socialisme naissant, par sa panique, a fait le triomphe du Militarisme.

Celui-ci, que rencontra-t-il dans sa grande lutte ?

Constamment l'or anglais créé par la puissance industrielle qui payait et armait l'Europe. Puissance vaincue à Austerlitz, victorieuse à Waterloo.

On ne peut comprendre un siècle qu'en le voyant dans son ensemble. Les faits énormes de celui-ci resteraient fort obscurs, si on ne le reprenait à son principe général, *la machine*, et d'abord la machine humaine : *l'enrégimentation*.

Je suppose que vers 1800, sans rien savoir de notre Europe, je la regarde d'en haut, par exemple du haut d'un ballon. Quelle chose frappera ma vue ? Un phénomène analogue dans tout l'Ouest. Je verrai dans notre France des masses énormes graviter vers de vastes ruches maussades qu'on appelle des casernes, et des foules non moins grandes en Angleterre s'entasser dans ces ennuyeux habitacles qu'on appelle des fabriques.

Je croirais des deux côtés voir des maisons pénitentiaires où l'on ne va que condamné. Il n'en est pas ainsi. Tout entière, l'Angleterre d'elle-même y a passé, et s'est enterrée là. Où est-elle la vieille Angleterre, avec ses classes agricoles, le paysan, le gentilhomme de campagne ?... Tout cela, en trois quarts de siècle, a disparu, fait place à un peuple d'ouvriers, enfermés aux manufactures. Chez nous, depuis quatre-vingts ans, le fils du paysan chaque année, gaillardement enrubanné, a accepté en chantant la servitude des casernes et de leurs exercices ennuyeux. Pourquoi ? Pour échapper au labeur du sillon, à la monotonie du travail agricole. Cette monotonie, l'ennui sans fin des longues heures, l'Anglais l'accepte parfaitement. Pour que tous deux agissent tellement contre la nature, il y a des motifs variés. Mais le plus général à coup sûr pour l'Angleterre depuis un siècle, et chez nous depuis un peu moins, c'est le grand changement du régime alimentaire, le besoin d'une nourriture plus coûteuse qui double la force.

Est-ce (comme croient les moralistes) un pur matérialisme ? Est-ce la simple sensualité qui met le monde sur cette pente ? Non, c'est surtout une idée, la joie de *se croire fort*, de croire qu'on peut davantage. De plus en plus on y tend pour agir ou pour produire. Tout a été augmenté et accéléré par ce changement de régime.

L'aveugle, l'impatient besoin d'être fort a entraîné à préférer souvent à la viande même, ce qui donne immédiatement un accès de force factice, les liqueurs fermentées, l'alcool. De là, mille maux. Il suffit ici de constater que ces moteurs puissants, qui tendent si violemment la machine humaine, ont infiniment augmenté la passion de faire des miracles, d'obtenir des effets subits, de suivre les grands machinistes, et les faux enchanteurs qui nous trompent en les promettant.

Dans le présent volume, je dois signaler une

chose et prévenir d'avance le lecteur qui, parvenant sans avis aux deux tiers, rencontrerait un changement à vue, un énorme saut, d'une chute épouvantable. Est-ce ma faute si ce volume est monstrueux, discordant? Non, c'est celle du Dieu de ce siècle, de sa fatalité barbare et meurtrière.

Avez-vous quelquefois, en chemin de fer, passé brusquement un tunnel qui change tout à coup l'aspect des lieux, le paysage, comme quand de l'aimable Lyonnais vous entrez au monde des mines, dans les rudes scories et les noirs charbons du Forez? Changement qui ne rend que faiblement celui qu'on trouve en ce livre. Vous y arrivez tout à coup à une fente profonde et si large que vous ne pouvez la sauter. C'est comme sur la Mer de glace, à tel pas dangereux. Tout s'effondre, s'abîme. Que vois-je au fond? Horreur! trois millions de morts, pour commencer, de plus 1815, 1870, l'enterrement de la France, et demain celui de l'Allemagne, qui craquera pressée entre la France et la Russie.

Mais pour revenir au principe du désastre, avant 1800 une chose fort tragique, c'est le vertige, une sorte d'aliénation mentale. Le mauvais rêve de la terreur et de la guerre universelle avait bouleversé les esprits, les mettant hors de la raison et de tout équilibre, et les rendant surtout avides d'émotions. Après avoir épuisé et forcé tout ce que donnait l'humanité, il faut quelque mirage, quelque songe qui semble être au delà. On veut du miracle à tout prix.

Mais quelles contradictions! Jamais la France ne fut si attendrie que le lendemain de Thermidor. Une vive sensibilité éclate, et par les systèmes de fraternité sociale, et dans les sciences qui montrent (de l'homme jusqu'à l'animal) l'universelle parenté de la Nature. Dans l'art, une grâce touchante apparaît dans Prudhon. Il semble que le faux héroïsme et les comédies d'énergie se soient tous réfugiés dans les toiles de David.

Qui croirait qu'à ce moment même, la surprise d'un imbroglio violent, la vive entrée en scène d'un acteur étranger ravisse les spectateurs et les jette hors d'eux-mêmes? Et ce n'est pas seulement la masse qui s'extasie devant Bonaparte. Les artistes, qui sont des enfants, battent des mains. « Quel bonheur! changement à vue!... Quel merveilleux spectacle, inexplicable! L'humanité tout à coup ne compte plus dans les affaires humaines. Quelle simplification sur le théâtre. Un seul acteur! Ah! voilà bien le spectacle classique, la vraie peinture d'histoire. » D'autres sentent, dans cette unité apparente, un terrible brouillamini, mais se gardent de l'éclaircir. Ils en ont la joie des enfants, la joie que l'enfant a du déménagement et de l'incendie. C'est superbe! Il n'y comprend rien!

Aussi, bien loin de vouloir éclaircir cette grande complication, ils l'augmenteraient plutôt. De la confusion ils feraient volontiers une Babel encore plus discordante, ils veulent à tout prix le miracle.

Le miracle, c'est notre sottise et notre aveuglement. Le naturaliste et l'historien (ce qui est même chose) est celui qui supprime les miracles en les expliquant, et montre que les plus étonnants ne sont que des cas naturels.

Pour Bonaparte, un sérieux examen prouvera que (bien loin que son succès fût un miracle), le miracle eût été qu'avec de telles circonstances il ne réussît pas.

Le gouvernement qui venait après le grand effort de 93 était perdu par la seule lassitude d'un tel effort (Voy. Hamel). Perdu *financièrement* par les milliards de faux assignats que fabriquèrent les Anglais, perdu *militairement* par la nécessité où il fut de réformer en un an trois cent mille soldats, dix-sept mille officiers. Il était facile à prévoir que ces gens licenciés regarderaient vers un chef et le suivraient. Ils ne voulurent pas un des leurs, mais plutôt un étranger, que le maladroit Barras et le crédule Carnot élevèrent à l'envi, et qui, avec l'armée merveilleuse de la Révolution, eut de très rapides succès.

Une étrange coïncidence, mais facile à concevoir, c'est qu'indépendamment de l'armée, il vit la nation venir à lui. Pourquoi ?

La France ayant eu la magnanime imprudence de laisser rentrer les émigrés, un débat interminable s'élevait entre l'émigré de retour et l'acquéreur de biens nationaux, entre l'ancien et le nouveau propriétaire. Comment juger un tel procès ? On crut que tout Français y était trop intéressé. On se fia à cet Italien qui donnait des espérances à tout le monde.

C'est ce qu'on avait vu si souvent en Italie, où une ville, n'espérant pas concilier elle-même ses débats intérieurs, se fiait plutôt à quelque étranger qu'on cherchait au loin, et qu'on créait juge armé, *podestat*.

Mais ici, il y avait une chose de plus. Les variations de la *propriété* avaient créé des doutes sur sa nature et son droit même. Babeuf, le principal auteur de ces théories, avait pour lui une partie des jacobins. Cela causa une alarme universelle. On crut voir la société elle-même en péril, et pour la sauver on implora ce grand prometteur italien qui gagna les deux classes de propriétaires, en garantissant les nouveaux, et donnant aux anciens des places, et leurs biens non vendus, enfin les dédommagements d'une cour.

Au reste, je ne veux nullement faire l'histoire de Napoléon. Je désire seulement montrer les *origines de son système et du militarisme*, montrer comment la guerre, devenant sous lui un métier, une industrie, lutta contre l'*industrie anglaise*. Celle-ci, si rapace dans l'infini colonial, et créant dans l'intérieur un monde de richesses, a détruit en revanche *Old England*, la vieille Angleterre, où était l'âme du pays.

Voici le sens, le sujet principal des volumes que je publie. C'est ma joie de pouvoir enfin ramener la justice dans une histoire si longtemps obscurcie.

Les vainqueurs, les vaincus en ont également souffert. Et je ferai effort pour leur faire à tous réparation. On verra quelle conspiration le bonapartisme fit constamment contre Hoche, Masséna et tant d'autres héros. Je rendrai aussi ce qu'on doit aux Hongrois, Slaves et tant de nations brutalement perdues dans le nom d'Autrichiens et qui, tant de fois, dans cette lutte, ont relevé l'Autriche avec une mémorable obstination.

L'Italie a bien le droit de réclamer aussi contre un faux Italien qui, bien loin de l'aider au grand moment de son réveil (95), l'a constamment injuriée par de funèbres mots qui la replongeaient dans la tombe.

Je me félicite de publier si tard les vues qu'à diverses époques de ma vie j'eus sur Bonaparte, ce sujet où tant de gens ont regardé sans voir. C'est, certainement, le plus difficile de l'histoire, le plus obscur en plein soleil par la quantité des mirages et des fausses lueurs qui ont égaré les esprits.

Il n'est aucun exemple d'une vie si préparée et si voulue. Né d'une prophétie, dès l'enfance élevé et s'élevant lui-même pour les réaliser, en tout le reste variable, il fascina par des moyens divers [1] des

---

1. Cette fascination très grossière n'a jamais été remarquée. La France, après la Terreur, avait perdu le *rire*, sa grande arme contre les tyrans. Bonaparte y prêtait beaucoup. On ne s'en avisa que tard. Son bavardage étourdissant, d'un hâbleur si souvent vulgaire, en faisait un personnage de

hommes différents, des Barras, des Carnot. Puis, le succès faisait le reste, il éblouit même ses instruments, les hommes héroïques qui faisaient ce succès. Ils s'admirèrent et s'adorèrent en lui. Les grands acteurs de cette époque, guerriers ou politiques, n'ont point écrit, ou ils ont laissé leurs écrits à des mains intéressées à en ajourner la publication (Victor, Barras, La Révellière-Lepeaux, Réal et Talleyrand, etc.).

Bonaparte a eu l'insigne avantage d'écrire et de parler, de son rocher de Sainte-Hélène, à l'Europe attentive, avec une incroyable autorité et l'intérêt tragique de ses malheurs. Il s'est glorifié et a calom-

tragi-comédie (*tragediante-comediante*), comme l'a nommé Mario Proth, dans son spirituel écrit; un *Jupiter-Scapin*, a dit M. de Pradt. L'histoire ne fera jamais rien, si elle ne perd le respect, si, comme dans le vieux poème, elle n'imite Renaud de Montauban, qui prend un tison noir pour faire la barbe à Charlemagne. Le sacrilège, la raillerie des faux dieux est le premier devoir de l'historien, son indispensable instrument pour rétablir la vérité. Mais il faut que la moquerie soit l'expression d'un mépris sérieux, profond, solidement fondé. — Pour moi, je n'ai rien épargné pour donner à mon jugement ce caractère. Le temps d'abord; toute ma vie j'ai rêvé, j'ai mûri ce livre. L'Europe, je puis le dire, y a contribué par le secours que mes amis, de toute nation, m'ont donné. Grâce à leur empressement, j'ai pu travailler partout. Les bibliothécaires d'une foule de villes m'ont si obligeamment aidé, que partout j'ai pu me croire chez moi. A Florence et Pise, à Toulon, à Lausanne, Vevey, Genève, j'ai eu de précieux secours, et l'on m'en envoyait même de Pesth. A Genève, un regrettable ami que j'ai perdu, le savant helléniste Bétant, consul de Grèce, prenait mille soins pour m'envoyer les livres. J'en dis autant de M. Vulliemin, l'éminent historien de Lausanne. Chose inattendue, c'est de cette ville, de sa bibliothèque hospitalière que me sont venus les éléments de mon travail sur la Corse qui m'a coûté tout un été. Ces livres avaient été légués et mis là par les grands patriotes vaudois, MM. de La Harpe, si amis de la France, qui voulaient être les Paoli, les libérateurs de leur pays. On peut juger de mon étonnement, en recevant ce secours inattendu de ces illustres citoyens qui m'avaient préparé cela, et travaillé pour moi, en quelque sorte. Je le méritais bien par ma reconnaissance et mes sentiments fraternels.

nié tout le monde, sans conteste et de haut (*in articulo mortis*). Ses ennemis l'ont cru, et les historiens anglais répètent à l'envi ses mensonges.

Cet homme désintéressé a laissé une grosse fortune, une famille fort riche, qui, sur la foi de son *étoile*, a puissamment cultivé la légende, en vue d'une restauration, travaillant et pour lui, et, comme il avait fait, contre les grands acteurs de l'époque (Masséna, Hoche, Ney, etc.).

La vérité pourtant subsistait en dessous, quoique enterrée. Pendant un demi-siècle, j'ai pu surprendre par moments des jours inattendus qui se faisaient. La mort m'aidait beaucoup. Elle a un pacte avec l'histoire. Elle lui donnait la joie de voir par moments disparaître ces ombres artificieuses, qui pendant si longtemps avaient masqué la vérité.

Le meilleur, c'est que justement en plein triomphe ils se sont découverts. Au plus fort de l'ivresse du dernier règne, des spéculateurs littéraires assurèrent à César que la Correspondance de *l'autre* pouvait très bien se publier, en l'épurant par des mains sûres. Bonaparte écrivait très peu. Mais dans la foule des lettres qu'il inspirait, dictait, on pouvait faire un choix. Seulement, pour cette opération il eût fallu des yeux ; je veux dire une attention éclairée, pénétrante, pour voir ce qu'il fallait cacher. Mérimée et autres avaient de l'esprit, mais il fallait une étude sérieuse et de la patience. J'ai vu avec surprise que, dans ce grand recueil, émondé au hasard, des faits énormes étaient restés ; et restés pour moi seul. Car dans les *Histoires* (du reste estimables et fort belles qu'on commença sous Napoléon III), ni l'auteur, ni l'éditeur sans doute, ne pouvaient s'en servir, ni exploiter ces faits qui changent tout.

On y voit plusieurs choses singulières et inattendues : 1° l'apparition des banquiers et fournisseurs (que du reste j'ai connus moi-même), lesquels ont lancé Bonaparte dans la campagne d'Italie ; 2° les longs mois de sa royauté financière, ces mois où par deux fois cette campagne fut interrompue, où Bonaparte mit à la porte les surveillants que lui donnait le Directoire, enfin où il fut vice-roi ou roi plus que Clive et Hastings ne le furent jamais dans les Indes.

Je me suis arrêté ici, dans ce volume, à ce point où les deux histoires, où les deux grands acteurs, la France et l'Angleterre, qui se battaient sans se connaître, et, on peut le dire, à tâtons, ont certains points de ressemblance. On ne peut faire l'histoire de France, et encore moins la vie de Bonaparte, en restreignant le champ de la vision à cet unique objet, sans se l'exagérer beaucoup, et le fausser par cela même.

Au volume suivant, tout en donnant la fin de l'héroïque et vaine campagne d'Italie qui finit par en rendre les clés à l'Autriche, j'espère mener de front les grandes masses qui font mon sujet principal, l'histoire morale de l'armée des soldats, et de l'armée des ouvriers.

Une chose assez curieuse, c'est que l'esprit de guerre avait alors gagné tout le monde. Un Genevois a fort bien remarqué la fureur militaire que déployaient alors les ouvriers anglais, travaillant avec rage, et peut-être plus animés à la guerre que les soldats eux-mêmes. Dans le sombre atelier, ils rêvaient des batailles, faisant à leur métier la conquête des Indes ou livrant des combats de Trafalgar. Ce qui, dans ce jeu acharné, leur permit en vingt ans, de doubler constamment la mise, jusqu'à ce que le gros lot sortît.

HISTOIRE
DU
DIX-NEUVIÈME SIÈCLE

PREMIÈRE PARTIE

LA FIN DES JACOBINS.

CHAPITRE PREMIER

Le jacobinisme finit. — Le socialisme commence.
Babeuf, Saint-Simon, Fourier.

Ce que Camille Desmoulins entrevoit dès 92, la *Terra incognita* qu'il signale à l'horizon, paraît au 9 thermidor. Les chefs des trois écoles socialistes, Babeuf, Saint-Simon, Fourier, sortent presque en même temps des prisons de la Terreur.

Saint-Simon avait trente-quatre ans, Babeuf trente, Fourier vingt-deux. Saint-Simon avait été enfermé au Luxembourg, et Babeuf à l'Abbaye. Fourier, en 93, après le siège de Lyon, fut très près de l'echafaud, puis, en 94, prisonnier à Besançon.

Leurs idées, à l'origine, ne sont nullement discordantes ; elles ont le même point de départ : l'humanité, la pitié, la vue des extrêmes misères. L'ardent foyer en fut Lyon, d'une part, où vivait Fourier ; de l'autre, la Picardie, patrie de Babeuf ; et le profond centre du monde, la Commune de 93, où Chaumette, son apôtre, accueillit les socialistes de Picardie et de Lyon.

Le peuple mourait de faim. Du papier, des lois, des clubs ne suffisaient pas. Il fallait du pain. Trois pensées surgirent du cœur. Quelque opinion qu'on ait des fameux utopistes, il faut dire que leurs systèmes, leurs excentricités même sortirent d'un cœur admirable, de l'élan le plus généreux.

Babeuf, dans ses premiers ouvrages, fort sage, encore éloigné de l'impossible utopie qui le mena à la mort, ne demande (comme Chaumette) que le partage des terres désertes qui surabondaient, le partage des communaux pour les rendre productifs. *Le Droit* est sa base unique, le droit universel des hommmes « à la suffisante vie ».

Saint-Simon veut le *Progrès*. Le progrès immédiat pour lui, c'est de faire passer la terre des mains nobles, oisives, aux mains laborieuses et fécondes, de la mettre en menues parcelles, à bas prix, pour le paysan. De là ses spéculations, si désintéressées, sur les biens nationaux. De là aussi son fanatisme pour la Science, cette religion positive qui va centupler les forces de l'homme, ses ressources, ses moyens de bonheur.

Fourier rêve l'*Harmonie*. Né vers le Jura, il connut ses humbles mais admirables associations fromagères. A dix-huit ans, la vision du Palais-Royal, à Paris, éblouissant d'arts, du noble enseignement du Cirque, le saisit, lui donna un songe du phalanstère de l'avenir. Mais rien n'agit plus sur lui que le brûlant milieu de Lyon, ses fraternités ouvrières. Le socialisme était là chez lui, et déjà ancien chez les Vaudois lyonnais, les Pauvres de Lyon. Il avait eu comme un saint, une légende en 93 (dont je parlerai tout à l'heure). C'est Lyon[1], surtout, qui fit Fourier. Il y vit l'excès des maux et il y chercha les remèdes. Son rêve d'harmonie tourna vers la société agricole, vers les fraternités rustiques, dont il avait vu le germe au Jura. Sous forme de calculs bizarres, il devint un grand poète, le poète de la faim. « La suffisante vie » de Babeuf ne suffirait à celui-ci. Mille ans de faim sont en lui, et il aurait en pitié les tables de Gargantua. Il tire de l'association les miracles de l'abondance, fait asseoir toute la terre à un prodigieux banquet.

La terre ? Mais c'est peu de chose. Il faut qu'elle soit si heureuse que le bonheur en regorge dans toutes les planètes voisines et dans les globes infinis que nous devons traverser.

On ne comprendra jamais la France en 93, le

---

1. Voir le *Banquet* tiré des *Papiers intimes*.

crescendo de ses misères accumulées de siècles en siècles et pesant alors du poids du temps qui était derrière, tant qu'on n'aura pas écrit un terrible livre qui manque : *l'Histoire de la faim*.

« Quoi donc ? Ce qu'on a dit du progrès serait faux ? »

Non. Mais observons deux choses :

1° Le progrès n'est point du tout une ligne droite et suivie ; c'est une ligne en spirale qui a des courbes, des retours énormes sur elle-même, des interruptions si fortes qu'il ne recommence ensuite qu'avec peine et lentement ;

2° En bien des choses où les maux ont diminué, la sensibilité augmente. Moins endurci, on a bien plus l'impression des douleurs présentes, les regrets, les soucis, les craintes.

Voilà ce que j'ai observé tout le long de ma grande *Histoire*, en traversant tant de famines. Je voyais, en avançant, un sens se développer, celui des besoins, des misères. Oui, on souffre davantage à mesure que vient le temps. On prévoit mieux, il est vrai, mais on est de plus en plus affiné pour la douleur.

Les animaux meurent sans bruit. La faim qui revient souvent, la très faible alimentation qui use, atténue, alanguit les facultés digestives, rend scrofuleux, rend phtisique, mais tue assez doucement. On se déshabitue de vivre. On se dit : « Pourquoi manger ? » C'est ce que nous avons vu (peu après 1860) dans l'extinction immense des tisserands de

Normandie. C'est ce que nous comprenons des grandes extinctions d'hommes qui moururent en silence dans le lointain Moyen-âge.

Vers 1300, lorsque le serf ne paya plus seulement en denrées, mais en argent, la piqûre du désespoir fut atroce. Tout eût fini sans la leçon de Satan (qui fut le Malthus d'alors) : « Peu d'enfants et beaucoup de blé. Supprimer les bouches inutiles. N'engendrer plus pour la mort. »

Louis XII nous remonte un peu, Henri IV nous remonte un peu. Mais quelle rechute terrible avec la Guerre de Trente-Ans, avec le vampire Mazarin !

Un chiffre certain, authentique, dit qu'une terre qui, sous Henri IV, rapportait deux mille cinq cents livres, n'en donne plus sous Mazarin que quatre cents. (Voy. Feillet.)

Il y eut dix années meilleures, de l'avènement de Colbert jusqu'à la guerre de Hollande (1661-1670). Mais après, un nouvel état de misère et d'épuisement. Boisguillebert, dans ses préfaces, dit lugubrement : « Plus d'huile à la lampe. » L'année 1709 parut être le décès de la France. Ce qu'en raconte Duval dans ses *Mémoires* fait horreur. A peine se remettait-on que la grande débâcle de Law nous fit enfoncer de nouveau.

La nourriture insuffisante ramène, au dix-huitième siècle, ce détraquement des nerfs que l'on vit au seizième dans la danse de Saint-Guy), les convulsions de Saint-Médard, si près de l'épilepsie. Les plaisanteries des Anglais sur les *grenouilles fran-*

çaises, le peuple maigre, ne sont que trop bien fondées. Dans la classe la plus connue, celle des gens de lettres, on voit des misères incroyables. On voit Rousseau, sans asile, coucher dans une grotte, près Lyon. Diderot nous conte qu'un jour il s'évanouit de faim...

Cependant l'industrie naissante, les étoffes de Lyon, sous Colbert, sous Louis XV le meuble, les arts charmants de Paris qui alors conquirent l'Europe, augmentaient la population ouvrière des grandes villes. L'ouvrier travailla *en chambre*. Quoi donc! il avait une chambre? La *mansarde* avait été créée sous Louis XIV. On ne fut plus entassé dans un malpropre pêle-mêle. Le vieux communisme cessa. On eut un *chez soi*, et, dès lors, une femme et une famille, souvent de nombreux enfants.

Ainsi, ce progrès moral fut un progrès d'embarras. Comme on sentit mieux la misère dans les mauvais temps de chômage! Dans les *macabres* d'Holbein, la mort semble joyeuse et légère, tout heureuse de n'exister plus. Mais l'homme-famille, grand Dieu! les épreintes de la faim lui sont devenues sensibles! les mères!... Elles auraient passé à travers le fer et le feu!... On le vit le 6 octobre, quand elles allèrent à Versailles prendre, au milieu de leurs gardes, le *boulanger*, la *boulangère*, et les ramener à Paris. On le vit dans toutes les grandes journées de la Révolution. Ce sont les femmes, les mères qui les rendirent plus furieuses. Et quand les hommes furent las, elles seules persévérèrent.

Il y eut des jours terribles où l'on ne vit que des femmes ; alors nul cri que la faim.

J'excuse Quesnay d'avoir tout vu dans la terre, d'avoir fait de l'Économie comme une religion de l'agriculture. Mais tous ces appels à la terre ne pouvaient être entendus d'elle. Le fisc, sous Louis XIV, ayant saisi, vendu, détruit tous les troupeaux, plus d'engrais. L'épuisement alla croissant. Le voyageur Arthur Young traversa de vastes terres abandonnées. Pourquoi? Un chiffre l'explique (Doniol, 433). La moitié du champ, chaque année, devait rester au repos, et la moitié cultivée ne rendait que quatre fois la semence. Tirez de là l'impôt, la dîme, les taxes seigneuriales, rien ne reste pour manger. Nulle raison de cultiver.

Mais voilà 89... Sans doute nous sommes sauvés. Au contraire : la France subit une chose inouïe. Pendant deux ans, point de culture. C'est une opération terrible en l'histoire naturelle de se métamorphoser, de changer de peau. Il y a de quoi en mourir. Cet entr'acte dans la culture a lieu quand la terre n'est plus au clergé, à l'émigré, et n'est pas encore vendue, divisée au paysan. Il y eut sur des espaces immenses interruption du travail, attente. Mais la vie n'attend pas. La faim, surtout dans les villes, atteignit la limite extrême où elle soit arrivée jamais.

La vue de ces cruelles misères était pour le cœur un supplice. La faim crée des maladies; mais le spectacle de la faim fut aussi une maladie, très nouvelle et propre à ce siècle, *la furie de la pitié*. L'humanité fit des appels insensés à l'inhumanité même, à la mort, au grand médecin, qui semblait pouvoir d'un coup guérir tous les maux de ce monde. Marat qu'on saignait sans cesse et qui ne voyait que du rouge, fut un philanthrope atroce. Chalier, un saint de la Terreur, qui ne fut cruel qu'en paroles, mais qui eut au cœur un amour infini des pauvres et de tout ce qui souffrait, effraya Lyon de son délire. Son ami, le riche Bertrand, donna tout et vint à Paris s'unir à Chaumette et à Babeuf.

CHAPITRE II

Babeuf.

Bertrand arriva de Lyon, et Babeuf de Picardie, à peu près au même moment. Tous les deux se rallièrent non aux Jacobins, mais à la Commune, à Chaumette. Ils le trouvèrent dans la crise épouvantable de Paris qui mourait de faim. Chaque jour il devait répondre aux foules désespérées qui, comme un élément aveugle, venaient heurter à la Grève, en criant : « Du pain! du pain! » Le bureau des subsistances, où se précipitaient ces foules, avait pour secrétaire Babeuf.

L'inaltérable douceur de Chaumette, sa prodigieuse patience, amortissaient quelque peu le choc de ces vagues humaines. Pendant trois longs mois entiers, juin, juillet, août, où les Comités ne firent rien, il soutint ce flot. Avec quoi? avec des paroles, des projets, des plans de réformes. Il nourrissait ce peuple misérable, mais intelligent, des prospérités à venir. Les registres de la Commune (voy.

Archives de l'Hôtel de Ville) sont chose admirable et sacrée[1]. Il n'y eut jamais une administration plus inquiète du bien du peuple, qui, du plus haut au plus bas, à ce point sentit, prévît tout. Depuis la réforme des hôpitaux jusqu'au Musée du Louvre, au Conservatoire de musique, sa paternité embrasse toute la vie populaire. Une seule chose manquait, le pain.

Ce qui calmait le plus le peuple, c'était le désintéressement connu, la sobriété fabuleuse de ses magistrats. Jacques Roux, membre de la Commune, et ses amis, ses disciples, refusèrent obstinément tout salaire, celui qu'on donnait même pour l'assistance aux sections. Ils jeûnaient avec le peuple. Le secrétaire des subsistances, Babeuf, avait la vie austère du plus rigide stoïcien. Lui, sa femme et son enfant, ils ne mangeaient que du pain. La femme et le fils travaillaient, aidaient le père. Ce fils (Émile, élevé d'après l'*Émile* de Rousseau) garda toujours la forte empreinte de cette haute austérité, du plus ardent patriotisme. Quand l'étranger entra en France, il monta sur la Colonne et il se précipita.

Babeuf était d'un pays que j'appelle le midi du Nord, la Picardie, race inflammable, où abondent les cœurs généreux (citons Camille Desmoulins, qui commence la Révolution, et Grainville qui la finit par l'épopée du *Dernier homme*). Ce sont des populations très bonnes. Qui jamais en bonté, en cha-

---

[1]. Ces registres ont été brûlés, en 1871, dans l'incendie de l'Hôtel de Ville. Ce qu'on en trouve ici est d'autant plus précieux (1880). — A. M.

rité, en pitié, surpassa les femmes picardes? Babeuf fut atteint du mal qui perdit Chalier, tant d'autres, la pitié violente, active, qui ne s'égare point en discours, mais veut, en acte et en fait, mettre ici-bas un régime d'humanité, de justice.

Il était de Saint-Quentin. Tout ce qu'on sait de sa famille, c'est que son père, au service de l'étranger, éleva le philanthrope Léopold, duc de Toscane. Ce serait donc d'un Babeuf que Léopold aurait reçu les idées philosophiques, économiques, de la France? Ce père était-il un disciple de Quesnay, de l'école économiste de la terre? je le croirais. Car je vois son fils, orphelin de bonne heure, qui se fait l'homme de la terre, arpenteur et géomètre, faiseur de terriers, comme on disait. Dès seize ans, il est plongé dans les archives seigneuriales, et prend à fond la connaissance du régime d'iniquité qui fait faire la Révolution.

Ce qui le choquait le plus, lui était intolérable, c'est la manière monstrueuse dont on imposait la terre, dont on répartissait les taxes. En mettant d'abord à part les biens des privilégiés, on retombait cruellement sur le simple cultivateur. Il n'était point appelé à donner des renseignements pour éclairer les collecteurs. Ceux-ci déchargeaient leurs biens, déchargeaient ceux de leurs amis, en surchargeant tout le reste. Pour la vérification, ils s'assemblaient au cabaret avec les notables du lieu, bâclaient tout parmi les pots (Bab., *Cad.*, 37). Babeuf, en 89, écrit son premier livre, *Cadastre perpétuel*.

Livre très bon, très modéré. Il part des idées de Rousseau, de Raynal, sur le droit de tous à la terre ; mais, en pratique, il ne demande que des choses fort applicables. « Je ne prétends pas rétablir la primitive égalité, dit-il, mais je dis que les malheureux pourraient la redemander si les riches persistaient à refuser des secours, et les secours honorables qui conviennent à des égaux. » Le premier c'est l'éducation, uniforme, égale pour tous.

Rien n'indique qu'il ait connu Morelly. Son livre n'est point communiste. Il reconnaît partout le droit de propriété. Il explique le but de l'impôt. La société qui lève l'impôt, doit l'employer à protéger et les actes de l'industrie actuelle, et les fruits de *l'industrie antérieure* qui amassa les capitaux. Seulement, dit-il, le rentier doit payer double.

L'ouvrage, présenté à l'Assemblée constituante, fut bien accueilli, loué. Il est de 89, mais postérieur évidemment aux décrets du 4 août, à la renonciation aux droits seigneuriaux. C'est le seul point où Babeuf soit vraiment révolutionnaire. Il y parle des *promesses* qui doivent être réalisées, qui ne peuvent rester de vains mots.

Son fort bon portrait gravé (1790), de figure très résolue, d'œil ferme, de grand nez, décidé, indique assez l'homme d'action qui veut réaliser le droit, le rigoureux géomètre de justesse et de justice.

Il avait pris au sérieux les lois que faisait l'Assemblée. Il ne laissa pas dormir ces fameux décrets du 4 août. Le pauvre paysan picard continuait de payer. Babeuf l'avertit de son droit. Il y eut alors sur la Somme ce qu'on nommait insurrection, et ce qui n'était après tout que l'exécution de la loi. La suppression des gabelles fut de même, grâce à Babeuf, exécutée à la lettre ; les préposés furent chassés. De là un procès terrible en 90. Il est jugé à Paris. Babeuf acquitté devient populaire. Il est nommé administrateur de la Somme (au 10 août 92).

Mais là, il a le secret de mettre contre lui tout le monde. Dans la terrible misère où l'on était, il propose de partager, cultiver les biens communaux, ces landes qu'on laissait stériles. Les plus indigents, pour paître une chèvre, aimeraient qu'on laissât à la vaine pâture, au désert, des terres de de demi-lieue carrée. Les gros du pays ameutèrent contre lui ces masses aveugles. La rage alla jusqu'à mettre sa tête à prix. On l'aurait traqué, tiré, tué, comme une bête sauvage.

En juin 93, il se sauve à Paris, à la Commune où on le place au bureau des subsistances. Pendant ce temps, dans la Somme, sans l'avertir, l'appeler, on tramait sa perte. On arrangeait, on machinait contre lui un procès en faux.

Établissons-nous avec lui au bureau des subsistances, à la Grève, au grand combat.

La Commune était divisée. Hébert s'en occupait peu, était tout dans son journal de colère et de menaces, qui ne parlait que de sang, de nul remède applicable. Chaumette et autres promettaient des terres au peuple, mais c'étaient choses d'avenir. Jacques Roux et les Lyonnais, arrivés de Lyon, qui s'unirent à lui, voulaient qu'on fît comme à Lyon, comme en une place assiégée, qu'on obligeât les fermiers des départements voisins à apporter leurs denrées, à remplir des magasins publics ; l'État les aurait payées et vendues, livrées au peuple. Les Comités gouvernants s'effrayèrent. Robespierre fit une guerre terrible, implacable, à Roux, le fit rayer des Cordeliers, employa contre lui Hébert, c'est-à-dire contre la Commune il employa la Commune.

En empêchant Roux de faire, il ne faisait rien lui-même. L'inaction des Comités dura trois mois ! Et l'ennemi approchait, Paris se mourait. Roux alla à l'Assemblée dénoncer l'inertie du gouvernement. Le bureau des subsistances, Babeuf, Garin, etc., assiégé et aux abois, prit un parti violent ; ce fut de dire ce que le peuple disait, que les Comités, leur ministre, voulaient affamer Paris. Le ministre, c'était le phraseur Garat, vrai paralytique, et l'âme des Comités, c'était Robespierre, qui, à ce moment, louvoyait, pour rien ne voulait agir.

Le réveil eut lieu en août. Pour le dehors, pour les armées, on prit Carnot, grand travailleur. Pour l'intérieur, Robert Lindet gouverna les subsistances ; il demanda (justement ce qu'on demandait) qu'à l'avenir Paris fût approvisionné, comme les villes assiégées, par réquisitions.

En attendant, la faim, la rage du peuple faisait craindre un massacre. L'insolence des royalistes déjà triomphants provoquait. On fit la loi des suspects, la razzia de royalistes qui combla toutes les prisons, mais prévint un 2 Septembre.

En calmant ainsi le peuple, les Comités purent frapper ceux qui les avaient accusés. Le chef d'une commission nommée pour l'accusation périt (comme modéré!). Contre Roux, contre Babeuf, on employa le moyen dont usent toutes les polices. C'est de s'écrier : *Au voleur!* Roux indigné se poignarda ; Babeuf, mis à l'Abbaye et ne sachant pas pourquoi, apprit que ses ennemis d'Amiens, profitant de son absence, l'avaient condamné pour faux!

Ainsi en Roux, en Babeuf, la Commune était frappée. Elle allait l'être en Chaumette. En novembre, Robespierre, armé contre elle de son armée jacobine, fit décider : premièrement, que les comités révolutionnaires des sections ne rendraient pas compte à la Commune des arrestations qu'ils faisaient ; deuxièmement, que les églises ne seraient pas (comme Cambon et Chaumette l'avaient fait décréter), affectées à la bienfaisance publique, ce qui les eût ôtées au culte.

Avant cette opposition de Robespierre à la Commune, elle avait voulu exploiter les riches matériaux des églises, par exemple vendre l'immense couverture de Notre-Dame, dont le plomb eût fait des balles, ou (vendu) fait de l'argent. Un homme se présenta, un grand acquéreur de biens nationaux ; un seul soumissionna.

C'était Saint-Simon.

CHAPITRE III

Saint-Simon en 93 et 94.

Les Saint-Simon s'imaginaient descendre de Charlemagne et descendaient à coup sûr d'un petit favori de Louis XIII. Leurs établissements étaient principalement dans le Nord, et le tempérament picard fut celui de la famille. — Ce tempérament est double. D'un côté la violence, la colère jaune, bilieuse, à la Calvin, à la Babeuf : ce fut le tempérament du grand écrivain Saint-Simon. — Mais il y aussi les sanguins, comme Camille Desmoulins, bienveillants et de mœurs légères. Tel fut le célèbre utopiste, cousin du premier Saint-Simon. Il tint peu de son père, dur et violent, mais probablement de sa mère (qui était aussi une Saint-Simon). Il fut aimable et bon, de plus, avec une grandeur romanesque, intrépide, désintéressé. Nul scrupule, peu de convenances, une vive audace d'esprit.

Fils de l'*Encyclopédie*, élevé sur un vaste plan

qu'avait donné d'Alembert, ayant tout appris à la fois, voyagé partout et vu la variété du monde, il se concentre vers trente ans dans le principe régnant, l'attraction de Newton, l'affinité de Lavoisier. La révolution chimique éclatait à ce moment dans une admirable grandeur. Elle avait ses fanatiques, ses dévots aussi bien que l'autre. Saint-Simon les embrassa ardemment toutes les deux, jeta là son nom, ses titres, fut le citoyen Simon. La révolution politique dut paraître à ce grand esprit comme une chimie supérieure qui allait de la terre morte nous faire de la terre vivante, en la retirant aux oisifs, la donnant aux travailleurs. Cela lui semblait si juste, si simple, si naturel, que, dans sa foi aux savants, il alla étourdiment trouver le premier de tous, Lavoisier, lui proposa de s'associer avec lui pour cette œuvre humanitaire. Les plus austères citoyens, comme les jacobins primitifs de Rouen dont j'ai parlé en 89, d'autres honnêtes gens (Girondins et Montagnards), ne s'en faisaient nul scrupule, au contraire un mérite civique. Mais Lavoisier, accablé des bienfaits de l'Ancien-Régime, eût trouvé cela indélicat. Comme fermier-général, et comme directeur des poudres, il s'était fort compromis pour la royauté. Il craignit de se compromettre pour la Révolution, d'entrer dans ce que ses amis appelaient la *Bande noire*. Il refusa cette affaire qui l'aurait sauvé peut-être.

Saint-Simon ne trouvait pas aisément des associés. Il en eut un, mais étranger, un Prussien, certain comte de Redern, qui ayant des papiers déjà discrédités, en trouva là le placement. Ce qui montre combien la chose semblait hasardeuse, c'est que, pour les biens de l'Orne, Saint-Simon se présenta, et se trouva acquéreur de tous ceux du département. A Paris, il acheta rue du Bouloy le vaste hôtel des Fermes, dont il fit, après Thermidor, l'usage le plus intelligent.

Mon ami, M. de Fourcy qui (alors enfant) le vit, et qui plus tard (jeune officier) l'admirait, le suivait tant qu'il pouvait, l'avait gardé dans les yeux vivement photographié. C'était un bel homme, très gai, de figure ouverte et riante, avec des yeux admirables, un beau nez long, don quichottique. Il vivait au Palais-Royal et autour, dans une liberté cynique de grand seigneur sans-culotte. Sa toilette était dans le genre d'Anaxagoras Chaumette. Point de cravate, ou très bas, tombant comme elle pouvait. La bonne houppelande du temps. Entre les femmes et les affaires, ce qui primait dans cette tête cependant, c'était l'idée. Et même les affaires et les femmes, c'était visiblement pour lui matière à l'observation, aux expériences hardies. Il était étonnamment, prodigieusement curieux, cherchant toujours, apprenant, prodiguant ce qu'il apprenait et le transmettant aux autres. On ne pouvait s'en détacher. Deux hommes surtout traînaient constamment à ses côtés, un esprit fort inquiet, le petit Coëssin (depuis mystique équivoque), et le stoïcien sauvage de l'École polytechnique, un savant, un héros fou,

Clouet, l'homme des Ardennes, qui ne quitta Saint-Simon que pour aller à la Guyane recommencer l'humanité, humaniser la vie sauvage, et qui mourut dans les forêts.

Saint-Simon avait le faible de croire non seulement à la science, mais personnellement aux savants. Il était leur courtisan, spécialement fanatique des mathématiciens du temps, de Lagrange, du jeune Laplace, bientôt même de Poisson, un enfant calculateur. Ceux qui partant de la terre même, nous donnèrent les poids et mesures ; les auteurs du calendrier, qui les premiers d'après le ciel divisèrent le temps ; ceux qui organisèrent les fêtes astronomiques d'alors [1], les géomètres enfin qui nous calculèrent le culte céleste de la Raison, étaient ses Pères de l'Église.

Ce qui le détache fort de Babeuf et de Fourier, c'est qu'il crut que nul changement social ne serait sérieux sans changement de religion. C'était l'idée de Chaumette et de la Commune de 93, du bon Anacharsis Clootz. Cette portion de la Commune (fort opposée à Hébert, ainsi que je l'ai montré) croyait non sans vraisemblance que la violence du peuple dans le péril et les souffrances d'octobre 93, ne seraient point sanguinaires, s'il avait le dérivatif du mouvement religieux. A Paris, à Amiens, etc., on massacra des saints de pierre pour ne pas massacrer d'hommes. Un 2 Septembre se fit sur les

---

1. Voir dans mon *Histoire de la Révolution* la fête d'Arras en octobre 93.

bonshommes gothiques du portail de *Notre-Dame*. Grande pitié chez les simples, chez ceux qui ne savaient pas que cette vieille construction sortit des sanglantes dépouilles des Albigeois, des Templiers, de tant d'autres. On la sauva en la baptisant Temple de la Raison. Mais les bâtiments dépendants, les toits luxueux de l'église, on voulait en tirer parti. Qui offrirait d'acheter? Un ferme croyant sans doute de la Raison. Je l'ai dit : ce fut le seul Saint-Simon[1].

On ne pouvait s'en étonner ; à douze ans, il était déjà un libre penseur, refusant obstinément de faire sa première communion. Cela jurait terriblement avec l'esprit de sa famille, tout dépendant du convenu. Son père fut si furieux qu'il le mit à Saint-Lazare, d'où l'enfant sut se tirer par un acte de rare énergie (voy. Hubbard). L'Amérique, sa belle guerre, les voyages lui maintinrent cette liberté d'esprit. Sa religion était dès lors l'attraction, ce lien des globes, et l'amélioration de celui-ci. Couper l'isthme de Panama, marier les mers, couper par un canal immense la péninsule espagnole, c'était pour lui les œuvres saintes. Nul doute qu'il n'ait jugé ainsi l'éclipse du catholicisme. Le culte de l'attraction et de la raison calculée était si fort en sa nature qu'il en fut le dernier apôtre, et, en plein 1803, au moment où Bonaparte rouvrait l'église

---

[1]. Je tiens la chose de trois personnes très dignes de foi, de trois sources différentes et cependant concordantes, un disciple d'Enfantin, un disciple de Bazard, un fouriériste qui traversa l'école de Saint-Simon et entendit souvent parler de ce fait.

catholique, il proposa de fonder l'église universelle du globe sur le tombeau de Newton.

Avec un gouvernement si ennemi de la Commune et du culte de la Raison, l'achat des matériaux de Notre-Dame était une témérité, et pouvait perdre Saint-Simon. Mais on dut user contre lui d'un moyen bien plus direct. La machine du moment était une prétendue conspiration de l'étranger. On y mit Clootz comme Prussien; l'associé du Prussien Redern; Saint-Simon fut arrêté.

Il ne s'y attendait guère. Sortant de chez lui, il trouva à sa porte la police, qui lui demanda à lui-même si le citoyen Simon est chez lui. « Il y est; montez. » Pendant ce temps, il était loin déjà, pouvait se cacher, mais il songea qu'on allait prendre à sa place la personne qui le logeait. Il revint généreusement, se fit arrêter.

Il fut à Sainte-Pélagie, prison maussade, ennuyeuse, où Madame Roland a pourtant écrit ses beaux *Mémoires*. Il se faisait dans les prisons, dans les fuites et les cachettes, beaucoup de littérature, force prose républicaine et beaucoup de vers galants, des satires, etc. Les Girondins, aux souterrains obscurs de Saint-Émilion, firent leur drame de *Robespierre*. Louvet commença ses *Mémoires* dans un antre du Jura. Plusieurs, dans ce recueillement, trouvèrent leur forme la plus haute. Condorcet, dans sa mansarde de la rue Servandoni, fit, à la prière de sa femme, son ouvrage capital *des Progrès de l'esprit humain*. Thomas Payne, à Port-Royal, écrivit *l'Age de raison* (suppression du christianisme), tandis qu'à côté de lui le léger, l'ardent créole Parny, rimait la *Guerre des Dieux*, guerre à l'Olympe chrétien.

Il est remarquable de voir combien, dans un changement si grand de situation, et sous le coup de la mort, ils restent fermes dans leur foi, celle du dix-huitième siècle, le Credo de Voltaire, de Diderot. Le fanatique enthousiasme de Voltaire pour Newton était celui de Saint-Simon. Au Luxembourg, où il fut transféré, il formula cette pensée que l'Attraction pouvait être la nouvelle religion. Cette prison, fort mondaine, la plus agréable de toutes, où il y avait des soirées, des communications faciles et de très charmantes femmes, pouvait distraire fort un penseur. Entre le plaisir et la mort (si présente aux derniers mois!) la vie était comme un rêve. Saint-Simon y éprouva un de ces délires extatiques, où l'on croit percer l'avenir. Lui aussi, comme Condorcet, il chercha le haut progrès. Voici ce songe en quelques lignes. C'est Dieu qui parle à Saint-Simon :

Rome abdiquera, rougira d'avoir cru me représenter. Nul prêtre que le savant. J'ai mis Newton à mes côtés pour diriger la lumière, commander à toute planète. Il agira sur la vôtre par un conseil de vingt et un élus, savants et artistes. Les femmes peuvent en faire partie. L'indépendance parfaite de ces élus sera assurée par une contribution commune.

Il n'y aura plus de temple que les monuments élevés à Newton, où l'on se rendra chaque année. Autour seront des ateliers, des laboratoires. Tous travailleront, riches et pauvres, sous la direction des savants.

Dans chaque temple on verra le lumineux paradis de la science, le noir séjour de ceux qui ont entravé le progrès.

La physiologie, s'épurant (comme l'astronomie l'a fait pour l'astrologie), elle mettra à la porte la métaphysique.

La science dirigera, mais qui gouvernera, qui fera le ménage politique ? Les propriétaires. — Cela semble aristocratique et l'était bien moins alors, quand la France faisait des millions de propriétaires, rendait la propriété si accessible qu'on pouvait croire que bientôt tous y auraient part.

Ce rêve n'a été imprimé qu'en 1803, sous Bonaparte déjà, et visiblement gâté par certaines platitudes de cette mauvaise époque, baroquement, prosaïquement coloré des circonstances du spéculateur et de l'homme d'argent. J'ai voulu le donner ici dans la primitive grandeur et la simplicité sublime où je crois que Saint-Simon l'eut en présence de la mort, qui ennoblit, grandit tout.

Sa vie tenait à un fil. La fausse conspiration des prisons, où l'on enveloppait tout le monde, les épouvantables listes (l'une de cent cinquante personnes!) dont Fouquier-Tinville lui-même frissonna, montraient le projet de vider les prisons jusqu'au dernier homme par le massacre judiciaire, par ce que Babeuf a nommé le *Système de dépeuplement.*

CHAPITRE IV

Babeuf au 9 thermidor.

Comment Babeuf vivait-il encore au 9 thermidor? Comment l'employé de Chaumette, de son bureau des subsistances, aurait-il été épargné dans l'extirpation terrible que Robespierre fit de la Commune de 93, la frappant de mort trois fois : en août, dans les alliés qu'elle avait aux sections ; en janvier, par la tragédie de Jacques Roux ; en avril, par l'exécution de Chaumette? On ne le comprendrait pas si Babeuf lui-même ne l'expliquait dans son *Journal* et dans sa *Vie de Carrier.*

Ce journal, si curieux, et, selon moi, le monument le plus instructif de l'époque, donne non seulement les détails qu'on a lus plus haut sur l'intérieur de Babeuf, mais jette la plus vive lumière sur la lutte que soutint la Commune contre le chef des Jacobins (voy. son n° 29, et son *Carrier*, p. 103), enfin sur la part que prirent au 9 thermidor les amis et survivants de Chaumette et de Babeuf contre Robespierre.

Babeuf eût péri sans nul doute s'il eût été à Paris. Mais le Comité de législation l'avait tiré de l'Abbaye, l'avait envoyé à Laon, pour faire rejuger, casser l'affreux jugement d'Amiens qui lui imputait un faux. Il ne revint à Paris que tard, quand on pressentit que Robespierre allait tomber, était mûr pour la mort.

Des signes clairs apparaissaient même chez les Jacobins, où Robespierre était chez lui; une divergence étonnante éclata, quand ils choisirent pour président son ennemi, Fouché! Il ne le souffrit pas, mais le coup était porté.

Autre signe singulier. On arrêtait aux Tuileries des gens qui, disait-on, avaient parlé de lois agraires. Et, d'autre part, Saint-Just jetait vaguement dans ses discours des paroles qui firent espérer des distributions de terre.

On était donc bien ébranlé pour recourir à ces moyens de se refaire des partisans? En réalité, Robespierre tarissait, on peut le dire, ne refaisait plus ses forces. Les Jacobins offraient l'exemple singulier, unique, d'un parti qui a toute place, et qui ne peut se recruter. Ils siégeaient dans le désert. Le personnel de Robespierre avait étrangement baissé. Sauf Payan, chef de la Commune, il n'avait plus d'autres agents que des rustres furieux, comme l'Auvergnat Coffinhal, ou Dumas, son président du tribunal, sot maladroit qui, à chaque instant, le compromettait et que pourtant on voyait à côté de lui tous les soirs. Chaque matin, à ce tribunal, les juges se morfondaient à attendre les jurés, qui ne voulaient plus venir. On faisait une battue dans le voisinage, comme *la presse* des jurés, et on les forçait de siéger. De même au tribunal d'Orange; le plus solide qui fut jamais, un canut lyonnais, Fernex, qui avait condamné des centaines d'hommes à mort, répondant à Robespierre (qui lui demande *où l'on en est*), lui exprime tristement, timidement, que les jurés n'en peuvent plus, qu'ils trouvent le métier trop dur, n'ayant plus à condamner que de pauvres imbéciles.

Le combat finissait faute de combattants.

Les *Registres des sections* (nullement falsifiés) montrent parfaitement qu'au 9 thermidor, à travers telles variations, la plupart des sections, les faubourgs furent immobiles, Antoine immobile, Marceau immobile, etc.

Mais le centre de Paris fut terrible contre Robespierre. La Cité, qui lui en voulait (pour les banquets fraternels), lui refusa sa garantie, quand il y vint prisonnier, puis le soir garda les tours, l'empêcha de sonner le bourdon qui eût averti au loin, et le réduisit ainsi aux clochettes de l'Hôtel de Ville.

Les rues Saint-Martin, Saint-Denis, les Arcis et Gravilliers, qui sont la plus grosse masse des ouvriers, marchèrent la nuit contre lui. L'homme important des Gravilliers, l'ancien ami de Chaumette, Léonard Bourdon, entra le premier dans la salle où Robespierre fut tué, le premier après le jeune homme qui frappa le coup.

Babeuf agit aussi, dit-on. Mais on ne sait pas le détail. Il nous fait du moins connaître ce que son ami et collègue (du bureau des subsistances), Garin, fit dans ce grand jour. En lui ressuscita Chaumette plus violent que celui-ci n'eut été jamais. Ce Garin, par un miracle étonnant, vivait encore. On le tenait disponible chez lui, mais gardé à vu par trois geôliers qu'il payait. Au 9, grandi de dix pieds, il emporte ses gardiens, en fait ses aides de camp. Il les mène au faubourg Saint-Honoré. Cette section, peu éloignée des Jacobins, eût pu se joindre à leur club, recruter certaine force par la rue Saint-Honoré, prendre à revers le flot des Halles, des rues Saint-Martin, Saint-Denis, qui marchaient contre Robespierre, peut-être tomber sur la queue des troupes peu nombreuses de la Convention qui suivaient le quai. Mais ce revenant, Garin, stupéfia la section, et peut-être la toucha du douloureux souvenir de tant de frères immolés. Il fut pathétique et terrible, versa son cœur et sa vie. On le rapporta malade. Il mourut six jours après (Babeuf, *Carrier*, p. 106.)

Ce qu'il y eut pourtant de plus général au 9 thermidor, ce fut l'inertie. Peu de robespierristes, et peu de royalistes. Peu d'ardents républicains. La très grande majorité (du commerce surtout) eût été plutôt girondine. Mais on n'aimait pas trop les Girondins, leurs braveries méridionales. Bref toute opinion avait faibli, pâli. Voilà le bel héritage d'une dictature de quatorze mois. Sauf les cinq premiers mois qu'excusait le danger, le reste fut injustifiable, tyrannique, assomma la France, débilita l'esprit public.

Ce qui parut, ce fut, après cette tension atroce, une détente de nature et d'humanité. Chez plusieurs elle fut violente. J'ai dit comme, au passage, Robespierre fut maudit (des femmes spécialement, et dans la rue Saint-Honoré). Mais le grand, l'immense Paris fut moins agité qu'on n'eût cru. Beaucoup de témoins me l'assurent. Mon père, et mon oncle, employés à l'Imprimerie des Sourds et Muets, près de l'Arsenal, partirent de là, et traversèrent Paris en deux sens. Mon père par les boulevards et vers la Chaussée-d'Antin. Il trouva assez peu de monde, et la plus profonde paix. Mon oncle suivit les quais, y trouva des rassemblements, mais, étant presque enfant encore, il passait sans difficulté. A la Grève, beaucoup de gens stationnaient et jasaient. Il demanda : « Qu'y a t-il ? — Oh! ce n'est plus rien. Cette nuit, on a blessé Robespierre. On va le guillotiner. »

Les vainqueurs étaient si sûrs de leur victoire et des dispositions du peuple, qu'ils firent l'étrange expérience de montrer Robespierre et de le promener dans Paris. Il avait été pansé de sa blessure le matin aux Tuileries. Sous prétexte de panser encore ce blessé qu'on allait tuer, on le fit aller par les quais; on l'envoya à l'Hôtel-Dieu d'où, par les rues de la Cité, on le mena au Palais de Justice. De là à la place de la Concorde, on aurait pu le conduire avec sûreté par le Louvre, le Carrousel et le jardin. Mais on voulut l'exhibition au complet, et par le Pont-Neuf et la rue de la Monnaie, par la longue rue Saint-Honoré, on lui fit faire la solennelle promenade que la charrette avait tant faite.

Grave épreuve. Où donc était le Paris robespierriste? Où étaient les Jacobins? Il n'eût fallu que dix hommes résolus pour l'arrêter, l'enlever, au tournant du quai et des rues si étroites de la Cité.

CHAPITRE V

La sortie des prisons. — L'explosion de la pitié.

Les prisons ne savaient rien dans la nuit du 9 au 10 thermidor. Les communications avec le dehors, faciles en 93, furent impossibles en 94. Les geôliers, terrifiés eux-mêmes, n'avaient plus de complaisances. Chacun de ces grands bâtiments était une ville dans la ville, n'apprenant rien du monde des vivants. La saison faisait contraste. Les beaux mois de juin, juillet, marqués d'exécutions immenses, furent lugubres. Les prisons crurent à ce qu'affirme Babeuf, au *Système de dépeuplement*, d'extermination. Continuerait-on de juger? Un massacre semblait vraisemblable. Le Plessis, qu'on appelait l'antichambre de la guillotine, crut qu'on commencerait par lui, et il attendait le tocsin. Notre-Dame ne le sonna pas. Mais quand l'aigu petit tocsin de l'Hôtel de Ville s'entendit à neuf heures du soir, un prisonnier dit : « A cette heure, chacun de nous a cent ans. » La panique fut telle au Plessis qu'ils se firent des remparts de bancs, de chaises, préparèrent contre le massacre une défense désespérée.

Le premier qu'on délivra fut l'homme du faubourg Saint-Antoine. Peu après que Robespierre reçut le coup, on envoya à Port-Libre (Port-Royal), et on en tira Santerre. Il était trois heures, c'était l'aube.

Les détenus du Luxembourg, qui sortaient à volonté de leurs chambres toute la nuit, venaient à la belle terrasse sur la rue de Tournon, et par-dessus voyaient Paris, ce semble, calme, paisible. A quatre heures, on vint leur prendre Antonelle, le grand patriote, qui crut aller à la mort. Mais, à cinq, on amena un robespierriste, le commandant du Champ de Mars. Cela dit tout, et Réal qui nous a fait ce récit courut dans toutes les chambres porter la bonne nouvelle.

Même surprise à la Conciergerie. Dans cette prison funèbre où l'on ne venait guère qu'en dernier lieu pour mourir, Hoche, se promenant le matin, au préau, vit arriver un jeune homme. C'était son ennemi Saint-Just. Il se contint, admira ce prodigieux revirement des choses humaines.

Au Plessis, ce fut un délire. L'un des prisonniers, Saint-Huruge, le célèbre agitateur, avait une mansarde sur la rue Saint-Jacques. A six heures, il vit les voisins, empressés, palpitants eux-mêmes, n'ignorant pas l'agonie où étaient les prisonniers; ils étaient montés sur leurs toits, lui criaient par-dessus la rue : « C'est fini !... Robespierre est mort !... »

Un coup de foudre est moins fort... Les hommes, qui, dans cette prison, étaient séparés des femmes, se précipitèrent, rompirent les barrières, les trouvèrent blotties dans les coins, ces pauvres créatures, mortes de peur, anéanties. On s'embrassa, on pleura, on crut sortir du tombeau.

Le bon cœur du peuple éclata. Il courut aux portes des prisons voir sortir les prisonniers. La belle large rue de Tournon offrit le plus touchant spectacle. Les premiers qui franchirent le seuil du Luxembourg, on se précipita sur eux, on les serra dans les bras sans s'informer de quel parti, de quelle classe ils pouvaient être. Étaient-ce des royalistes? Peu, bien peu avaient survécu. La surprise ne fut pas petite de voir que ces prisonniers, en énorme majorité, étaient d'excellents patriotes.

La grande année 93, on peut le dire, avait été emprisonnée, elle qui a sauvé la Révolution, emprisonnée par sa fille, la barbare année 94.

Il y avait là les Nantais, cent vaillants défenseurs de Nantes qui repoussèrent la Vendée.

Il y avait ces Normands, obstinés républicains, que sauva Robert Lindet, avec une heureuse adresse qui calma la guerre civile.

Il y avait Antonelle, le chef du redouté jury de 93, qui n'avait pas voulu souffrir l'avilissement de la justice, qui motivait ses jugements, voulait convaincre le public et les condamnés eux-mêmes de l'équité de ses arrêts.

Hoche à la Conciergerie! Hoche ayant déjà un

pied sur les marches de l'échafaud !... Monstrueuse récompense de la conquête du Rhin !... Sinistre augure de ce que Kléber et nos Mayençais avaient aussi à attendre du gouvernement jacobin !

On disait : « *C'est la République* qui sort aujourd'hui de prison. »

On pouvait dire : « *La Liberté* », quand on vit sortir Thomas Payne, ce grand citoyen des deux mondes, libérateur de l'Amérique, qui nous avait cependant préférés, qui s'était fait Français.

On pouvait dire : « *La France* même », en ses noms les plus aimés, artistes, écrivains, poètes, la plupart bien inoffensifs, ce Florian tant chanté, ce Parny dont tous les Français d'alors savaient les vers par cœur, Delille qu'avait sauvé Chaumette, le secrétaire de Turgot, Dupont de Nemours, Senancour, l'auteur d'*Obermann*, Barthélemy, le vieil auteur d'*Anacharsis*, Mercier du *Tableau de Paris*.

On fut ravi de revoir (tout royalistes qu'ils pussent être), tant de chanteurs applaudis, tant d'acteurs chéris du public, le Figaro, la Suzanne adorée, de Beaumarchais. Doux souvenirs de ces temps si voisins et si lointains, cette aurore brillante et légère, qui, si gaiement précéda, annonça la fin d'un monde.

Toute cette France du passé vivait-elle ? On n'en savait rien. Quand on la vit reparaître, on eut une étrange joie. On ne se contenait pas. L'émotion bien près des larmes se mêlait d'incidents bouffons. Legendre arrivant au Plessis et trouvant le jeune

Rousselin que par miracle on avait oublié de guillotiner, lui lance un coup de pied au c... « Qu'est-ce que tu fais là encore?... Va-t'en donc, f... polisson? »

Cette sortie avait l'air d'un véritable carnaval. Les sortants avaient usé leurs habits, allaient la plupart en costumes de fantaisie, misérables, pauvres diables, souvent les coudes percés. Cela amusait, touchait. Aristocrates ou non, ils étaient devenus peuple, avaient reçu visiblement le baptême de l'égalité.

Les femmes faisaient pitié. On lisait à leurs figures pâles quelle avait été leur terreur. Aux deux derniers mois surtout, n'ayant plus qu'une pensée, elles avaient oublié tout soin de leur personne. Celles du Plessis n'ayant plus que des caracos de toile, semblaient de misérables ouvrières. Ailleurs où elles avaient encore de belles jupes d'autrefois, dans quel état étaient-elles? fripées, tachés et flétries. Les prisons avaient été d'étranges capharnaüms. Ce monde à part, qui semblait déjà le monde des morts, en avait les libertés. La peur avait brisé tout nerf, tout souvenir de ce qu'ailleurs on observe. On avait vécu en simple histoire naturelle, avec cette unique idée : vivre. Or, la seule chance de vivre était de devenir enceinte. Cela ne sauvait pas toujours; douze femmes, aux derniers mois, malgré cette déclaration, s'en allèrent à l'échafaud. En Thermidor, beaucoup sortaient enceintes et fort humiliées; mais qui n'eût pleuré de les voir, entre autres Mlle de Croiseilles, à peine âgée de quatorze ans, enceinte de M. de B. (guillotiné le lendemain) ?

Où allaient-elles en sortant ? Plusieurs n'auraient su le dire. Elles n'avaient plus de famille, plus de domicile. Leurs maisons étaient fermées, démeublées, scellées, vendues ? Elles étaient recueillies par quelque ancien domestique, par quelque bonne personne. On les accueillait volontiers. On se serrait, on se gênait. On partageait ce qu'on avait. Que de choses on leur apprenait! que de morts! Elles regrettaient l'ignorance de la prison. Le monde se rouvrait à elles, en ruine, vide, désert. Elles paraissaient brisées, dans le deuil, mais résignées. Qu'elles semblaient humbles alors, celles qui, peu de mois après, se montrèrent des agents terribles, furieux de réaction !

Paris, tout naturellement, fut de cœur pour les prisonniers. Parce qu'il était royaliste ? Point du tout à ce moment, mais parce que réellement il avait été prisonnier lui-même.

Jamais aucun gouvernement, que je sache, n'a aimé Paris. Les Girondins ne l'aimaient guère. Et le terrible homme d'Arras ne le comprit pas davantage. Il ne vécut nullement à Paris, mais aux Jacobins. L'ombre humide de sa rue lugubre d'Arras (que je vois d'ici), il la trouva chez les Duplay, ne suivant jamais qu'une rue, des Jacobins à l'Assemblée. Si nerveux, il craignait les foules. Il n'eut aucun sens du grand cœur, si franc, du faubourg

Saint-Antoine. Encore moins du profond Paris central, de ses mille métiers changeants, des cent mille hommes si adroits qui sans cesse modifient leurs arts, libre Protée, antipathique à la morgue, à la discipline du sombre couvent jacobin.

Les jovialités de Paris lui étaient intolérables. Notre carnaval d'octobre, aux dépens de Notre-Dame, dans le moment des vendanges, dans le bruit des trois victoires, l'indigna, lui fut aussi déplaisant qu'à un pédant une vive échappée d'écoliers. Il nous mit en pénitence et nous déclara mineurs, interdits, outrageusement nous ôta nos élections. Nos innocents banquets civiques où mangeaient tous, riches et pauvres, lui déplurent, furent supprimés. Il brisa notre Commune. Sans cause, raison, ni prétexte, il guillotina Paris dans son bonhomme Chaumette, l'humble apôtre des plus pauvres. Le chef de sa fausse Commune, *nommée* (et non plus *élue*), fut un jeune homme du Midi, du plus dur Midi cévénol, plus tranchant que la guillotine. Sous lui, dans les sections, quarante-huit petits comités, chacun de cinq ou six membres, *nommés*, payés par le pouvoir, qu'on n'osait pas même aborder. Tout seuls, d'autant plus furieux, ils arrêtaient au hasard, qui? N'importe! des hommes mortels, rapidement expédiés. Et nulle responsabilité; Paris était à la merci de trois cents commis jacobins.

Pendant qu'on guillotinait Robespierre et la Commune, les patriotes, dit Babeuf, sortis de leurs retraites, se réunirent à l'Évêché, dans la vaste salle, où se firent les élections de 89, où l'Assemblée constituante siégea un moment. Là se tenait ce qu'on nommait le Club électoral. Là fut tramé contre la Gironde le coup du 31 mai. Ce n'était pas cette fois un coup d'État qu'on demandait. C'était tout au contraire la loi, le retour à la légalité.

Assemblée anti-jacobine, disposée à demander compte aux Comités rois, qui, en tuant Robespierre, espéraient le continuer.

Le jour même, ils avaient osé faire une Commune de Paris !

Ce fut un hasard apparent. Pour guillotiner la Commune de Robespierre, il fallait en constater l'identité. Trois des municipaux avaient seuls été fidèles. Le Comité de sûreté leur adjoignit des hommes à lui. Mesure irrégulière, d'urgence, mais qu'on maintint définitive. De là, la plainte légitime, l'indignation de Paris.

Ces soi-disant magistrats, de si peu d'autorité, furent à la queue du mouvement, ne purent que le suivre. En parcourant les prisons, à celle du Luxembourg, ils trouvèrent qu'on travaillait à la chose que les Comités redoutaient le plus. Les prisonniers avaient prié l'un d'eux, l'avocat Réal, d'écrire leurs accusations contre les mouchards, les *moutons*, qui avaient dressé les listes de mort. On ne les envoyait aux tribunaux qu'en les faisant passer par les Comités qui signaient, endossaient l'horrible responsabilité. Ces signatures, forcées ou non, faisaient les Comités complices de ces mouchards de prison. Toucher à ces mouchards, c'était toucher aussi aux Comités. Amar, effrayé, courut au Luxembourg pour mettre la main sur Réal, le faire taire, le jeter au cachot. « Qui êtes-vous ? dit Réal. — Représentant. — Que m'importe ? » — Il veut ses papiers : « *De quel droit ?* »

Ce seul mot contenait un second Thermidor contre les Comités.

Amar dut tirer de sa poche l'écrit qui l'autorisait. Donc la Terreur durait, les Comités régnaient. Ils le croyaient si bien qu'une prison (rue de Sèvres) fut encore plus resserrée. On acheta des dogues pour mieux la garder.

Les Comités ne pouvaient conserver le monstrueux pouvoir (insensé et impie, qu'arracha Robespierre à l'Assemblée) d'arrêter des représentants. Il n'y avait pas à perdre un moment pour leur ôter une telle arme, la briser, les renouveler. Le 12, un militaire, Dubois-Crancé (excellent citoyen, on l'a vu contre Bonaparte) proposa, l'Assemblée vota (ce que Merlin, Bourdon, Cambon, Lindet avaient en vain demandé en septembre 93) : *que les Comités fussent renouvelés*, mais seulement d'un quart par mois.

Leur royauté laissait une funeste tradition d'arbitraire et de tyrannie. Ceux qu'on leur adjoignit, ceux qui leur succédèrent, moins féroces, eurent même mépris pour la loi et la liberté. L'orgueil, la défiance étaient dans les murs des Tuileries, même dans l'air : on respirait Robespierre et Saint-Just.

Ce fut pour l'Assemblée comme une délivrance d'ôter de devant elle l'épouvantail bouffi de la Terreur, David, mouchard de Robespierre, son violent homme de police, ivre de colère et de sang. Il eût péri sans son talent. Mais l'Assemblée elle-même gardait un esprit de police. Elle avait peur de tout, craignait les Jacobins, craignait Paris, dont les justes griefs avaient pris pour organe l'Évêché, club de Babeuf.

CHAPITRE VI

Le grand club de Babeuf réclame pour les droits de Paris.

L'Assemblée avait proclamé, le 10 thermidor, « que Paris avait bien mérité de la Patrie ».

Et le même jour ses Comités s'étaient chargés de fabriquer une Commune de Paris. Nomination provisoire qui devint définitive.

Ainsi le jour où l'on avait guillotiné le tyran, on l'imitait, on maintenait sa défiance sauvage à l'égard de la grande ville qui a fait la Révolution.

Paris avait un droit énorme. Était-ce une simple ville ? Qui ne sait que les Parisiens la plupart sont de la province, sont une France. Clootz va plus loin ; il dit : « Paris est une Assemblée constituante. » — Aux grands jours (14 juillet, 10 août), il lui reconnaît la papauté du bon sens, et le proclame « le Vatican de la raison ».

Babeuf nous a fait connaître le prétexte qu'on donna dès 93 au premier coup sur la Commune, quand on lui emprisonna son bureau des subsistances, quand on tua même le chef d'une commission d'enquête que Babeuf avait fait élire par toutes les sections. Les Comités, les Jacobins, reprirent contre la Commune précisément le langage qu'avaient tenu les Girondins : que Paris *n'était qu'une ville*, devait se subordonner à la France, etc., etc.

Pendant quatorze mois, d'abord à cause du grand danger, puis après le danger sans cause, l'élection cessa partout. Qui la remplaça? Simplement l'initiation jacobine, *le choix des purs par les purs*.

Ce qui est à remarquer, c'est que, dans les autres villes, on conserva quelques formes. A Paris, nul ménagement. L'autorité directement nomma les quarante-huit petits comités révolutionnaires, et, comme je l'ai dit plus haut, toute vraie magistrature cessa ; ces employés salariés, sans responsabilité, accusèrent et arrêtèrent.

L'étroite église jacobine, à force d'épurations devenue si peu nombreuse, gouvernait contre le nombre, occupait toutes les places. De quel droit? Sa pureté civique, son attachement aux principes. Robespierre, ayant dans la main cette église, eût dû s'attacher à lui garder ce caractère, à ne pas exiger d'elle les brusques revirements qui feraient tomber son masque hautain d'immutabilité. Mais, dans sa stratégie, il fut en certains moments si emporté, si furieux, qu'il oublia cet intérêt, brusqua, foula, viola la pudeur de sa propre église, exigea qu'elle se dédît, se déjugeât, se démentît, variât du matin au soir. On la vit, dans la grande affaire du culte de la Raison, on la vit pour ses présidents Clootz, Fouché, tourner tout à coup du Sud au Nord, du Nord au Sud. On vit que la Société, si terrible au nom des principes, avait au-dessus des principes une idolâtrie, un homme.

Les Jacobins, si flottants, pouvaient-ils à jamais suspendre à leur profit l'élection, ôter à Paris son droit, faire de Paris un grand *suspect*, qui, s'il ne restait lié, pourrait trahir, perdre tout?

La thèse des Jacobins, soutenue encore aujourd'hui par les historiens robespierristes, repose sur un certain nombre de calomnies fort diverses et même contradictoires : « Que Paris était royaliste; que Paris était hébertiste; que Paris était babouviste, c'est-à-dire tout disposé à violer la propriété. »

Paris n'était point hébertiste. Il avait fort applaudi à la mort du Père Duchesne.

Paris ne pensait nullement à vouloir des lois agraires. Les distributions de terres vacantes, que Chaumette, Momoro, Babeuf, promettent en 93 pour calmer un peuple affamé, n'étaient point une atteinte portée à la propriété.

Le seul nom de royaliste semblait la plus grande injure. L'Assemblée fit des royalistes par ses tergiversations. Elle fit croire qu'on n'aurait jamais de repos en république. Mais il y fallut du temps. Les vrais royalistes (en août, septembre, octobre) étaient encore émigrés. Ceux qu'on prend alors pour eux, c'est la jeunesse girondine du commerce et de l'industrie, fort bruyante, et ennemie surtout de la réquisition. Personne, à ces premiers moments, ne revenait au royalisme. C'était comme une idée lointaine, enfoncée dans le passé. Babeuf l'assure. La république, qui avait repoussé l'Europe en 93, et qui l'envahit à la fin de 94, était encore en Thermidor l'idéal de la nation. On aurait cru s'avilir en renonçant à l'espoir que *la France gouvernerait la France*, ferait elle-même sa loi.

Babeuf, anti-jacobin, mais qui tarde peu à juger aussi les thermidoriens avec grande sévérité, me semble à ce moment la vraie voix de Paris, du grand Paris de Chaumette, la résurrection légitime de ce qui fut le plus pur dans notre Commune de 93.

Il repousse l'injure de ceux qui le disent hébertiste (n° 3, 22 fructidor).

Il n'est nullement ennemi de la propriété. Babeuf (au n° 4) loue et félicite ceux qui en défendent les droits.

Même en janvier 95, lorsque la persécution l'a exaspéré, il ne demande encore (n° 29) que ce qui a été voté ou promis par l'Assemblée elle-même : des lois contre l'accaparement, des secours aux vieillards et aux infirmes, pour tous l'éducation et des moyens de travail; des terres enfin pour retraite aux défenseurs de la patrie.

On n'accabla le journal, Babeuf, et le club de l'Évêché qu'en employant la calomnie, en évoquant l'épouvantail de la loi agraire, en les flétrissant de nom d'exagérés, de furieux, tandis qu'au contraire,

Babeuf ne prêche dans son journal qu'indulgence, même pour ses plus grands ennemis (voy. le n° 19), et que, dans sa *Vie de Carrier*, il n'invoque que les indulgents, Phelippeaux, Desmoulins, Danton.

Il y a dans ce journal des choses très belles, d'un grand sens, et qui montrent que ce pauvre Gracchus Babeuf (avant d'être ensauvagé par l'excès des maux, des jeûnes, les prisons, etc.) eut non seulement un cœur admirable, mais un ferme, un pénétrant esprit. Je vois au n° 2 l'observation la plus juste sur la langue révolutionnaire, la barbarie d'un jargon obscur et néologique, la confusion terrible qu'il met dans la tête du peuple : « Nous avons rétrogradé, dit-il. Réapprendre la liberté, c'est plus difficile qu'apprendre. »

J'ai demandé bien souvent aux gens qui avaient vu ce temps : « Que pensait-on ? que voulait-on au mois d'août 94, après cette secousse immense ? — *Vivre*, me répondaient-ils.

« Et quoi encore ? — *Vivre*.

« Et qu'entendez-vous par là ? — Se promener au soleil sur les quais, les boulevards, respirer, regarder le ciel, les Tuileries un peu jaunissantes, se tâter et se sentir la tête sur les épaules, se dire : « Mais je vis encore ! »

On arrivait à la place de la Concorde. On admirait les loisirs de la guillotine. Depuis l'exécution de la prétendue Commune, elle était destituée, commençait un long chômage. Qu'allait devenir Sanson? On en fit une gravure où l'on voyait l'infortuné, qui, désolé de ne rien faire, se guillotinait lui-même.

« Il était temps, disait-on. Personne n'eût survécu. » David avait dit : « Vingt à peine resteront sur la Montagne. » Vadier trouvait que c'était trop. Il ne trouvait que quatre hommes qui fussent encore dignes de vivre.

Quel fut l'effet immédiat de ce changement subit? Robert Lindet le dit très bien dans son rapport du 20 septembre :

« Chacun se concentre dans sa famille, et calcule ses ressources. » Fort peu de passions politiques dans la grande majorité ; le royalisme est très timide d'abord ; le jacobinisme malade, menaçant à force de peur. Ces deux minorités minimes tirent une force relative de l'inertie générale des masses.

Un peu de société se refit. On se remit à dîner en ville, chez les plus proches parents : maigre dîner, de bouilli, de quelque poulet étique. Il n'y avait guère à la halle. La moisson n'était pas rentrée. Le pain n'était pas abondant. Chaque convive (me dit mon père) avait la discrétion d'arriver la poche garnie de son petit morceau de pain. On jasait, mais la parole n'était pas revenue encore tout à fait. D'août en novembre, quelque chose restait d'inquiet; les femmes tremblaient toujours, ne pouvaient se rassurer. Paris reprenait la vie, mais plus lentement qu'on n'a dit. Comme, depuis quinze mois au moins, on n'avait rien acheté (rien, ce qui s'appelle rien), bien des choses étaient usées. Le commerce allait reprendre forcément. La difficulté, c'est qu'on n'avait pas le sou. Les dames se raccommodaient, et pour laver la robe unique il fallait rester en chemise.

Ce réveil de Paris, sortant comme de sa fosse profonde, semble une vraie exhumation, faible, lente, à petit bruit, quand on a gardé (comme moi) dans l'oreille le bruit des grandes journées, 92, 93, le tonnerre de la voix du peuple.

L'année 94 est terrible de silence jusqu'au 9 thermidor. On entend voler une mouche. Quand les voix se réveillent, quand les paroles gelées au vent de la Terreur dégèlent brusquement, retentissent, cette Assemblée si nerveuse, tressaille... Ce bruit inusité, cette réclamation de droits, ces demandes d'élections, tout lui paraît insupportable. Au lendemain de la tyrannie, elle ne redemande pas sans doute la tyrannie, mais elle arme ses Comités du même arbitraire.

« Quoi! dit Babeuf (n° 2), déjà un procès de presse au bout d'un mois! La liberté naît à peine, n'est qu'un embryon... » C'est que 94 ne peut plus, ne veut plus entendre la voix de 92, la voix de 93. L'ombre du vrai peuple fait peur.

Babeuf demeurait au centre de la rue Saint-Honoré, section du Muséum. Cette section, sous son influence, décida (30 thermidor) qu'elle se porterait à la Convention, et y ferait le serment « de ne plus reconnaître que les Droits de l'homme », c'est-à-dire, comme l'expliqua l'arrêté de la section, que rien n'empêcherait le peuple, autorité constituante, de s'assembler et d'élire ; que Paris ne pouvait rester sans magistrats élus par lui ; que le 9 thermidor devait faire trembler ceux qui proposeraient des lois sanguinaires, ceux qui usurperaient le droit d'élection ; que si, *dans la Convention*, il y avait des gens qui méconnussent ces principes, on l'aiderait à les terrasser.

Cette adresse menaçante de la rue Saint-Honoré fut reprise par le grand club, mêlé des quarante-huit sections, et qui (dit Babeuf) exprimait au nom de Paris le sentiment de Lyon, de Nantes et de toutes les villes. Le club fit sa pétition, mais on retarda ce coup, et la pétition ne fut présentée à l'Assemblée que huit jours après, lorsque les Thermidoriens affermis purent mettre durement à la porte les amis de Babeuf et la pétition de Paris.

CHAPITRE VII

La résurrection de Danton (août 94).

L'assemblée n'était nullement maîtresse d'elle-même. Elle sentait derrière elle une réaction immense. Après l'horrible tension, le ressort en sens inverse tout simplement se détendait. Il est ridicule d'y chercher des explications mesquines, celles des robespierristes : « C'est Tallien, la Cabarrus, etc., etc., qui faisaient la réaction. » Cherchez moins les petites causes, quand vous en voyez d'énormes, un fait plus gros que les montagnes. Quel? L'explosion de la vie après le règne de la mort, la revanche de la nature après cette compression monstrueuse et dénaturée. Cela revint par l'orgie et par la fureur des sens, je le sais bien. Mais avant, le cœur eut son explosion dans un cri de douleur.

Ce qu'il y avait eu d'atroce en mai, juin, juillet, c'est qu'en un si terrible deuil, on ne pouvait pleurer. On les voyait toujours là, ces grandes victimes. Les morts ne rentrent pas en terre, tant qu'ils n'ont pas eu leurs larmes. L'héroïque 93, qui avait sauvé la France, venait d'être guillotiné, la Montagne avec Danton, la Commune avec Chaumette. Ces gens-là ne s'en allaient pas, ne se tenaient pas pour morts. Aux quartiers les plus misérables, au noir centre de Paris, la nuit, errait encore Chaumette, l'apôtre, le consolateur, le prédicateur des pauvres. Aux Cordeliers et dans tout cet ardent foyer (près l'École de Médecine), que d'échos! Quelle vie brûlante! et en un moment éteinte!

Le plus sombre était l'Assemblée. Quel veuvage!... Existait-il, dans la Droite même ou le Centre, quelqu'un qui ne pleurât ces cœurs chaleureux, sincères, l'infortuné Phelippeaux qui nous révéla la Vendée, le bon et généreux Bazire. A chaque instant, en disant floréal ou thermidor (ces noms de mois si bien trouvés), le deuil revenait du brillant, du charmant Fabre d'Églantine. Mais Camille Desmoulins, mais sa touchante Lucile, mais le bon Anacharsis, si amoureux de la France!... on n'osait les nommer même. On n'eût pu se contenir. L'orage intérieur eût crevé. Le plus dur au souvenir eût étouffé de sanglots.

Il fallait bien prendre garde de trop voir sur la Montagne certaine place, un vide énorme... Un vide? Aux heures mal éclairées de cette grande salle obscure, quelque chose de redoutable y apparaissait toujours. Malgré soi on y tournait, on y reportait le regard. De là que de fois la foudre, les éclairs étaient partis! Et de là aussi pourtant combien d'idées généreuses, « le Comité de la Clémence », et l'universel banquet où tous les partis, la France et le monde se seraient assis... Danton était resté là dans sa majesté funèbre. En l'Assemblée si éteinte, le plus vivant était ce mort. Sa chaleur était entière dans le groupe torturé qui avait siégé près de lui, qui l'exprimait malgré soi par des mouvements convulsifs, des gestes démoniaques, parfois le regard des furies. La vue de ces possédés séchait, maigrissait Robespierre. Il languissait de voir Danton si vivant, indestructible; se consumait sur le problème de le guillotiner deux fois, et de lui-même fût mort de ne pas le faire mourir.

Un muet tira de son cœur, d'un effort désespéré, ce cri qui trancha la cause, fit le 9 thermidor : « Le sang de Danton l'étouffe. » De tous côtés, on dit : « Ah !... » Enfin, on avait respiré.

Mais aussi on était lancé sur la pente la plus glissante. Où s'arrêter? Ce Robespierre s'était tellement mêlé au fond de la Révolution, par le mal et par le bien, par l'idée, par la police, l'âcre virus pénétrant, qu'arrachant l'un on avait peine à ne pas arracher l'autre. Ceux qui avaient aidé le plus à détrôner le tyran se trouvaient dans les derniers actes qui l'ont perdu à jamais. Pour achever Robespierre, l'extirper, le fer devait passer à travers le cœur de ceux qui l'avaient renversé.

Que penser de la sortie précipitée des prisons,

de ce mouvement aveugle qui jetait dans la liberté tant d'hommes de tous les partis ?

L'Assemblée fut très flottante ; un jour elle suivait son cœur, un autre la politique, l'intérêt de la patrie. Elle vota un matin que désormais « on imprimerait les noms des prisonniers élargis ». Le soir, un maladroit dit : « Il faut remettre en prison ceux qu'on a élargis à tort. » Horreur, les thermidoriens, Merlin, Legendre, Tallien s'indignent : « Eh bien ! imprimons aussi les noms des emprisonneurs ! » La Convention, qui venait de regretter sa pitié, se trouva indulgente, se repentit du repentir. « On n'imprimera aucun nom. » Ainsi, dans un discret silence, vont se vider les prisons ; tous, coupables ou non, n'importe, les prisonniers sortent tous.

Les Jacobins réclament en vain. En vain (19 août), Louchet, homme inconnu, qui demanda l'arrestation de Robespierre, veut le maintien de la Terreur, veut que les prisonniers rentrent. Renvoyé aux Comités, à l'oubli et au néant.

« C'est que l'Assemblée était sournoisement royaliste, nous disent les Jacobins. Les masses du centre, de la droite, qui généralement se taisaient, laissaient parler les dantonistes, savaient bien ce qu'elles voulaient : une restauration de la royauté. »

Pour appuyer cela, ils montrent que tel et tel membre bientôt est devenu royaliste, impérialiste, Mais cela ne prouve rien. C'est spécieux, mais très faux. On ne voyait pas si loin.

Les royalistes eurent besoin de cinq mois pour s'éveiller. Ils étaient engourdis, évanouis de terreur. Leurs agences maladroites (les Brothier, etc.) sont encore dans des cachettes, des caves ou greniers, des armoires, sans oser montrer le nez.

Ceux qui n'ont pas en eux-mêmes le sens intérieur de la France, qui connaissent peu ce pays, où tout se fait par des coups d'électricité rapide, croiront, diront pesamment que tel était royaliste en juillet, parce qu'il le sera en décembre, ou plus tard en 95. Ceux-là voudront nous faire croire que nombre de gens, que la majorité de la Convention était hypocrite. Selon moi, tous étaient sincères, mais changeants.

Quels étaient dans l'Assemblée les hommes de Thermidor ? Évidemment ceux d'abord qui vivaient par la mort de Robespierre, les soixante députés qui, aux derniers mois, n'osaient plus coucher dans leur lit, qui étaient sous le couteau. Beaucoup ne marchaient plus qu'armés, et très ostensiblement, un peu ridiculement. Lecointre avait des poignards et des pistolets plein ses poches. Homme intrépide du reste, qui avait bravé en face Robespierre plus d'une fois, qui, sans se cacher beaucoup, avait proposé à plusieurs de tuer le tyran. D'autres, par des interruptions hardies (comme Merlin, Ruamps, Bentabole, etc.), avaient lancé à Robespierre l'indignation de l'Assemblée ; mots terribles ! autant de pierres qui l'allaient frapper au front. L'honneur du grand coup pourtant ne fut pas à ces intrépides.

Ce coup, au 9 thermidor, ce fut de faire taire Saint-Just, d'arrêter aux premières lignes le discours dont l'opération (comme celle de la torpille) allait engourdir encore l'Assemblée, où chacun se serait dit : « Ce n'est pas aujourd'hui mon tour. » L'habile arracheur de dents eût prouvé à ceux qui déjà se laissèrent arracher Danton, que l'arrachement de cinq ou six dantonistes n'eût pas fait beaucoup de mal, Saint-Just, revenant de Fleurus (où les sept immortels de Sambre-et-Meuse lui arrangèrent la victoire), Saint-Just sous ce laurier sanglant avait un peu du prestige du Corse après Marengo. Mais combien la Convention valait mieux que l'Assemblée de ces temps-là ? combien l'idée républicaine, même au centre, même à la droite, était vivante encore ! Il suffit d'un homme de peu, de Tallien, pour que Saint-Just, accroché après deux phrases, ne pût dire un mot de plus, manquât son 18 Brumaire, et fût avec Robespierre écrasé, mis hors la loi.

Tallien ne fut jamais qu'un masque, un acteur, et le plus faux, mais d'autant plus retentissant qu'il était parfaitement vide. Le faux était sa nature à ce point qu'il n'eut nul besoin d'une hypocrisie calculée. C'était un clerc de procureur qui devint prote d'un journal, journaliste et aboyeur à la suite de Marat. Sa jolie tête, sa figure douce contrastait avec sa furie sanguine. Il s'injectait à volonté de cette ivresse et parvenait à devenir demi-fou. Il excellait dans la colère, avec des accès si bien joués de sensibilité qu'il y était trompé lui-même, et alors se croyait bon.

Babeuf l'appelle *le Prince*. Et, en effet, il avait de nature ce qu'on n'a guère que dans les cours, par l'éducation des princes. Tous les vices, ailleurs séparés, s'arrangent dans ces âmes-là. Le Diable y tient sa cour plénière. La férocité n'y exclut nullement certaine bonté. Dans sa royauté de Bordeaux, ce sensible guillotineur apparut un Henri IV doublé de Caligula.

La facilité qu'il eut là de saigner des négociants, l'accoutuma à l'argent, et il commença à croire que l'argent vaut mieux que le sang. Viveur, vraie fille de joie, il fut fêté par les partis, par l'Espagne ; on jugea bien qu'il ne serait pas cruel à des offres raisonnables. La Bayonnaise Cabarrus (fille d'un ministre d'Espagne), qu'il délivra à Bordeaux, l'attendrit par sa beauté. Par les ducats espagnols, déjà espérés, flairés ? J'en doute. Il ne se vendit, je crois, qu'après Thermidor.

Au grand jour, l'excès de la peur le fit brave, plus brave que tous. Dérision de la destinée !

Ce fut le pire peut-être qui prit l'initiative, qui dit le mot de la Parque, qui tua Robespierre et Saint-Just.

A voir cette scène de haut, ces deux pâles représentaient la mort. Tallien, dans l'emportement rouge, brutal, de l'ivresse, du sang, et du désespoir, représenta pourtant la vie.

Tous voulaient vivre. C'était là le fond. La France

contre les Jacobins, voulut vivre : voilà Thermidor.

En ce sens, tous dans l'Assemblée, et tous dans la France même, à ce jour, furent *Thermidoriens*[1].

Ce mot désigne bien moins un parti qu'un tempérament. C'étaient les hommes sanguins, colères de la colère rouge. Beaucoup étaient des viveurs, vaillants, brillants, généreux, comme Merlin de Thionville. Plusieurs étaient des emportés, des étourdis, comme Fréron dont je parlerai plus loin, comme le boucher Legendre, toujours dans l'orage du sang; un jour ivre de colère, et l'autre jour furieux de pitié; vrai grotesque; un bœuf aveugle que, dit-on, la rusée Contat poussait, soufflait chaque matin. Il y avait des âmes troubles, violentes, en qui Robespierre était toujours présent, vivant par la haine qu'ils avaient pour lui (Thuriot, Bourdon de l'Oise). Presque tous étaient de vrais, de solides républicains. Legendre déplora ses fautes, ses violences, mourut de regret (1797). Le thermidorien Bentabole, aveugle dans la réaction, accusé de s'être enrichi, d'avoir épousé une femme riche, meurt pauvre en 98.

Mais la forte pierre de touche, c'est Fructidor, c'est Brumaire. Quels sont ceux qui, en Fructidor, cèdent à l'entraînement royaliste? Quels sont ceux qui, en Brumaire, s'arrangent avec Bonaparte?

Rewbell, fort thermidorien en 94, n'en fera pas moins Fructidor avec La Révellière-Lepeaux, modéré

---

[1]. Michelet se rencontre, ici, avec Bonaparte, qui disait : « Après la Terreur, on était content de tout ce qui laissait vivre. » (*Mémoires* de Mᵐᵉ de Rémusat, t. I, page 269.)

et girondin, pour sauver la République. Dubois-Crancé, thermidorien emporté, n'en est pas moins un républicain très sûr, violent contre les émigrés, ferme, admirable en Brumaire, admirable contre Bonaparte.

Il faut aussi bien distinguer les hommes, et voir jusqu'où chaque homme ira dans la réaction et où il s'arrêtera. Thuriot de très bonne heure s'éveille et s'arrête, Lecointre plus tard; plus tard Louvet, plus tard Legendre. La colère et la pitié les ont aveuglés d'abord. Puis ils voient qu'ils ne peuvent être humains, venger l'humanité, qu'en blessant l'humanité, en provoquant la vengeance, en frappant la Patrie leur mère. Ils reculent, se rapprochent même de leurs ennemis jacobins. C'est ce qui arrive à Babeuf, d'abord contraire aux Jacobins, puis coalisé avec eux. Il faut dater exactement, tenir compte des époques, ne pas brouiller, confondre tout, comme font les robespierristes; ne pas les guillotiner dans l'histoire, pêle-mêle, par grandes fournées.

Une chose ulcérait l'Assemblée. Elle avait subi Robespierre. Mais était-ce par lâcheté? ou par la fatalité qu'imposaient les événements? Elle n'en savait rien elle-même. Elle doutait, et par moments ne pouvait se pardonner. Tant d'hommes qui, aux armées et devant les factions, s'étaient moqués de la mort, gardaient un grand étonnement de cette paralysie qui, sur les bancs de l'Assemblée, les avait immobilisés, une colère très légitime, la haine des gens (médiocres) qui les avaient gouvernés.

Lecointre, homme de cœur, chaleureux, honnête, intrépide, mais, entre tous, maladroit, exprima la pensée de tous, la douleur de l'Assemblée, dans une accusation immense qui semblait faire le procès à toute la Révolution.

Il accuse (avec David, le valet de Robespierre, avec Barère le parleur) des hommes qui furent les ennemis capitaux de Robespierre : Billaud, Vadier, Vouland, Amar, hommes atroces qui le perdirent à force de le seconder.

Lecointre enfin, cet imbécile, accusait Collot-d'Herbois.

Mais c'était Collot justement qui, d'un mot, disons d'un glaive, avait à jamais séparé la Terreur et la Terreur, l'une barbarement vengeresse (celle de Collot, Fréron, Carrier, etc.), et l'autre horriblement perfide, qui a inventé des crimes à mesure pour les punir. Collot dit à Robespierre le mot qui reste à l'histoire, et qui se retrouvera le jour du Jugement dernier : « Qu'est-ce qui nous restera, *si vous démoralisez* l'échafaud ? »

Il y a eu les bourreaux, il y a eu les assassins. Il faut bien les distinguer.

Lorsque Lyon prend pour général le royaliste Précy, quand Toulon se livre aux Anglais, quand la Vendée les appelle, va les recevoir à Granville, ceux qui tirèrent de ces crimes d'effroyables représailles n'eurent pas le moindre remords. Cruels bourreaux ! furieux ! qui ont fait haïr la France, ont navré l'humanité. Furent-ils des scélérats ? Non.

Que le monde crie contre eux. Ce n'est pas à la République de punir l'amour féroce, éperdu, qu'ils eurent pour elle. Collot ne se reprochait rien. Il pouvait être accusé par les royalistes sans doute, non par les républicains.

L'exécrable mécanique était inconnue à ces hommes de 93. Elle joue en 94. La guillotine elle-même (j'appelle ainsi Fouquier-Tinville) ne vit cela qu'avec horreur. Il proteste en germinal, il proteste en prairial contre cette horrible roue où on le mit (comme un chien dans un tournebroche), pour la faire rouler.

Quelle part revenait à chacun dans cette enroulement de terreurs ? Quels étaient les vrais moteurs ? et les simples instruments ?

Herman, le juge de Danton, l'administrateur des prisons, Herman (d'Arras), l'ex-collègue de Robespierre à Arras, faisait faire par Lanne (d'Arras), dans les prisons, les listes noires de la mort. Les *moutons* (mouchards), payés, donnaient à Lanne les noms de prétendus conspirateurs. Ces listes devaient être signées par l'un ou l'autre Comité. On les portait aux Tuileries. — Qui trouvait-on ? Peu importe, parfois les moins terroristes. Osera-t-on dire qu'ils pouvaient s'abstenir, ne pas signer ? Ils avaient terreur l'un de l'autre. Ils étaient sous l'œil de David ou tel autre espion intérieur, donc sous l'œil de Robespierre, « qui ne se mêlait de rien ». — Le soir, l'accusateur Fouquier prenait aux Tuileries les listes. Osera-t-on dire qu'il pouvait s'abstenir, ne pas accuser d'après ces listes toutes faites? Il était au tribunal sous l'œil de Coffinhal, de Dumas, l'œil de Robespierre. Tous les deux étaient chaque soir aux deux côtés de Robespierre, parfaitement informé, « mais ne se mêlant de rien ».

La roue tournait fatalement d'Herman à Dumas, c'est-à-dire de Robespierre à Robespierre.

Si l'on veut après Thermidor faire une justice sérieuse, il est évident qu'on doit frapper les moteurs et non point les rouages intermédiaires.

Quatre membres des Comités, Billaud, Vadier, Amar, Vouland, avaient un crime personnel. Ils entrèrent horriblement dans le rôle qu'on leur imposait, eurent part à la mort de Danton. La méritaient-ils eux-mêmes, ces instruments trop zélés? Je n'ose le décider. Leur sort était trop lié à l'ensemble des Comités, au grand parti jacobin, qui, malgré ses torts réels, était, sous plus d'un rapport, une défense pour la République.

Les plus excellents citoyens en jugèrent ainsi, intervinrent pour ces odieux tyrans. Ils étouffèrent leurs souvenirs, réprimèrent, brisèrent leur cœur. C'est un spectacle très grand.

L'ennemi de Robespierre, peu ami des Jacobins, Cambon, dit qu'on ne pouvait toucher à ces accusés (coupables ou non) qu'en touchant à l'Assemblée elle-même.

Les montagnards héroïques qui revenaient des armées, qui avaient fait la victoire, qui avaient félicité l'Assemblée pour Thermidor, parlèrent par la voix de Goujon. Cet admirable jeune homme, la pureté même, dit que son cœur était navré, que des traîtres avaient mis en avant *un homme aveugle pour tuer la liberté, tuer l'Assemblée elle-même*. (Et il ajouta ce soupir sorti du plus profond du cœur) : *Comme si nous ne gémissions pas assez d'avoir été troublés, trompés !...*

Thuriot fit décider : « Que l'Assemblée indignée passait à l'ordre du jour. »

Tallien ayant réclamé deux jours après, tout le monde l'attaqua, disant que Lecointre n'avait parlé que d'après lui. Cambon fit déclarer « que l'accusation était *calomnieuse* ». Ce qui fut voté avec des applaudissements unanimes et violents (30 août, 13 fructidor).

L'Assemblée entière était, quoi qu'on ait dit, républicaine, se croyait telle sincèrement. Nous verrons comment la foi faiblit en beaucoup de ses membres. Nous sommes encore au 30 août.

Un événement fortuit, l'explosion meurtrière de la poudrière de Grenelle, fut imputé aux royalistes, aux prisonniers élargis, aux imprudents libérateurs, à Tallien. Il crut apaiser le bruit en se retirant du Comité de salut public, où il venait d'entrer. Mais cela n'eût pas suffi. On assure que la Cabarrus, son Égérie de vingt ans, qui l'avait inspiré déjà la veille du 9 thermidor, lui dit qu'il était perdu s'il ne perdait les Jacobins, et que, pour y parvenir, il ferait bien de se tuer, de s'assassiner quelque peu en les accusant du crime. Ce qui est sûr, c'est que, passant la nuit dans une rue déserte, il reçut un coup de pistolet très probablement de sa main. Ses amis eurent beau crier, accuser les Jacobins. On s'obstina à en rire ; et il en fut pour ses frais, une écorchure bientôt guérie.

CHAPITRE VIII

L'Assemblée, pour se maintenir, favorise les Jacobins contre Paris et Babeuf
(1-6 septembre 94).

Les Jacobins, défendus par leurs ennemis eux-mêmes, avaient eu un grand bonheur. Étaient-ils sortis du péril? Non. Ils étaient des comptables qui ne pouvaient rendre compte.

Ils avaient eu plus d'un an de dictature illimitée : non seulement toutes les places, mais l'absolue disposition du capital de la France. Leurs comités faisant partout la réquisition en hommes, en chevaux, voitures, en blé, denrées de toute sorte, sans la moindre responsabilité, sans écritures régulières, avaient, dans chaque ville et village, marqué qui devait payer, et comment, combien payer.

La répartition, la levée, l'emmagasinement, l'envoi de toute chose, ils avaient tout fait à leur gré. Sans profit? je le croirais. Sans partialité? j'en doute.

Une autre opération, beaucoup plus scabreuse encore, avait été celle des saisies chez les gens qu'ils arrêtaient. Là que de tentations! Entrant brusquement dans ces riches hôtels, ces demeures luxueuses, il leur fallait une vertu peu commune pour respecter tant de choses de valeur, d'autres d'un art séduisant. Il était bien nécessaire que des inventaires rigoureux missent parfaitement à jour la probité, l'exactitude, de ceux qui procédaient sans surveillance, et sûrs de n'être accusés de personne.

Mais, dans le cercle précis des actes les plus avouables, quand on vendait ces objets précieux, ou des immeubles, qui eût osé enchérir sur eux, se porter leur concurrent? Qu'ils le voulussent ou non, ils avaient tout à vil prix.

Cette faculté terrible d'arrêter qui ils voulaient, faisait croire (des plus purs mêmes) des choses ignobles, odieuses. En voyant la lâcheté, la docilité tremblante de ceux qu'ils n'arrêtaient pas, on supposait des pactes honteux. Ils furent rares, quoi qu'on ait dit, inexorablement punis par le gouvernement de la Terreur. N'importe, à ceux qui pouvaient tout, la haine et l'imagination sans nulle preuve imputaient tout.

Si leur royauté eût duré, ils se seraient corrompus davantage. Mais elle ne fut qu'une crise, un orage, et de ces orages qui tiennent l'homme au-dessus de lui-même. Ils étaient la plupart de très sincères fanatiques, sans calcul, sans précaution. Ils ont pu généralement répondre à leurs ennemis par une glorieuse pauvreté. Mais on ne voulait pas y croire. On imaginait toujours qu'ils avaient caché, enfoui, ou passé sous de faux noms. A leurs brutalités passées, à leur orgueil, à leurs fureurs, on répondit par l'outrage; on leur dit : « Retournez vos poches. »

Cambon, qui ne les aimait pas, qui ne mit jamais les pieds chez eux, avait ouvert en novembre 93 un avis qui les eût sauvés. Il voulait que, pour les valeurs qu'ils avaient en maniement, leurs comités fissent des écritures régulières, qui seraient vues, légalisées, par une commission de l'Assemblée. La justice le voulait ainsi. L'ordre le voulait ainsi, et le besoin de l'unité. Ce grand mouvement n'eût pas été inégal et désordonné. La France n'eût pas présenté (dans ses cinquante mille gouvernements jacobins) l'aspect difforme d'une bête à mille pattes qui marche d'autant plus mal. « Mais cela était-il possible ? » Oui, en novembre 93. Par nos trois victoires d'octobre (Wattignies, Lyon et Granville), nous étions extrêmement forts, hors de la crise pressante qui avait tout légitimé.

Qui s'opposa à une chose si utile aux Jacobins ? Robespierre, qui les ménageait, voulait que le Jacobinisme restât une religion. Les Jacobins étaient *les purs*. Cambon les aurait sauvés, mais étrangement rabaissés. Ils restèrent irresponsables. On décida qu'ils n'auraient affaire qu'au mystérieux Conseil de sûreté générale, pouvoir occulte de police, sous la main de Robespierre qui se garda de demander le moindre compte aux Jacobins.

Cette irresponsabilité, cette confiance extraordinaire qui les fit décidément rois en 94, eût dû augmenter leur nombre. Et le contraire arriva. Leurs sociétés fondirent. Le seul élément sûr qu'ils eussent, c'étaient les plus compromis, leurs quarante ou cinquante mille comités révolutionnaires, chacun de cinq ou six personnes. Donc, peut-être trois cent mille en janvier 94. Mais les comités de villages, en mars 94, retournèrent aux travaux agricoles ; ceux qui avaient acquis quelque parcelle de terre ne pouvaient la négliger.

Les comités ne subsistèrent que dans les villes de district. Comptaient-ils cinquante mille membres ? C'est ce tout petit nombre qui fit la compression horrible du printemps et de l'été. Ce qui indisposa peut-être encore plus la campagne, c'est que les comités des villes lui enlevèrent pour l'armée le cheval de labour, si cher et si précieux au moment où la culture reprit par toute la France. Le paysan eut la terre, mais comment la cultiver ?

Les Jacobins avaient perdu la campagne. Dans les villes mêmes ils étaient très isolés ; à Paris (je l'ai dit) réduits à une affreuse solitude, quand vint le coup de Thermidor et l'heure de rendre des comptes.

Ils avaient eu tout en mains. On les accusait de tout. Il pouvait leur arriver ce que les agents du fisc (tous juifs) ont eu en Espagne. Ils avaient pressuré le peuple au nom du roi pour la croisade ; la croisade tourna contre eux, une persécution inouïe, avec une immortelle haine, que le fer, le feu, les tortures, les bûchers n'assouvirent jamais.

Les Jacobins avaient perdu leur tête dans Robespierre. Mais ne peut-on vivre sans tête? Ils le renièrent bien vite dans des adresses solennelles. S'il a conspiré, disaient-ils, qu'importe au grand corps jacobin? La Convention, qui en tant de choses avait suivi Robespierre, devait, pour son honneur même, accepter cette apostasie. Les représentants, si nombreux, qui avaient eu des missions, qui de même avaient exercé une si violente dictature, dont ils n'auraient su rendre compte, n'avaient garde d'en demander de sévères aux Jacobins. Ceux d'entre eux qui sont journalistes, dans leurs furieux combats contre les Jacobins, ne les attaquent jamais sur cette question si grave du maniement des deniers. Ils gardent là-dessus un silence, une discrétion qui dut singulièrement enhardir leurs ennemis.

Rassurés sur le grand point, les Jacobins imaginèrent que la Terreur dont on les accusait, devait être leur refuge. Ils appelèrent des Marseillais, une petite bande bruyante qui les gardait, les appuyait, allait, venait, était partout, provoquait imprudemment les grandes masses de Paris, battaient les colporteurs du journal de Babeuf. Celui-ci, avec son club de l'Évêché, qui demandait des élections municipales (et peut-être générales), était la bête noire de tous ceux qui avaient à rendre des comptes, c'est-à-dire des Jacobins et de la Convention même.

« De l'audace! encore de l'audace! » Ce fut l'idée des Jacobins. A Babeuf et à Paris qui demandaient qu'on supprimât pour jamais toute terreur, ils opposèrent une adresse (qu'ils avaient fait faire à Dijon) pour doubler, tripler la terreur. Tout comité révolutionnaire de la moindre petite ville aurait eu pouvoir pour la France entière! Un mandat d'arrêt lancé de Pantin eût frappé jusqu'aux Pyrénées, aux Alpes, atteint Lyon, Bordeaux! La petite inquisition de chaque localité aurait eu la dictature plénière sur tout le territoire. C'était dépasser tout ce que les décentralisateurs les plus exagérés ont rêvé jamais. Les Girondins n'y pensèrent pas. Robespierre en aurait frémi.

Le 5 septembre, l'Assemblée écouta cette folie, l'accueillit honorablement, la renvoya à l'examen de son comité de législation.

Pourquoi? C'est que cette adresse, qui flattait toutes les villes, permettait d'écraser Paris. C'est ce qu'on fit le lendemain.

Babeuf est étonné, dit-il, de ce que les thermidoriens, Tallien, Fréron, qui, comme lui, demandaient la cessation de la terreur et la liberté de la presse, ne l'appuient point dans leurs journaux, évitent même de parler du sien. Cependant, il avait la simplicité de croire que la pétition, très modérée, de son club, trouverait en eux quelque appui à la Convention. Leur homme, leur ami, un thermidorien violent, était au fauteuil ce jour-là. André Dumont présidait.

La pétition ne demandait que deux choses : la liberté de la presse, — et l'exercice du « droit qu'a le peuple *de nommer ses fonctionnaires* ».

S'agissait-il de Paris, d'une Commune librement élue? Oui, ce semble. S'agissait-il de la France? Ce mot de fonctionnaire comprenait-il celui des mandataires du peuple? Devait-on croire qu'on demandait des élections générales, une nouvelle Convention?

Personne ne veut mourir. L'Assemblée crut (ce que croit toujours un gouvernement) que sa vie était le salut. Elle se demandait à qui elle laisserait la République. Elle n'avait pas vécu jusque-là, je veux dire, n'avait pu faire les grandes choses de la Révolution projetées sous la Terreur; elles restaient sur le papier (le Code, l'Instruction publique, etc., etc.).

Elle se défiait aussi excessivement de Paris, non d'un Paris royaliste qui ne paraissait nulle part, mais du Paris cordelier, mais du Paris hébertiste, du vieux fond industriel de Chaumette, du fantôme des lois agraires. Fantôme à qui l'on donna un corps à force de le craindre. Il n'y en a pas un mot en 94 dans le journal de Babeuf. Il n'était pas hébertiste, il le dit expressément, et, mieux encore, il le prouve en écrivant tout un livre contre les hébertistes de Vendée. (Carrier, Ronsin, etc.)

Si ce jour, le 6 septembre, la Convention avait eu le grand cœur de se suicider, l'élection eût été républicaine. Les royalistes étaient encore fort timides; ils ne reprirent l'audace qu'à la rentrée des émigrés. Pas un homme en France n'osait encore parler de royauté. Toute la presse était anti-royaliste. *Chouans, Vendéens, brigands*, tous ces mots faisaient horreur. La trahison de Toulon, l'appel aux Anglais, Granville, l'entente des royalistes avec nos mortels ennemis, étaient des choses présentes. Les misères et les disettes avaient entretenu la haine du peuple contre le royalisme. Quand Tallien, en épousant la fille d'un ministre d'Espagne, laissa deviner ses menées, il fut l'objet de la haine, du dégoût; on le vomit. Il ne put jamais remonter, même par l'énorme massacre des royalistes à Quiberon. En septembre, les Montagnards non jacobins auraient tous été réélus, même les jacobins modérés. L'opinion girondine, celle des grandes villes de commerce, eût été représentée, et en majorité peut-être. On savait (et Robert Lindet le disait sans difficulté) que jamais les Girondins n'ont voulu démembrer la France, comme on les en accusait. On savait que la plupart étaient d'ardents républicains. On le vit bien par Louvet et tant d'autres, que la réaction royaliste ou le 18 brumaire ont fait mourir de douleur.

Le président André Dumont foudroya la pétition. Fréron, Tallien se turent, ne dirent rien pour adoucir. Les pétitionnaires ne furent pas, comme c'était l'usage, invités à s'asseoir. On prononçait l'ordre du jour. Mais Billaud-Varennes trouva que c'était trop peu sévère. Il dit que l'Évêché avait toujours été un foyer de conspiration. Ainsi la droite (André Dumont), ainsi la gauche (Billaud) furent d'accord contre Babeuf. L'Assemblée renvoya au Comité de sûreté, ce qui sentait l'arrestation. Les pétitionnaires effrayés se sauvèrent, et celui qui avait lu fut effectivement arrêté (6 septembre 94).

CHAPITRE IX

Les Jacobins menaçants, menacés. — On ferme le club de Babeuf
(8-30 septembre 94).

L'incrédulité méprisante que témoigna l'Assemblée à l'égard de Tallien, son accueil sec et hostile de la pétition de Babeuf, l'accusation de Lecointre déclarée *calomnieuse* sur l'avis des plus honnêtes, des plus estimés patriotes, tout cela remontait fort, exaltait les Jacobins. L'Assemblée ne les aimait pas, mais elle avait besoin d'eux contre Babeuf, contre Paris, qui voulait l'élection. Eux seuls formaient un corps dans cette France divisée. Ils pouvaient craindre des vengeances individuelles. Le sang versé si récemment en juin, juillet, spécialement dans le Midi, était chaud encore en septembre. Quelques-uns furent arrêtés comme agents robespierristes, mais non comme jacobins. Eux-mêmes, dans leurs adresses, reniaient hautement Robespierre. Ils restaient un corps redoutable, et, malgré leur petit nombre, imposaient encore.

Ce qui montre leur ascendant, c'est que personne n'osait les toucher à l'endroit sensible, l'emploi de l'argent et tant d'autres valeurs qu'ils avaient eus dans les mains. De là une sécurité, une confiance excessive. L'illustre Jean-Bon Saint-André, envoyé dans le Midi, vit avec étonnement les jacobins de Marseille déclarer que ceux qui voudraient les éplucher là-dessus ne pouvaient être que des traîtres.

C'est un fait considérable. La France magnanimement ne demanda pas de comptes. Dans les injures aux jacobins, on ne disait pas « fripons ». On disait « buveurs de sang ».

Leur attitude était fière. Ils tenaient le haut du pavé ici par leurs Marseillais. S'ils avaient eu Paris pour eux, ils n'auraient pas eu besoin de se faire garder, appuyer par cette bande du Midi, fort peu populaire. Mais le grand parti ouvrier (de Chaumette et de Babeuf) n'était nullement jacobin; il restait au quartier du centre; ne venait point les appuyer. Les jeunes gens du commerce qui commencent à remuer, huaient parfois, clabaudaient, sans agir, sans approcher. Les jacobins avaient comme eux des bâtons (parfois des sabres). Tant que le parti duelliste, l'émigré ne rentra pas, avec l'épée et l'escrime, les luttes ne furent guère sanglantes. En septembre, les jacobins avaient encore l'avantage. Babeuf s'en plaint amèrement (n° 12).

Ils devinrent très agressifs, jugèrent mal la situation. Ils provoquèrent l'Assemblée qui venait de les soutenir. Ils provoquèrent le grand Paris, imaginant n'avoir affaire qu'à ces centaines de commis qui aboyaient après eux. Mais les masses ouvrières qui restaient inertes et sombres, ces masses à qui Robespierre avait ôté l'élection, pouvaient-ils les croire pour eux? Elles étaient plus favorables certainement à ceux qui, comme Babeuf, redemandaient l'élection, une Commune occupée des pauvres, ce bureau des subsistances, ce gouvernement paternel qui, dans les temps les plus durs, avait consolé l'ouvrier, du moins souffert avec lui.

Massacrer la réaction, c'était tout ce que voulaient (disaient du moins) les Jacobins. Une adresse de Marseille le demandait expressément. Le meneur des jacobins de cette ville avait écrit qu'il comptait faire disparaître tout ce qu'elle avait d'impur. Dangereuses provocations qui allaient retomber sur eux. Ils se grisaient sur leur nombre, si petit, devant les masses qu'ils défiaient follement. Leurs Marseillais de Paris, dans leur ridicule hyperbole, disaient qu'on verrait se lever *un million* de Scævolas, avec un million de poignards...

Contre qui? Un étourdi, le représentant Duhem, dit aux Jacobins ce mot : « Tant mieux, s'ils osent lever la tête, les *crapauds du Marais!* Elle n'en sera que mieux coupée! » Il répéta, il soutint ce propos dans la Convention même, devant ce Marais, ce centre, qui, tout girondin qu'il était, avait contre Robespierre aidé la Montagne, qui, la veille, contre Babeuf et l'accusation de Lecointre, avait couvert les Jacobins.

Cela fit réfléchir le centre, la droite. Durand-Maillane demanda froidement si une association qui couvrait la France n'offrait pas quelque danger pour la liberté. Mais le groupe thermidorien n'était pas fort arrêté sur ce que l'on pouvait faire. Tandis que Merlin criait, invoquait le canon, la foudre, jouait les fureurs d'Achille, le premier des thermidoriens, Barras, fut pour les Jacobins. Il proposa, fit déclarer par l'Assemblée « !qu'elle n'entendait nullement toucher aux sociétés populaires ».

L'audace des Jacobins, l'ivresse des Jacobines fut au comble. Elles étaient bien plus furieuses et plus imprudentes qu'eux. C'était un monde terrible, exalté, un pêle-mêle de tricoteuses et de dames, de femmes même de représentants. Elles envahissaient parfois les tribunes de l'Assemblée, injuriaient les dames de la réaction qui se trouvaient là aussi. Parfois elles interrompaient les discours de risées hardies, montraient celui-ci, celui-là : « Vois-tu ce visage pâle? Vois-tu cette mine de traître? » Bref, faisaient ce qu'il fallait pour irriter l'Assemblée, servir la réaction.

Le parti jacobin piaffait, sans voir sur sa tête une épée.

Quelle? Une de ces choses imprévues qui ne se voient qu'en France, un phénomène électrique que jamais les réacteurs n'auraient eu l'art de faire jouer, qui gagna en un moment, devint immense et terrible comme un volcan, une trombe. Ce fut une explosion de pitié, d'humanité, de sensibilité, qui par contre devint fureur, foudroya les Jacobins.

L'éclair partit des tribunaux, d'un petit procès tout simple, et, comme j'ai dit, d'humanité, non d'accusation d'abord. Il s'agissait uniquement d'élargir cent trente-deux Nantais qui étaient ici en prison, sans savoir pourquoi. Ni preuves, ni pièces, ni témoins. Ils étaient plus qu'innocents. C'étaient d'excellents patriotes qui avaient défendu Nantes, et repoussé la Vendée. Lui-même, Fouquier-Tinville, avait été si étonné d'une telle méprise qu'il voulut les faire oublier, les mit dans plusieurs prisons. La sensibilité publique s'émut au plus haut point pour eux. Leur acquittement fut une fête. Paris, un peu apathique, s'émut. On se demanda quel était donc ce Comité jacobin de Nantes qui les avait envoyés à la mort.

« C'est le Comité des noyades! » La légende, fort confuse, s'éveille, la curiosité, l'imagination frappée, effrayée, avide. Voici un second procès, mais terrible celui-ci contre le Comité de Nantes.

Les accusés crient : « C'est Carrier! Nous ne sommes que des instruments. » Carrier! Le mouvement alors, énormément agrandi, croît de force et de vitesse. Carrier! Des millions de voix s'élèvent de tous côtés, avec un strident terrible. Il semble qu'aient retenti toutes les trompettes du Jugement.

Carrier soutint que s'il n'eût exécuté à la lettre les décrets d'extermination, il eût été guillotiné.

« Par qui ? — Mais par Robespierre. » C'est un *quatrième procès* où, à travers la personne subalterne de Fouquier-Tinville, on pénétra, on éventra l'affreux et profond mystère, la machine robespierriste qui tourna depuis Prairial d'une si horrible vitesse, le secret abominable des conspirations fabriquées.

Ce fut un immense poème dantesque qui, de cercle en cercle, fit redescendre la France dans ces enfers, encore mal connus de ceux-là même qui les avaient traversés. On revit, on parcourut ces lugubres régions, ce grand désert de terreur, un monde de ruines, de spectres. Des masses que n'intéressaient nullement les débats politiques, furent de feu pour ces procès. Les hommes, les femmes et les enfants, tous du plus haut au plus bas, eurent le rêve des noyades, virent la nuit la brumeuse Loire, ses abîmes, entendirent les cris de ceux qui sombraient lentement. Rien d'arrangé dans tout cela. Les journaux que j'ai sous les yeux, ceux mêmes de Fréron, de Babeuf, en parlent assez platement. Ce ne sont pas eux, à coup sûr, qui ébranlèrent à ce point l'imagination populaire. Tout le peuple se portait, se précipitait à ces jugements, éclatait dans l'auditoire par des pleurs, par des sanglots.

Cela dura une année. C'est la masse, c'est le public qui entraîna l'Assemblée. Celle-ci avait la douleur de s'accuser elle-même. Dans le péril effroyable de 93, la France étant en danger de trois côtés (Wattignies,

Lyon et Vendée), l'Assemblée avait voté, les yeux fermés, les décrets d'extermination, les emphases et les hyperboles, la rhétorique de Barère, sans penser que l'on pût jamais faire ces choses à la lettre. Carrier ne craignait qu'une chose, c'était d'avoir trop peu tué, d'être resté trop au-dessous de ces terribles décrets. Ils étaient imprimés. Avec eux ne pouvait-on pas l'accuser comme modéré?

C'est seulement le 13 octobre que l'Assemblée autorisa le jugement du comité jacobin de Nantes, seulement le 10 novembre qu'elle permit le procès de Carrier. Mais dès septembre l'élan était donné. La foule, dans sa violente impatience, regardait le but, Carrier; — on ne criait que Carrier! — Les Jacobins le soutenaient. Toute la furie publique tourna contre les Jacobins.

La vitesse d'une masse de plomb qui tombe lourdement dans un puits, donne à peine une faible idée de la chute des Jacobins. Ils sont précipités si vite que l'Assemblée qui, le 8, avait enduré leurs outrages, avant le 30 agit contre eux avec un mépris outrageant.

Eux-mêmes, ils aidèrent à leur chute. Leur grand meneur de Marseille, qui parlait d'un 2 Septembre, avait été arrêté; on l'envoyait à Paris. Mais des Jacobins armés le reprennent, le délivrent en route. L'Assemblée est indignée, et Thuriot, jusque-là le défenseur des Jacobins, propose et fait décréter que ce meneur est *hors la loi*. Les Comités gouvernants s'enhardissent, chassent de Paris certains étrangers suspects, c'est-à-dire les Marseillais, appelés par les Jacobins.

C'étaient leurs gardes du corps qu'on leur ôtait. Mais un coup plus grave était de leur ôter plusieurs de leurs membres même, Jacobins, très Jacobins, fort compromis, fort inquiets. Le Comité de sûreté en fit venir aux Tuileries trois cents environ qui avaient composé les terribles quarante-huit comités de sections. Il les avait déjà couverts contre toute accusation. Il leur dit qu'on les maintenait, mais réduits à trente-six membres (en douze comités seulement), qu'eux-mêmes ils éliraient entre eux les trente-six. Merveilleuse transformation : ces trente-six furent tout à coup si zélés pour le nouveau gouvernement qu'ils arrêtèrent un Jacobin, qui avait signé pour la société une adresse, modérée du reste, où l'on disait que l'unique point de ralliement était la Convention.

Les sages voyaient avec tristesse la chute des Jacobins, qui allait précipiter violemment la réaction. Lindet, qui n'y allait jamais et leur était très étranger, dans un admirable rapport sur la situation (20 septembre), fit un appel à la concorde, à l'oubli, « sauf certains forfaits ». C'était abandonner Carrier, un seul homme pour sauver le reste. Il dit aussi noblement : « Ne nous reprochons ni nos malheurs ni nos fautes. Que nous est-il arrivé, qui n'arrive à tous les hommes jetés à une distance infinie du cours ordinaire de la vie ? L'architecte, en achevant un monument, ne brise pas ses instruments, ses ouvriers, etc. »

Comment pacifier les âmes? on essaya des grandes fêtes. C'était une tradition très certaine que Marat était haï de Robespierre. Il était fort peu Jacobin. On croyait (et sa sœur l'a dit) que jamais il n'aurait consenti à la mort de Danton, qu'il l'eût défendu, eût sauvé l'équilibre de la République. A travers ses déclamations furieuses, il était souvent humain pour les individus. Tous les partis opposés, Jacobins, Thermidoriens, Évêché, tous se réclamèrent de lui. Il fut résolu de le porter au Panthéon (3 vendémiaire, 24 septembre). Peu après on y mit Rousseau.

Le soir de ces fêtes, on vit aux théâtres un touchant spectacle, qui pouvait le plus adoucir. On avait tout simplement mis en scène les jeunes élèves de Léonard Bourdon, les travaux de forge et d'armes qu'ils faisaient au Conservatoire actuel des arts et métiers. Leurs chants, que la réaction voulait tourner en ridicule, et qui vraiment étaient très beaux, m'ont été chantés par mon père, et me sont restés encore dans l'oreille et dans le cœur.

Vains essais de rapprochement. Les Thermidoriens, voyant que les Jacobins enfonçaient si vite, loin de reconnaître l'appui que Babeuf et l'Évêché, que la rue Saint-Honoré (section du Muséum) avaient donné à l'Assemblée contre les Jacobins, les Thermidoriens, dis-je, étouffèrent brutalement l'Évêché, la voix de Paris.

Paris allait, par ce club, porter à la Convention une réclamation raisonnable, modérée, et qui avait une portée très vaste d'avenir. On y protestait que le peuple voulait défendre toujours la Convention, lui servir de rempart ; mais qu'il demandait qu'on élût librement une Commune de Paris, que l'on rétablît les assemblées régulières de sections. Il demandait, au nom du commerce, qu'on en supprimât les entraves. Le régime des réquisitions qui enlevaient les denrées avait pu être nécessaire pour la défense nationale ; mais, à ce moment, la France devenait envahissante. L'Europe avait à se défendre. Devait-on, pour une guerre offensive, maintenir dans sa dureté le régime des réquisitions, et la cherté des vivres qui en résultait (n° 22 de Babeuf) ?

L'Assemblée avertie n'attendit pas cette adresse. Irritée, elle décréta que le club n'aurait plus la jouissance de la salle de l'Évêché. Réclamation (7 vendémiaire, 28 septembre), renvoyée aux Comités pour faire un rapport *dans trois jours.*

Ceux-ci n'attendent pas trois jours. Le 8 vendémiaire, au matin, un architecte arrive à l'Évêché, avec deux cents ouvriers qui arrachent, saccagent les meubles. On emporte les débris le soir. On ferme la porte, on y met un cadenas.

L'Assemblée eût dû s'étonner de ce qu'on n'avait tenu nul compte du délai qu'elle avait voté. Les Comités gouvernants, pour lui faire avaler la chose, lui présentèrent, le 8 même (étrange indélicatesse), un projet flatteur qui semblait la payer de sa complaisance. Dans le décret proposé (que rédigea Cambacérès, un rédacteur ordinaire pour la Gironde, Robespierre, ou Bonaparte, n'importe), l'Assemblée se décernait, se donnait à elle-même la nomination de tous les fonctionnaires! (Voyez *Babeuf*, n° 24.) Donc *plus d'élus*. Des commis *nommés*. Et nommés par qui? Nommés par les Comités. Ceux-ci se perpétuaient la monarchie de Robespierre.

CHAPITRE X

Les Jacobins en péril. — Babeuf arrêté. — Fréron (octobre 94).

Reporter la guerre au dehors, réaliser au dedans les grandes et belles choses sociales que l'on avait projetées, engourdir la violence, la turbulence politique, c'était l'idéal du centre, de la droite, et peu à peu de toute l'Assemblée fatiguée.

Elle avait vécu un siècle. Ses membres étaient des centenaires, des vieillards chagrins, qui la plupart sentaient peu qu'en tuant les partis ils risquaient d'aller bien loin, d'étouffer les forces vives.

Le parti de l'élection, Paris, l'Évêché, Babeuf, ils l'étouffent en octobre. Et le parti jacobin, qui ne veut pas d'élection, ils l'étouffent en novembre.

C'est ce qui fait que bientôt rentrera la masse des émigrés. Le royalisme triomphe? Non. L'Assemblée si peu puissante pour faire, est forte encore pour défaire. Quiberon et Vendémiaire montrent que le royalisme est faible, autant que les deux partis qu'on vient déjà d'étouffer.

Si ces trois partis sont faibles, étouffés ou ajournés, que restera-t-il ? La guerre.

C'est l'avenir sombre, lugubre, que je vois à l'horizon, vers lequel je vais cheminer à travers le flux, le reflux, le violent cahotement, les secousses opposées.

Le 9 octobre, au nom des Comités, le grand faiseur Cambacérès lut une adresse, adoptée, envoyée par toute la France. Elle frappait les Jacobins et l'ennemi des Jacobins, Babeuf, le club de l'Évêché.

Elle désignait les premiers, « ces patriotes outrés qui parlent tant d'échafauds ». Elle rappelait adroitement qu'ils avaient eu tout dans les mains, que beaucoup étaient *acquéreurs*, qu'on eût pu demander compte « aux patriotes enrichis ».

Mais, d'autre part, on rassurait les acquéreurs, quels qu'ils fussent : « La propriété est sacrée. Loin de nous ces systèmes d'*immoralité*, de *paresse*, qui diminuent l'horreur du vol, qui l'érigent en doctrine. »

Calomnieuse insinuation qui voulait frapper Babeuf. Mais le journal de Babeuf, jusqu'en octobre (en janvier même), n'a pas un mot de communisme, de lois agraires, etc. Il défend tout au contraire le droit de propriété. Les ouvriers de Paris, auxquels surtout il s'adresse, ne demandant point de terres, ils n'auraient su qu'en faire. Ils voulaient du travail, du pain. Ils voulaient que les denrées ne fussent plus enchéries par les réquisitions d'une guerre désormais offensive, interminable, éternelle.

Le mot *paresse* était singulièrement dur, injuste. Babeuf avait eu pour lui les travailleurs de Paris, les sections laborieuses.

Et le mot *immoralité*, qu'il était peu mérité ! Quel intérieur laborieux, austère, que celui de Babeuf ! Lui seul a toute la peine et l'imprimeur tout le gain. Sa femme et son fils de neuf ans travaillent jour et nuit à plier et à distribuer le journal. Point de temps même pour manger. La maison est abandonnée. Deux pauvres petits enfants, dont l'un de trois ans, restent seuls, enfermés tout le jour. L'imprimeur un matin refuse d'imprimer, chasse la femme, dénonce lui-même Babeuf au Comité de sûreté. On l'arrête le 25 octobre. Ses faux amis, thermidoriens, l'accablent, poursuivent son club, prennent les papiers, emprisonnent le président, les secrétaires. Ainsi, plus d'*élections*. Voilà l'Assemblée tranquille. La Commune ne renaîtra pas ; l'ombre importune de Chaumette est rentrée dans le tombeau.

Coup grave pour Paris, pour sa moralité même. C'était par là que Paris reprenait à la vie civique, aux principes et aux idées. En détruisant l'Évêché, et bientôt les Jacobins, on détourna fortement les esprits vers un autre monde, de passions, de sentiments, de plaisirs, de jouissances. L'Assemblée, par ce double coup, croira avoir calmé les masses;

Au contraire, une explosion de fureurs en divers sens va éclater, et au procès de Carrier, et à la chasse brutale que l'on donne aux Jacobins, à la guerre d'outrages impudiques que l'on fait aux Jacobines.

C'est un changement à vue. Qui parlait avec Babeuf, et qui réclama pour lui? Les sections du travail (Saint-Martin, Saint-Denis, du Temple), faubourgs du Nord et Saint-Antoine.

Et qui parle, après Babeuf? qui prend le haut du pavé? Le Paris de la Banque. C'est la section Lepelletier ou des Filles-Saint-Thomas. Section d'abord girondine, et peu à peu royaliste, l'ennemi de la Révolution.

Le lendemain du jour où ceux-ci virent l'Évêché fermé, la voix du vrai Paris éteinte, ils se trouvèrent tout à coup avoir du courage, se mirent à relancer les Jacobins. Cette section de la Banque, dans son brûlant patriotisme, vint le 2 octobre à la barre crier contre Robespierre et la queue de Robespierre. Elle demande qu'on arrête un Jacobin qui s'est vanté d'avoir été, dans la nuit du 9 thermidor, contre la Convention.

Belle prise pour les réacteurs. Ils obtiennent une inquisition. On demandera désormais à tout fonctionnaire : « Cette nuit-là où étais-tu ? »

Là-dessus Legendre prend feu : « Oui, il faut que chacun dise : *Si j'ai failli, prenez ma tête*... Jusque dans la Convention, je revois toujours Robespierre, Billaud, Collot, Barère... » La défense des accusés était très froidement reçue. Mais Carnot, Lindet,

Prieur, invoqués, par eux, voulurent bien dire qu'ils les avaient vus toujours *dans les bons principes*, et qu'eux-mêmes avaient participé à toute mesure des Comités.

Le péril des Jacobins était si visible que plusieurs d'entre eux, qui étaient membres de la Convention, crurent les sauver en les purgeant, demandèrent et firent décréter « que l'Assemblée *épurât* les Jacobins de Paris » (4 octobre).

Le 13, une bombe éclata sur les Jacobins de Nantes. Merlin lut une dénonciation contre tel *qui a fait noyer...*

A ce mot l'Assemblée frémit. La voilà tout étonnée de ces choses connues de tous, qu'elle sait très bien depuis un an... Mais 93 est si loin, si reculé dans le passé !

Un patriote de Vendée, Goupilleau, crie : « Hors la loi ! » André Dumont fait décréter que le Comité de Nantes sera mis en jugement.

Énorme coup de théâtre. Toute la France, à ce moment, ne regarde plus l'Assemblée. Elle regarde le tribunal où ce comité arrive accablé, jugé d'avance, se rejetant sur Carrier. Mais son plus terrible regard se pose sur les Jacobins, sur les défenseurs de Carrier.

Leurs amis à l'Assemblée, leur propre président Delmas, imaginèrent qu'on pouvait les sauver en les désarmant, les montrant inoffensifs. Ils demandèrent, on décréta ce qui pouvait faire épargner ceux de Paris, mais ce qui les tuait en France comme grande institution : *Plus de correspondances entre les sociétés*. Plus de pétitions collectives. Le président ou écrivain qui les signe sera arrêté (16 octobre, 25 vendémiaire).

Ce décès du Jacobinisme, un si énorme événement, fut à peine remarqué. Le procès des Jacobins de Nantes qui se faisait ici avait saisi le public. On écoutait avidement, on haletait, on respirait à peine. Ce Comité était perdu, n'avait qu'une chance pour lui, celle qui parfois réussit au lièvre, au cerf poursuivis. C'est de donner le change à la meute, de faire lever une autre bête après qui courront les chiens.

Déjà le public était très occupé de Carrier. Le Comité se rejeta entièrement sur lui, cachant les rapports intimes qu'il avait avec Robespierre. Cela flattait la passion, la soif que l'on avait du sang de Carrier, l'attente d'un procès inouï, horriblement sale et sanglant.

La Convention elle-même fut entraînée. Les Comités (29 octobre, 8 brumaire) firent décréter que vingt et un représentants examineraient si Carrier devait être mis en jugement.

Billaud-Varennes sentait que l'incendie venait à lui : la maison voisine brûlait. Il fit la faute d'aller aux Jacobins, et d'y faire un discours menaçant, qui, dans la Convention, fut présenté comme un appel à la révolte. Legendre eut contre Billaud un violent accès de fureur, d'éloquence apoplectique, mais terrible et près du sublime. En regardant sa face jaune,

sournoise, et de chat pris au piège, il lança ce cri :
« Ils disent que je demande leur tête... Eh bien,
peuple, sois témoin !... Tout au contraire je voudrais
que Dieu les condamnât à ne jamais mourir ! »
(5 nov., 15 brumaire.)

Legendre contre Carrier eut un autre mouvement
superbe. Pour témoins, il appela à comparaître la
Loire et l'Océan épouvantés de recevoir tant de
sang, si souillé que le baptême de la ligne ne s'y
faisait plus !... Hyperbole prodigieuse, qui n'eut pas
moins son effet sur une Assemblée émue.

Le mouvement de Mirabeau sur la fenêtre du
Louvre, le mouvement de Vergniaud (La terreur
sortit souvent du palais de la royauté; qu'elle y
rentre au nom de la loi...), ces commotions profondes se reproduisirent. On crut voir la Loire,
livide, sanglante, entrer dans la Convention.

Laissons les sots dire, écrire que ces mouvements étaient joués, que Legendre, que Fréron
n'étaient que des hypocrites... « Mais eux-mêmes,
dira-t-on, n'avaient-ils pas versé du sang ? » Eh !
mes pauvres ignorants du cœur, de la nature
humaine, c'est justement pour cela qu'ils étaient si
furieux. Avez-vous vu le tableau capital de ces
temps-là, le grand tableau d'Hennequin (qu'on cache
si sottement au Louvre) : *Oreste aux mains des furies ?*
Voilà l'idée vraie de l'époque. Beaucoup étaient
torturés, désespérés d'avoir été cruels par peur,
s'accusaient les uns les autres, se déchiraient, se
mordaient.

Un livre fit grande impression. Un juré révolutionnaire, le petit Vilatte, pour se sauver, dénonçait, livrait ses maîtres. Avec esprit et malice, il ouvrait leur intérieur. Il prétendait dévoiler leur idée, leur mystère profond, l'idée de sauver la France à force de la décimer : *le système de dépeuplement.*

Babeuf prit ce titre même pour attaquer Carrier, Robespierre, Billaud, etc., sans demander toutefois de sanglantes représailles. Mais un autre s'en empara comme d'une arme de guerre contre le parti jacobin. Ce fut l'ami de Desmoulins, de Danton, des indulgents, l'emporté Fréron. Son journal aveugle, barbare[1], comme une brute de taureau, se jette sur l'un, sur l'autre, confond, mêle et brouille tout. Il accuse ceux qui firent les crimes et ceux qui s'y opposèrent.

Comme un homme ivre (et ceci n'est pas une

---

1. Ce journal lourd et pâteux, avec toute sa violence, comme un orage malpropre qui amène cinq cents pieds de boue, a parfois certaine éloquence par l'excès de la fureur et par la sincérité. Certes, oui, il croit ce qu'il dit. Sans cela, il n'eût pas trouvé sa page 419 mauvaise, mais de grand effet. C'est comme un Jugement dernier pour les quatre (Collot, Billaud, Vadier, Barère). Il voit un amphithéâtre énorme où siège la France, et quatre échafauds pour eux. Le peuple juge. Et d'abord arrive pour accuser une immense armée d'orphelins. Ils pleurent. Mais voici venir une prodigieuse foule de veuves. Et que de mères ! et que de pères !... Vous redemandez les vôtres ?... Mais que dira donc la France ? Commerce, arts, villes détruites, surtout liberté ravie ! — On est près de les condamner... — Un moment ! crie une voix... On oublie le plus horrible... Que d'innocents ont été guillotinés avant de naître !... Hélas ! tant de femmes enceintes !... Les mères mortes, ils vivaient encore, s'agitaient après le supplice dans les entrailles maternelles. On les a barbarement étouffés dans le tombeau. — Alors tout le peuple en pleurs près de déchirer ces monstres... Mais le ciel lui-même éclate, la foudre pulvérise. Une pluie de sang couvre, inonde l'amphithéâtre épouvanté. (Fréron, I, 420, 11 nivôse, 31 décembre 94.)

simple figure), parfois il tombe dans des trous, je veux dire des absurdités, trop absurdes et ridicules. Par exemple, si, dans le Midi, il s'est fait tels assassinats, on les a payés de l'argent du Trésor. Et qui les paye ? Cambon (I, 295).

C'était une marionnette dont Tallien, Mme Tallien, jouaient souvent pour leurs affaires. Quant à l'argent, Fréron fut net. Il avait, dès 89, sacrifié la fortune que la protection de la Cour lui assurait. Il fut toujours aux armées, étranger aux mauvais jours de la Révolution. Quand on l'envoya à Toulon, il avait reçu un million, et il le remit au Trésor.

Ce n'était pas un Carrier. Il expliqua parfaitement cette affaire de Toulon. Il y était avec Barras, Salicetti, Robespierre jeune. Quand on s'empara de la ville (de ceux qui l'avaient livrée, avaient pendu beaucoup de patriotes), l'armée frémissait de fureur. Les Comités gouvernants exigeaient l'exécution du décret exterminateur, écrivaient des lettres terribles (que nous donne ici Fréron). « Ne sachant, dit-il, comment distinguer les innocents des coupables, nous fîmes un jury patriote qui désigna, condamna deux cent cinquante hommes pris les armes à la main. J'écrivis aux Comités qu'on en avait tué huit cents, et je fus réprimandé pour cet excès d'humanité. La ville devait être rasée. J'affichai et j'écrivis que j'allais mettre douze mille maçons en réquisition. Cela plut. Je ne fis rien, ne touchai pas une maison. » (Voy. ses n{os} 74, 81, 82, 83.)

Révélation que je crois véridique et instructive.

Nombre de lettres effrayantes des représentants en mission ont pour but d'exagérer leurs rigueurs, de tromper les Comités, de fournir des phrases à Barère pour les terribles gasconnades qui faisaient frémir l'Assemblée. Chez plusieurs, la férocité des paroles était juste en rapport inverse de la réalité des actes. Dans ses lettres d'Amiens, André Dumont eût fait croire qu'il ne buvait que du sang, se régalait de cadavres. En réalité, il fit un massacre affreux de saints, de châsses, de statues, de reliques. Il était impitoyable sur la rigide observance des fêtes de la Raison. Dans le temple de la Raison (la cathédrale d'Amiens), il faisait danser ensemble les dames et les cuisinières, « faire la chaîne de l'égalité ». On dansait même aux prisons. Qui n'eût dansé était suspect. Il fallait que l'on fût gai. Là-dessus, il ne plaisantait pas.

Une des meilleures scènes en ce genre est celle que le Montagnard Taillefer exécuta à Cahors. Au moment le plus tragique de toute la Révolution, après la grande razzia de septembre 93, qui combla toutes les prisons, il fallait être terrible. Entre les Comités si sévères et l'exaltation locale des violents patriotes, comment faire de la terreur au meilleur marché possible? Taillefer dépassa l'attente des plus furieux eux-mêmes. Il entra sur un cheval rouge à Cahors, avec trente-deux voitures pleines d'un monde de prisonniers qu'il avait ramassés en route. Sans débotter, il commanda qu'on lui dressât sur la place une superbe guillotine.

En face, sur un échafaudage, il fit faire deux trônes, régala le peuple ravi d'un grand jugement des rois. Il prit entre les prisonniers, il nomma un roi, une reine, des princes et des courtisans. Le roi et la reine, duement couronnés en grande pompe, avec tous les prisonniers amenés, ceux de Cahors durent (par couple, un homme, une femme) prendre une torche à la main, monter à la guillotine et lui présenter leurs hommages, puis réunis, faire en bas une immense farandole. Quelques zélés pendant ce temps accommodaient l'instrument. Mais le peuple était charmé ; cette belle amende honorable lui semblait bien suffisante. Il ne souffrit pas qu'on fît monter aucun des danseurs.

Taillefer à l'exécution substitua un dîner dont un citoyen fit les frais, un bal où dansa tout le peuple. Sa vigueur fut admirée, et il garda de ce jour une réputation superbe de terrible terroriste et de vrai buveur de sang.

CHAPITRE XI

Terrible ascendant des femmes. — Ce qu'étaient les Jacobines.

La défaillance du temps paraît surtout en une chose, l'ascendant subit des femmes. Je les vois partout en novembre, au premier rang de l'action. L'homme semble devenu secondaire. Les femmes reprennent tout à coup leur règne de l'Ancien-Régime, mais avec des passions, des puissances inouïes.

Les Thermidoriens d'abord, les royalistes tout à l'heure, servent les fureurs des femmes. Tout le combat de novembre se fait entre elles. Elles sont les véritables acteurs ; d'une part les jacobines, d'autre part les femmes sorties de prison en Thermidor, les dames de l'agiotage ou de la réaction.

Celle qui fut Mme Tallien était alors à la mode. On l'appelait sottement Notre-Dame de Thermidor, lui rapportant le courage que Tallien, au grand moment, puisa dans le désespoir, dans l'excès de la peur même. Elle était belle, brillante, mais de bien petit esprit. Ce qui le prouve, c'est qu'elle n'eut pas l'adresse d'économiser Tallien, de le faire durer dans ce rôle de chef de la réaction qu'il avait si peu mérité. Elle le précipita et l'avilit tout d'abord dans une affaire trop visible d'argent et d'agiotage.

Les portraits de Tallien disent son rapide abaissement. Dans celui de 90, c'est un beau jeune homme aux yeux brillants, expansif, de peu de cervelle. Celui de 94 (simple trait, mais excellent) est un profil abêti, pointu, est-ce de sanglier ou simplement de chien vulgaire, que cette fée mène en laisse? Au moment de leur mariage, voulant de l'argent sans doute, elle le jette dans un faux pas, dangereux et ridicule. Elle lui fait prendre en mains la cause des agioteurs, celle de son père Cabarrus pour faire lever le séquestre mis sur les fonds espagnols. Cambon empêchait la levée. Tallien (le 8 novembre) attaque Cambon qui le perce à jour. Il est démasqué. L'Assemblée en eut la nausée, voyant la malpropre main qui le poussait par derrière.

Un hasard vint à son secours. D'autres femmes, en sens inverse, troublèrent à point l'Assemblée, lui firent oublier Tallien. C'étaient les dames jacobines qui, croyant que ce jour-là on parlerait de Carrier, étaient venues le défendre, avaient envahi les tribunes, interrompaient les orateurs, menaçaient, criaient, hurlaient, faisaient tout ce qu'il fallait pour aider la réaction. L'Assemblée fut indignée. Ce fut la mort des Jacobins. On ne les défendit plus contre le terrible flot de haine et de fureur publique que leur défense de Carrier faisait monter chaque jour, et qui, retombant, les engloutit pour jamais.

Qu'était-ce que les jacobines? La tradition, sur ce point, reste trop confuse. On croit trop que ce n'étaient que les furies de guillotine, les tricoteuses, etc. En grande majorité, elles étaient tout autre chose. Robespierre, en fermant les clubs des femmes révolutionnaires, des bacchantes échevelées, s'était attaché de très près des femmes de meilleure tenue, non seulement ses dévotes, dames riches dont je parle ailleurs, mais d'autres, serrées, sérieuses. Le tempérament janséniste, sobre, avec des éclats aigres, se trouvait volontiers chez elles, et beaucoup d'honnêteté, comme chez les dames Duplay (la maison de Robespierre). La Cornélia Duplay, qui, dit-on, eut l'honneur d'un si terrible amour, était, on le comprend bien, contractée comme la mort. Sa jeune sœur, que Lebas laissa à dix-sept ans veuve déjà et enceinte, était de nature moins sombre, très vive, un peu emportée. Son idéal était Saint-Just. Je la vis peu avant sa mort, et la trouvai charmante encore de vivacité, de chaleur de cœur. Elle donnait la meilleure idée de cette moyenne respectable des dames jacobines.

L'église des Jacobins devenait chaque jour plus grande, plus vide. Beaucoup s'en éloignaient. Non les femmes. Tout au contraire, elles étaient plus exactes, assidues tout le jour. Les hommes bougeaient. Elles non.

Elles soutenaient les parleurs, les encourageaient de cris, quelquefois de doux murmures. Mais rarement, bien rarement, on arrivait à leur hauteur. Elles avaient pitié des hommes, déploraient leur modérantisme. Le reniement de Robespierre que faisaient les Jacobins, indignait leur loyauté. Elles n'avaient peur de rien ; elles n'accordaient rien au temps.

Elles mettaient leur orgueil à rester immuables dans la tension excessive de la crise de 93. Elles défendaient violemment les choses les plus odieuses que la nécessité d'alors, le péril, l'emportement du combat avaient fait faire, et jusqu'au mystère affreux, exécrable, de juin-juillet 94, qu'elles ne connaissaient nullement.

Pour être juste, il faut dire que pour beaucoup cette ivresse terroriste remontait plus haut, bien plus haut que 93. Plusieurs avaient leurs raisons pour haïr l'Ancien-Régime d'une haine inexpiable. Cinq ans n'avaient pas effacé le trop cuisant souvenir des outrages, des dérisions, des férocités libertines. De Sade est un imbécile quand il dit avoir peint cela. Toutes ses monstruosités sottes ne donnent nulle idée des aiguilles dont on piquait un jeune cœur, de ce que la créature dépendante pouvait souffrir, des terribles jeux de chatte où la grande dame surtout s'amusait à avilir une fille fière et jolie. Plusieurs sortaient enragées et n'en guérissaient jamais. Devenues dames à leur tour, parfois reines de théâtre, admirées et adorées, elles ne détendaient pas leur cœur. Courtisanes austères, tragiques, elles faisaient de la guillotine un culte, une sorte de dogme et de religion de la mort. La thèse de M. de Maistre sur le caractère sacré, providentiel, des grandes purgations sociales les eût ravies, et déjà elles semblaient l'avoir dans le cœur.

Elles avaient une ferveur sincère pour la « messe rouge », sacrement national, et elles la manifestaient avec une intrépidité cynique, défiant les vengeances, toutes les chances de l'avenir. Un de mes amis m'a conté que la belle, l'éblouissante Julie T..., quand elle passait en voiture sur la place de la Révolution, voyant l'échafaud, descendait, ôtait ses souliers, disait : « Dieu me garde de ne pas honorer, comme je le dois, le champ de la liberté[1] ! »

On comprend que ce culte étrange, ce dogme de sang était rare. La grande masse des jacobines étaient des femmes honnêtes, violentes, souvent dominées par des intérêts de famille, la destinée de leurs maris engagée dans l'action. Beaucoup avaient paru cruelles, et plus que les hommes peut-être, spécialement contre les femmes qui venaient prier, pleurer. Elles gardaient leurs maris contre certains entraînements. Ceux-ci, souvent embarrassés devant ces prières, ces larmes, avaient besoin pour résister

---

1. D'autres attribuent ceci à une femme de chambre anglaise, dont le duc de... n'aurait vaincu la résistance qu'en la menaçant de la défigurer avec de l'eau-forte.

de s'armer de grandes colères, de brutalités, d'injures. La suppliante s'obstinait, souvent chassée à midi, trouvait le soir quelque entrée, et quelquefois de guerre lasse eût fini par réussir. Mais Madame était prudente, inquiète pour la maison. Elle tremblait que cette pleureuse ne compromît le *bonhomme*. Elle disait comme l'épicière de Varennes, Mme Sauce, dit à la reine : « Ma foi, Madame, chaque femme pour son mari. »

CHAPITRE XII

Les dames de la réaction.

On a vu qu'en Thermidor, à la sortie de prison, les dames étaient des agneaux. On les aurait crues brisées à un point dont toute autre femme, une Allemande, une Anglaise, ne se fût relevée jamais. La personnalité française est bien forte. Plus elle est pliée, plus vivement elle remonte ; c'est comme un ressort d'acier. Dès septembre, elles se remirent. Elles semblaient avoir oublié. Dès novembre, elles se souvinrent, redevinrent fières et terribles, violentes contre les jacobines.

Elles parlaient de leurs pertes, des deuils, des prisons, des misères, des choses qui s'effacent à la longue. Elles ne parlaient pas de ce qui fut pour la plupart la blessure la plus sensible, la moins oubliée de toutes. C'est que la Révolution, dans sa rudesse égalitaire, dans la haine qu'elle avait pour l'ancienne société, pour les dames qui y étaient reines, les avait outrageusement précipitées de ce trône, avait ravalé ces idoles, leur avait ôté l'auréole, les avait brusquement placées dans les conditions dures de la simple humanité, disons plus, dans les misères de l'animalité commune. Jetée tout à coup à la Force, à Saint-Lazare, dans tel vieux bâtiment noir, où rien n'existait pour la propreté, la décence, dans une petite chambre nue où rien ne se dérobait de ce qui humilie le plus, la prisonnière s'abandonnait, pleurait, perdait le nerf moral. Quoiqu'on ait dans les Mémoires bien arrangé tout cela, les aveux judiciaires des pauvres créatures même disent jusqu'où elles descendaient.

Plus tard, elles s'en voulaient, moins de ce qu'elles avaient subi que des conditions, des lieux passablement prosaïques, où tout cela se passait. Mais on s'en souvenait trop bien. Des miniatures indécentes (selon la mode d'alors) restaient pour en témoigner. Exemple, celle que garda le dernier (et le meilleur) amant de Marie-Antoinette.

Elles croyaient bien à tort que ces misères de prison, où l'humanité physique est si tristement révélée, étaient la mort de l'amour. C'était plutôt le contraire. La pauvre nature, réduite à son humble réalité, n'éloigne pas, attendrit. Pour la première fois, la dame se voyait dans la vérité. Plus d'arrangement, plus d'art, plus de coquetterie suspecte. Une créature si bonne, si douce, si désolée de ce qui pourrait déplaire ! Sa pudeur la faisait jeune. Dans cette jupe de prison, elle semblait une demoiselle, une petite fille du peuple. Les larmes venaient aux yeux. Quelle tentation violente de la sauver à tout prix ! J'ai conté l'histoire tragique du bon et généreux Bazire, celle d'Osselin, qui se perdit pour avoir caché dans les bois de Versailles une jeune dame émigrée.

L'histoire la plus forte en ce genre est celle de Lamberty. Fait spécial, mais terrible, qui éclaire un monde de choses [1].

L'affreuse affaire de Vendée, comme j'ai dit, avait été faite surtout par les Vendéennes, fières, colères, audacieuses, qui voulaient garder leurs prêtres, et entraînèrent leurs maris, ces imbéciles héroïques.

A la défaite, voilà tout ce monde qui est un peuple (nobles, paysans, prêtres, femmes, religieuses, etc.), voilà l'étrange pêle-mêle, vrai carnaval de la mort, qui vient s'engouffrer dans Nantes. Prodigieux entas-

---

1. J'en ai dit un mot ailleurs. Mais je n'avais pas les détails précis que j'ai aujourd'hui. — L'arrêt de Lamberty et ses motifs sont donnés exactement dans l'ouvrage de M. Berriat Saint-Prix, *Justice révolutionnaire*, d'après les registres de la commission du Mans. — Plusieurs détails importants se trouvent dans l'*Histoire parlementaire*, t. XXXIV, XXXV. — MM. Belloc, Souvestre et mes autres amis de Nantes m'ont souvent parlé de ces faits, spécialement de l'état horrible où se trouvait l'Entrepôt. Grâce à eux, j'ai pu juger combien le livre romanesque de Barante (*La Rochejaquelein*) était inexact. Par exemple, il dit que Carrier noya trois cents filles publiques. Ce fut une simple menace, M. Lejean l'établit en parlant de l'intervention du maire, le tailleur Leperdit. — Pour la personnalité de Lamberty et les plus curieux détails de l'événement qui amena sa mort, je les dois à mon savant ami, M. Dugast-Matifeux, que je puis appeler l'histoire vivante de Nantes et de la Vendée. Il a connu la belle-sœur de Lamberty et plusieurs témoins de la tragédie, l'un des soldats qui virent mourir Lamberty, etc.

sement. Et tout ce monde était malade d'une diarrhée contagieuse qui s'empara de la ville. Les décrets étaient précis : Tuer tout. On les fusillait. Mais les morts tuaient les vivants. La contagion augmentait ; deux mille Nantais meurent en un mois. L'irritation était grande à Nantes et sur toute la Loire. A Angers et à Saumur, on noyait des prisonniers. Les Vendéens avaient brûlé plusieurs des nôtres (vivants) ! On contait que les Vendéennes avaient de leurs longues aiguilles piqué les yeux des mourants ! Le petit peuple de Nantes criait qu'il fallait jeter toute cette Vendée à la Loire. Les deux autorités de Nantes le représentant Carrier, et le Comité révolutionnaire, en vive rivalité, s'observant, prêts à s'accuser si l'un ou l'autre donnait le moindre signe d'indulgence, suivirent la fureur populaire, substituèrent (sans souci des lois) la noyade à la fusillade.

Carrier n'en fut que plus aimé du petit peuple, pour qui il maintenait par la terreur les vivres à très bas prix. Les poissonnières lui firent des fêtes et le couronnèrent de fleurs.

Malgré la grande victoire, Nantes n'était pas hors de danger, ayant Charette à sa porte sur l'autre quai de la Loire. Deux hommes dirigeaient tout, non Carrier, un demi-fou, mais le meneur du Comité, le créole Goulin, et le factotum de Carrier, le carrossier Lamberty. — Goulin, planteur de Saint-Domingue, joli homme, qu'on croyait noble, plein d'esprit, de feu, de ruse, avait été secrétaire de l'indulgent Phelippeaux qui périt avec Danton. Il s'était réfugié dans le parti opposé, et il tâchait de se laver à force de férocité. — Son rival, contre lequel il travaillait sourdement, était Lamberty, le plus vaillant homme de Nantes, de ceux qui la sauvèrent en juin et qui brisèrent la Vendée dans son plus terrible effort. « Je l'ai vu, disait Carrier, arrêter seul deux cents hommes » (sans doute aux *longs ponts*, si étroits). Il commandait l'artillerie, et il était devenu général de brigade, mais il ne s'épargnait pas pour les choses les plus dangereuses. Parfois il se déguisait, et, la nuit, entrait au camp ennemi, l'observait intrépidement jusque sous le nez de Charette.

Comment perdre Lamberty, comment rejeter sur lui seul et sur Carrier ce qui s'était fait en commun ? c'était la question pour Goulin et le Comité.

Lamberty ne donnait nulle prise pour l'argent, pour l'intérêt. Ses hommes semblaient nets en ce sens. Ils fusillèrent un des leurs qui, en décembre, presque nu, grelottant, avait pris la culotte d'un homme tué.

Mais il avait un plus grand crime. Lui et son second, Fouquet, ils avaient sauvé des femmes.

L'occasion en fut étrange. La grande masse des malades, des mourants et des morts même (le temps manquait pour les ôter), était l'Entrepôt de Nantes. Un de mes amis, alors enfant, au bout de quarante années, m'en parlait avec terreur. Cet entrepôt, comble d'ordures, ses émanations mortelles étaient l'effroi de la ville. On n'osait en approcher. C'est là que, vers le 20 décembre, Lamberty vit gisantes deux ombres de femmes, une dame de vingt-cinq ans, sa fille de chambre de dix-sept.

La dame n'était que trop connue. C'était une Vendéenne, qui appartenait à la reine, qui ne parlait que de la reine, si bien que les patriotes l'appelaient Marie-Antoinette. Quoique son mari eût eu un poste à Versailles, ils étaient tranquilles à La Flèche sous l'abri d'une permission du Comité de salut public. Mais, au procès de la reine, elle délira, voulut qu'on joignît l'armée vendéenne; elle suivait dans sa voiture. A la déroute, ils essayèrent de se cacher dans Nantes, furent trouvés, pris, reconnus. Le mari fut fusillé.

Pour elle, était-elle vivante, ou déjà ensevelie? Dans ce putride tombeau, muette, livide, échevelée, elle eût pu faire reculer un homme moins intrépide. Mais elle était, disait-on, « la plus mauvaise des brigandes », la plus impossible à sauver. Cela piqua Lamberty. Elle n'était pas, celle-ci, des libertines Clorindes qui suivaient Charette à cheval. C'était une vraie dame, altière dans son loyal fanatisme, qui n'aurait rien demandé, n'eût voulu être sauvée. Cela le mordit au cœur. Elle était dans tous les sens terriblement dangereuse. C'est ce qui le décida. Il n'avait jamais rien gagné dans ses deux ans de combats. Il s'adjugea celle-ci; il prit pour lui ce cadavre, en bravant la mort et la loi.

Elle avait encore la force de se lever. Elle suivit. Chancelante et égarée, sans doute elle était comme en rêve. Le monde n'existait plus. Plus de roi et plus d'église ! Plus de Vendée ! Tout fini !... Quelle était cette voix, cet homme, ce sauveur ? Le savait-elle ? Le sauveur avait trente-sept ans, la flamme de l'homme d'action, visiblement un grand courage puisqu'il osait la sauver.

Il la mena droit chez lui. Personne n'aurait été assez imprudent pour la recevoir. On ne pouvait pas cacher une personne si bien désignée. Quelle prise pour ses ennemis, pour le Comité de Nantes, qui l'observait, l'épiait ! Et que diraient ses amis, les furieux patriotes, de voir assise à son foyer cette morte, cette pâle figure ?... Qui ? la Vendée elle-même !... Eût-il pu leur faire comprendre ce mystère d'amour, d'orgueil, de fureur ? Après l'avoir tant combattue, cette Vendée, la tenir chez lui conquise, c'était la victoire complète et la plus définitive. Jusqu'à l'âme il l'avait conquise, jusque dans la volonté. Car, enfin, elle n'avait pas refusé, cette fière personne, de le suivre, de vivre par lui. Apportant la mort en dot, elle acceptait son dévouement, voulut bien qu'il mourût pour elle.

Il mourut pour elle seule. On ne lui reprocha qu'elle. On n'aurait jamais osé lui reprocher autre chose, rien de ce qu'il avait fait avec Goulin, le Comité, et par ordre de Carrier.

Il eut ce bonheur funèbre de l'avoir quarante jours. La mort approcha par degrés. Si elle rentrait aux prisons, il était sauvé encore. Si elle restait chez lui, il périssait certainement. L'arrivée d'un envoyé de Robespierre, et le courage subit qu'il donna au Comité, avertissaient fort Lamberty.

Le Comité va à Paris, second avertissement. Ses amis furent si effrayés qu'ils auraient voulu, disaient-ils, poignarder les femmes qu'on avait sauvées, faire ainsi tout disparaître.

Le troisième avertissement fut le rappel de Carrier, obtenu par le Comité. Lamberty, sûr de périr cette fois, attendit le coup. Elle et lui ne pouvaient manquer de mourir en même temps.

L'infortunée était enceinte. Elle fut enlevée de chez lui le 11 février, jugée, condamnée à mort. Elle déclara sa grossesse qui remontait à trente-cinq jours (aux premiers jours de janvier). Elle eut un sursis de trois mois.

On n'arrêta Lamberty qu'après le départ de Carrier, le 16, et pour ce seul crime, — nullement comme *exagéré*, mais comme *indulgent*. Qui n'avait été *indulgent* ? qui n'avait quelque péché secret en ce genre ? Le pur des purs, Robespierre même, avait sauvé un fermier-général du jugement qui frappa à la fois tous ses collègues.

Lamberty n'avait pas agi furtivement, avec mystère. Il n'avait nullement caché celle qu'il tirait du foyer de la contagion, et que le fléau aurait dérobée à la loi. Elle n'avait été mise que chez un homme public, dans une maison ouverte à tous et qui était le centre même de l'action militaire. Elle était là sous la garde d'un patriote très sûr.

Défense assez spécieuse. Mais à ce moment où

l'on tuait à Paris Hébert et Danton, l'indulgent et l'exagéré, il était naturel qu'à Nantes on fît périr Lamberty.

Sa dame, brisée du combat de tant d'émotions contraires, y succomba. Elle mourut le 9 avril. Lui, il périt le 14.

Ne laissant rien derrière lui, il prit la mort à merveille, comme le suprême présent de la République, le meilleur, qui le dispensait des comptes que la réaction prochaine, que l'humanité elle-même aurait pu lui demander.

Un des soldats qui le menèrent a raconté à mon ami, M. Dugast-Matifeux, qu'il alla d'un pas leste et ferme, criant : « Vive la République ! » Il le cria sur la place, le cria sur la plate-forme, cria sous le couteau : « Ré... ! » Le couteau coupa sa voix.

Il était mort bien à point. Celle pour qui il se perdit, lui eût-elle pardonné jamais ? Ne lui eût-elle pas reproché ce don cruel de la vie ? Cette dame, « haute comme les monts », replacée dans son parti, dans l'atmosphère royaliste, n'aurait-elle pas été implacable pour son sauveur ? Eût-il péri ? Je le crois. Elle ne l'eût pas fait poignarder, comme on faisait dans le Midi. Mais il n'en était besoin. Que de gens dans le parti lui en auraient fait leur cour ! Il y avait d'excellentes lames chez Charette, chez les émigrés. On l'eût tué dans les règles sur le pré, en duel loyal, comme on fit au héros de Nantes, le fameux ferblantier Meuris.

Ceux qui aimèrent les Vendéennes, généralement s'en trouvèrent mal. Savary le dit pour les demoiselles sauvées après l'affaire du Mans, que des patriotes épousèrent, même en les refaisant riches, rachetant, restituant leurs biens.

On sait l'histoire de celle que Marceau sauva lui-même. « Aucune femme plus jolie », dit Kléber qui la vit aussi. Mais elle était effrayante de fierté, d'audace et de haine. Elle voulait être fusillée. Ils ne purent pas la sauver, car elle ne tut pas son nom, et elle dénonça ses libérateurs. Un procès fut commencé contre eux, que le représentant Bourbotte fort heureusement arrêta. Si elle eût vécu, Marceau eût eu le cœur pris sans doute, l'eût épousée, et il eût eu cruellement à s'en repentir.

Babeuf dit aux Thermidoriens qui raffolaient de dames nobles : « Lâches plébéiens ! que faites-vous ? Elles vous embrassent aujourd'hui, demain vous étoufferont. » (I, 276, 19 nivôse).

L'exemple le plus frappant en ce genre sera celui de Tallien. Sa Tallien (née Cabarrus, femme du marquis de Fontenay), sauvée par lui à Bordeaux, sauvée encore à Paris, un moment reine de France, l'avilit, comme on a vu. Dès qu'il est bien dans la boue, elle l'y laisse et convole ailleurs. D'amant en amant, de mari en mari, vieille, elle se fait princesse. Quel est ce coquin qui mendie à sa porte ? C'est Tallien.

CHAPITRE XIII

La clôture des Jacobins (10 novembre 1794).

Les princesses de l'époque, dans ce temps intermédiaire, sont les dames de l'agiotage, les maîtresses des Thermidoriens, qui trônent aux salons de jeu. Ceux-ci ne furent jamais fermés ; les Saint-Amaranthe, on l'a vu, les tenaient en pleine Terreur. Maintenant le jeu, agrandi par l'agio du papier, l'intrigue de l'élargissement successif des prisonniers, les plaisirs et les soupers, tout le mouvement du jour a pour reine cette Tallien. Autour d'elle une pléiade de dames aimables et peu sévères, comme la pâle, la gracieuse et déjà fanée Joséphine.

Elles étaient fort étourdies, n'avaient pas même le sens des convenances politiques qu'aurait imposées l'intérêt. Par exemple, pour porter le dernier coup aux Jacobins, on aurait dû prendre un jour où le grand flot populaire de lui-même irait contre eux, ce jour que le procès terrible contre leur ami Carrier ne pouvait manquer d'amener. Mais on prend maladroitement le jour d'une affaire d'argent, le jour où la Tallien échoue pour ses fonds espagnols. Plus maladroitement encore, le mouvement qui aurait paru celui de la moralité contre « les buveurs de sang », fut souillé d'espiègleries indignes contre les jacobines.

On calcula seulement que ces furieuses jacobines ayant étourdiment (le 8) hué la Convention, on pouvait, le 9, hardiment les insulter. On crut que l'Assemblée même serait froide à les protéger, ne serait pas fâchée de voir ces orgueilleuses humiliées, que l'abandon, le petit nombre des Jacobins serait constaté, qu'ils resteraient impuissants et ridicules, avilis.

Le principal exécuteur paraît avoir été un homme bien connu et actif aux premiers jours de la Révolution, un furieux *girondin* (les Jacobins le désignent ainsi). C'était un homme de main, fort et grossier, Saint-Huruge, prisonnier de la Terreur, sorti au 9 thermidor. Ils disent qu'il avait avec lui une douzaine d'*émigrés* ou de *chouans*. C'est le nom que les Jacobins donnent toujours à leurs ennemis. Mot très faux pour cette époque. On le voit par le discours que Saint-Huruge adressa à son bataillon de jeunes gens au Palais-Royal. Il n'eut garde de leur dire le moindre mot de royalisme. Tous l'auraient abandonné. Il parla comme girondin, au nom de la Révolution. Il dit : « Puisqu'ils veulent sauver Carrier, ils sont contre-révolutionnaires. Tombons sur eux. »

Qu'était-ce que ces jeunes gens? La rue Vivienne, le Perron, le Palais-Royal, les commis des banquiers, courtiers, des changeurs et marchands d'or, qu'on nommait *Jeunesse dorée.* Le soir, ils piaffaient aux *galeries de bois* entre les modistes et les filles, jouant les marquis, en attendant que les vrais marquis revinssent.

A l'appui venait le flot du commerce. Les marchands des rues Saint-Martin, Saint-Denis, des Lombards, du Temple, trouvaient bon qu'après souper la foule de leurs commis s'en allât polissonner dans la rue Saint-Honoré, aboyer aux Jacobins.

Un trait spécial de cette époque qu'aucun écrivain ne marque, c'est que ces jeunes gens, fort différents des nôtres, étaient de beaux joueurs de paume, grands coureurs au Champ de Mars. Ils se vantaient (bien à tort) d'une prodigieuse force physique. Au reste, c'était alors la prétention de tout le monde, girondins et jacobins, celle des gens de lettres même. Marie-Joseph Chénier était moins fier de son talent (m'a raconté M. Daunou) que de sa vigueur, disait-il, intarissable, inépuisable.

Ces gaillards, une trentaine d'abord pour commencer et n'effaroucher personne, se mirent, rue Saint-Honoré, à la porte des Jacobins, insultant les femmes, une à une, qui entraient : « Coquine, va à ton ménage », etc., etc.

Plusieurs se glissèrent dans la salle, et s'assirent parmi les femmes. Là, ils entendirent ce que Saint-Huruge leur avait dit des Jacobins. Ceux-ci accueillirent mal les discours contre Carrier et soutenaient cette thèse, que toucher à Carrier, c'était toucher aux Jacobins. Cela commença la noise. Le tumulte était effroyable. On criait, on se colletait. Les femmes étaient si exaltées, que, dans ce danger évident, une d'elles remplaça l'orateur et essaya de parler. — Celles qui étaient dans les tribunes criaient contre les intrus : « A bas les aristocrates ! » — Alors, grande confusion et des cris : « A l'assassin ! » — Brutalement on les avait empoignées, on les fouettait.

Qui croirait que, dans un moment si cruel, au lieu d'agir, certains groupes disputaient ? On entendait une voix claire : « Oui, les Jacobins sont dans les principes ! » Cependant, d'autres plus actifs parvinrent à mettre à la porte les insulteurs, peu nombreux. Ils fermèrent la porte en dedans. Mais la foule du dehors frappait, voulait enfoncer.

Enfin, la troupe arrive, rétablit la circulation. Douze hommes portent un jeune homme blessé, crient : « En voilà un que les Jacobins ont assassiné. Ils veulent sauver Carrier. Ils assassinent le peuple », etc.

Arrivent des représentants à cheval, membres du Comité. On crie : « Vive la Convention ! » Mais une scène émouvante (sans doute arrangée) a lieu. Un homme vêtu en charbonnier approche des représentants, leur dit : « Ils ont tué mon frère, égorgé cent mille Français. »

L'ordre se rétablissant, on put emmener les femmes, chacune étant au bras d'un homme. — On disait pour les garantir : « Prenez garde! elles sont enceintes! » — Une seule qui brava le danger, traversa la foule, fut traitée très indignement, moins maltraitée qu'outragée.

Le petit nombre des Jacobins qui étaient restés dans la salle écoutaient un long discours de Léonard Bourdon, maladroit et dangereux, pour Carrier, où il disait que, si le peuple était contre, les Jacobins sauveraient le peuple malgré lui. Plusieurs ne goûtèrent pas cela, et profitèrent de ce mot pour s'en aller, ne revenir jamais.

Le lendemain (10 novembre, 20 brumaire), les indignités de la veille furent dénoncées à l'Assemblée, mais par qui ? Par ce Duhem qui avait le plus gâté les affaires des Jacobins — (en parlant de couper la tête « aux crapauds du Marais »). Les tribunes s'en mêlèrent.

Un quidam appuyait Duhem, parlait haut, gesticulait, menaçait. « Arrêtez-le! arrêtez-le! » Ce fut le cri de l'Assemblée.

Elle était bien mal disposée quand un excellent patriote, Duroy, nullement jacobin et qui avait toujours été aux armées, accusa l'autorité d'être intervenue si tard, de n'avoir pas suffisamment protégé les Jacobins. Il demandait qu'on renouvelât le Comité de sûreté.

L'inaction avait été volontaire. Le président des Comités, Rewbell (fort républicain, on l'a vu en Fructidor, mais ennemi des Jacobins), fut dur pour eux, les acheva. Il dit : « Ils ont ce qu'ils méritent. Ils ont fait tous nos malheurs. Il faut que cette société soit provisoirement suspendue. »

Les Jacobins évidemment ne connaissaient guère la nature humaine, ni la France ni Paris, la légèreté avec laquelle on y prend certaines choses. Celles de la veille, odieuses et certainement regrettables, ils les rendirent ridicules par leurs exagérations, disant que « leurs sœurs avaient été violées et prostituées ». Rien de tel n'avait eu lieu.

Les Jacobins (11 novembre) n'arrivèrent que lentement vers sept heures. Mais dès six heures les jacobines y étaient, surtout à leurs places ordinaires, aux tribunes qu'on appelait celles de Robespierre et de Couthon. Dans ce jour qui fut le dernier, dans cette église, déjà abandonnée, et qui paraissait immense, elles n'en étaient que plus ardentes, déploraient l'hésitation, le modérantisme des hommes. Les journaux du temps nous peignent cette scène étrange. Des amies se retrouvaient. C'était comme Oreste et Pylade; elles se donnaient le baiser fraternel, s'embrassaient comme martyrs de la liberté : « Chère amie, je te revois donc ! Je te retrouve encore ! O ciel ! »

Si les Jacobins restaient dans la cour, n'entrant pas encore, c'est qu'ils attendaient en grande inquiétude les nouvelles de l'Assemblée. La commission nommée pour décider si l'on accuserait Carrier, faisait ce soir-là le rapport ; son président était Romme, un Montagnard si estimé. Si le rapport concluait à l'accusation, on pouvait croire que Carrier serait abandonné par la Montagne même, qui se séparerait décidément des Jacobins. Cela se réalisa. On vota l'arrestation.

Ce vote sonnait la dernière heure des Jacobins. Il était sept heures du soir. Ils entrèrent, enfin, dans leur salle, et, comme les Hébreux en péril, ils dévoilèrent les tables de la Loi, lurent la *Déclaration des Droits de l'homme*.

« Mais c'est l'œuvre de Robespierre ! » disaient les uns. « Peu importe ! peu importe, répondait-on. L'or peut se trouver dans la boue. »

Quelques-uns, à la lecture, criaient : « Chapeau bas ! tête nue ! » — D'autres voulaient qu'on se couvrît. Vaine dispute, et qui prit du temps.

A ce moment, les Jacobins avaient parmi eux l'ennemi. Ils se sentaient menacés. Plusieurs chantaient la *Marseillaise* pour s'encourager au combat. Mais d'autres, pour les faire taire, chantaient le *Réveil du Peuple*, un chant de réaction.

A sept heures un quart, la cour pleine d'une foule ennemie criait : « A bas les Jacobins ! » Les femmes furent épouvantées et disaient : « Mon Dieu ! mon Dieu ! » Quelques-uns veulent se défendre. La plupart veulent sortir. On se heurte. On se blesse. On tombe... Par bonheur, la troupe était déjà arrivée et contenait les jeunes gens. Les Jacobins s'enfermèrent, emmenant deux prisonniers. Ils ne leur firent aucun mal, leur mirent seulement le bonnet rouge pour les protéger.

Ayant repris la séance, à ce moment décisif, ils

attendaient le résultat d'une tentative dernière qu'ils firent pour appeler Paris. Ils avaient envoyé des leurs aux sections, au centre, au faubourg Saint-Antoine. Les grands quartiers ouvriers se mettraient-ils en mouvement? C'était toute la question. Ils ne bougèrent. Les Jacobins avaient, contre Babeuf, de concert avec l'Assemblée, empêché l'élection, empêché la résurection de la Commnne de Paris. Leur défense opiniâtre de Carrier, du Comité des noyades, glaçait les masses parisiennes, généralement humaines, et alors uniquement attentives au grand procès. Ainsi nul secours ne vint. Paris fut pour les Jacobins ce qu'il fut pour Robespierre même.

Suprême condamnation. Cette illustre société, qui avait fait tant pour nous, contre nous aussi plus tard, qui, croyant garder le pouvoir, avait éreinté Babeuf, le parti de l'élection, sortit de son étroite église. Elle est sortie dans l'histoire et dans l'immortalité.

Les Jacobins, un à un, partirent, donnant le bras aux femmes, pour les reconduire chez elles. Les troupes faisaient la haie, les représentants étaient là, la foule était furieuse de ne pouvoir rien faire que maudire et regarder.

Les rues restèrent pleines, agitées jusqu'à trois heures du matin. Les représentants allaient et venaient, tâchaient de calmer les esprits. Enfin, ils fermèrent la porte des Jacobins, y mirent les scellés (10 novembre 1794, 20 brumaire an III).

DEUXIÈME PARTIE

FIN DE LA CONVENTION. — DIRECTOIRE.

CHAPITRE PREMIER

La France reprend le mouvement. — La grande création des Écoles.
Réaction de la nature.

Les Jacobins, avant un an, pourront redevenir utiles, seront regrettés des plus sages. Mais il n'en est pas moins vrai qu'en novembre 94 ils étaient l'obstacle à tout.

Qui croirait qu'une société réduite à cinq ou six cents personnes, qui criaient dans le désert, pût paralyser Paris? Eh bien, tant qu'on l'entendait, on restait comme suspendu; on ne faisait rien, on n'achetait rien. On se disait : « Il faut voir... Si la Terreur revient demain? » Ni les poches ni les cœurs ne pouvaient se dilater.

Cette voix qui disait toujours : « Terreur! échafaud! guillotine! » était comme un glas sinistre, sonnant même note : « La mort! » Elle rappelait la clochette aiguë de l'Hôtel de Ville qui, dans la nuit de Thermidor, glaça tellement les esprits.

Elle se tait. A l'instant, le mouvement recommence. Les murs sont bariolés d'affiches de cent couleurs. Bals, restaurateurs, diligences nouvelles, s'annoncent à grand bruit.

Un homme de ce temps me disait : « Les Jacobins avaient tant parlé, reparlé de mort, qu'à leur clôture il sembla que la mort était supprimée, que jamais on ne mourrait plus. — Nous nous crûmes nés de ce jour-là, jeunes, et devant rester jeunes, ne pouvant vieillir jamais. On ne se souciait plus guère de ses années antérieures. Tout le passé s'obscurcit. Ceux d'aujourd'hui sont fous de croire que nous étions rétrogrades. Non, nous étions au présent. Il y avait eu sans doute un certain Ancien-Régime. Il y avait eu hier la crise de la Terreur. Mais, Terreur et Royauté, nous jetions tout de grand cœur au profond puits de l'oubli.

« Personne n'a compris ni décrit ce moment où nous n'avions plus les assommants jacobins, et nous n'avions pas encore la turbulente rentrée des émigrés, aigres et fats, rancuneux, impertinents. Les disputes, les duels ne revinrent qu'avec eux, en 95. Nul orgueil aristocratique en novembre 94. Toute classe assez mêlée. Les partis (sauf bien peu d'hommes) se rapprochaient. A l'Assemblée, bon nombre des plus violents avaient traversé la salle, et étaient allés s'asseoir à droite parmi leurs ennemis. Ils semblaient, bien plus que le centre, émus de douleur, de pitié, pour tout ce qui avait souffert.

« Que de souffrances duraient ! que d'ouvriers sans travail ! que de boutiques encore fermées ! Sous la Terreur (quelqu'un l'a dit), comme on forçait de vendre à perte, « c'était à qui ne vendrait pas ». Le commerce reprit un peu. On s'aperçut de l'état sordide où l'on était depuis deux ans. Les hommes, à la carmagnole, substituèrent les habits. Mais aucune toilette encore. Les folles modes du Directoire ne viennent que bien plus tard. Les femmes (sauf un ruban peut-être) n'achetaient encore rien du tout. Elles étaient fort malheureuses. Il était grand temps que la vie ordinaire, le train du monde reprît. Elles mouraient de faim. Telle comtesse cousait des chemises. Telle marquise était ravaudeuse. D'autres allaient humblement offrir des leçons de clavecin, ou vous forçaient de laisser faire votre portrait. Mais souvent leurs petits talents d'agrément, jadis tant loués, aujourd'hui mis à des épreuves sérieuses, leur valaient de durs compliments. Après cent courses dans la boue, mal accueillies, mal payées, elles remontaient en pleurant manger leur pain sec au grenier.

« Elles étaient fort touchantes, de leurs dangers, de leurs malheurs. Jamais elles n'eurent moins d'art, de manège, jamais plus de sincérité. Elles voulaient être aimées, et ne le cachaient point du tout. Elles venaient en nos bals en novembre et en décembre, dans leur petite robe blanche, robe unique de toute saison, et qui ne défendait guère. Beaucoup venaient seules, sans parents ni amies, sans protection. Mais justement cette époque eut la fièvre du mariage. On n'y mettait nullement les calculs d'aujourd'hui. On s'informait moins des fortunes. On voyait, aimait, épousait. Et celle qui arrivait là seule, sans appui, avait plus de chance qu'aucune de trouver un mari.

« Mercier, peu d'années après, s'étonne de voir aux promenades tant de jeunes mères qui allaitent, tant d'enfants de deux ou trois ans dans de petits chariots ; enfin, dit-il, plus d'enfants qu'il n'y a de grandes personnes. C'est le fruit des mariages innombrables qui eurent lieu en 94 après la Terreur. Il remarque encore une chose, la douceur toute nouvelle, la tendresse, les ménagements avec lesquels sont traités les enfants.

« Il n'y avait plus de salons, plus de sociétés. C'est aux bals, tout bonnement, que se préparaient, se faisaient les mariages. On a parlé sottement, ridiculement, de tout cela. Ce qui, plus tard, devint cynique, alors ne l'était point du tout. Rien n'était plus sérieux que cette folie apparente. Les dix-huit cents bals de Paris eurent lieu partout et tout à coup. Rien n'était disposé encore. On s'établit où l'on put, dans les locaux les plus grands, nombre d'églises ruinées. On a remarqué, comme un acte de légèreté impie, que l'on dansait sur les caveaux où nos pères étaient enterrés. Nos pères eux-mêmes, s'ils avaient ressuscité, auraient été heureux, je crois, de voir cette renaissance d'une société si éprouvée, de voir leurs pauvres filles trouver, après tant de malheurs, la consolation de l'amour, la sécurité du mariage et du foyer.

« Un lien tout naturel, très fort, existait d'avance entre ceux que l'échafaud avait fait veufs ou veuves, orphelins. Il ne faut pas imaginer que cela fût rare. L'énorme majorité de guillotinés (comme le témoignent les tables qu'on en fit) étaient des classes populaires. Les survivants étaient un monde, une tribu à part. Elle eut ses bals qu'on nommait *bals de victimes*. On en a ri. Et rien n'était plus touchant. Entre tant de personnes en deuil, sympathiques les unes aux autres par l'analogie de malheurs, on avait quelquefois le rêve de rencontrer quelque chose de ce qu'on avait perdu. Les situations obligent souvent, non pas d'oublier, mais de sacrifier aux nécessités nouvelles. La famille, privée de ses appuis naturels, retrouvait parfois un honnête et loyal consolateur. Cela est dit à merveille dans une petite gravure, vraiment admirable, du temps. On y voit danser deux personnes, une ravissante jeune femme et un jeune homme plus âgé de beaucoup et sérieux. Il l'a prise, et leur mouvement gracieusement unanime, fait dire : « Ce sera pour toujours. » Elle suit, et d'élan et de cœur, se rattache sincèrement à sa destinée nouvelle. Mais ses beaux yeux disent au ciel : « Pourtant je n'oublierai jamais[1]. »

---

1. Gravure de Boilly, gravée par Tresca (collection Hennin). — Boilly,

« Mercier observe très bien que, dans tous les bals du temps, les femmes dansent *en silence* (Mercier, III, 137). « Entre deux cents femmes nul bruit, elles semblent se recueillir. » Mais il ne sait pas pourquoi ; il suppose que c'est « pour mieux préciser le mouvement ». Explication superficielle, mauvaise certainement pour 94.

Les mœurs n'étaient point du tout encore celles du Directoire. S'il y avait, comme toujours, de la corruption au centre, autour du Palais-Royal, beaucoup de quartiers « avaient l'air d'être d'autant plus épurés ». Jamais la sociabilité aimable de Paris ne parut davantage. On parlait même aux inconnus. La femme avait des mots charmants pour rapprocher tout le monde. Entre son frère et son mari, son amant, celui que peut-être elle allait épouser demain, assise entre le Girondin et le Montagnard (chez Méot, ou tel autre *restaurateur*), elle disait avec une grâce souriante qui désarmait : « Mon Dieu ! Si j'avais péri, qui y eût perdu ? C'est vous. »

« C'était un plaisir de voir comme elles mangeaient de bon cœur, n'ayant plus la contraction nerveuse de la Terreur, heureuses de ces mariages si faciles, elles étaient gaies. Les nouveaux ménages, modestes et peu établis encore, sans cuisine, se pressaient aux nombreuses petites tables des *restaurateurs*. Mot nouveau qui remplace alors le *trai-*

---

avant 89 très faible, grimaçant sous l'Empire, eut un merveilleux éclair en 95. La charmante petite gravure, pleine de deuil et de douleur, ne fut plus comprise plus tard. On l'intitula sottement : *la Folie du jour*.

teur de l'Ancien-Régime. Il va mieux au grand mouvement.

« Le promeneur qui circule, deux amis qui se retrouvent, le voyageur qui débarque, tout cela se précipite, s'asseoit chez le *restaurateur*. Oh! que chacun en a besoin! A quel desséchement étique le Français était arrivé! Pauvre France! Sa poitrine, hélas! tenait à son dos. »

Quelqu'un qui, dans un ballon, regarderait alors la France, serait stupéfait d'une chose. C'est qu'elle paraît peuplée. Hier, elle semblait déserte, chacun se renfermant chez soi. Personne n'osait voyager. On pouvait, à chaque village, chaque ville, être arrêté comme un *suspect* échappé. La sécurité se retrouve. On ne prévoit pas encore la réaction cruelle. On est gai, on s'agite, on part. On cause dans les voitures publiques. Mais comme on les trouve lentes! comme elles sont loin encore de pouvoir se mettre au pas impatient de l'époque, au mouvement si rapide qu'ont pris les battements du cœur! Mon père, en 92, avait fait trente lieues en trois jours, venant de Laon à Paris, on couchait deux fois en route. En 93, la voiture où Charlotte Corday vient de Caen, va d'une traite, ne couche plus. En 94, Saint-Simon, prévoyant et plein du sens lucide et vrai de l'époque, a créé des accélérées au point central, rue du Bouloi, les *Diligences Saint-Simon*, qui vont brûler le pavé.

Quels sont tous ces voyageurs de novembre 94 ? Un peuple des plus variés. Mille espoirs nouveaux les amènent, mille intérêts, mille idées. Ce sont des spéculateurs, ce sont des solliciteurs. Mais, en grande majorité, c'est une jeunesse nombreuse, la joyeuse conscription d'une foule d'hommes de plus de vingt ans, appelés aux hautes écoles par la République. Vraie mère qui nourrit ses enfants. L'étudiant aujourd'hui paye ; alors il était payé. Les douze cents jeunes maîtres qui vinrent à la grande École normale pour apprendre à enseigner, les quatre cents élèves de l'École des travaux publics (École polytechnique), les étudiants si nombreux de l'École de Médecine, reçoivent par an douze cents francs.

Appel des provinces à Paris, appel universel à tous, aux pauvres pour les hautes études. Ce fut une ascension admirable des forces vives. Si le riche est un travailleur, c'est un saint ; je le révère. L'étudiant bourgeois d'aujourd'hui est trop souvent paresseux. De là nos mortes écoles. Mais ces pauvres qui arrivent, la plupart sont des furieux, des enragés de travail, des Bichat et des Biot, des Cuvier, bientôt Dupuytren. — Dans les arts, il en est de même. Les deux hommes qui ont senti le peuple, la grâce souffrante et le sourire de douleur, Greuze, Prud'hon, ont été les fils inspirés de la pauvreté.

Octobre 94 est une éruption de lumière, telle qu'on en baisse les yeux. Le beau livre de Despois

(*Vandalisme révolutionnaire*) nous saisit d'étonnement. C'est comme aux premiers jours du monde, c'est une Genèse qu'on lit, la Semaine de création.

Des *écoles du salpêtre*, du volcan de Lavoisier, de la révolution chimique, — et des écoles du Génie, de l'enseignement de Monge (jusque-là caché dans Mézières), — éclate la glorieuse École des travaux publics (28 septembre), avec son curieux complément, le Musée des machines au Conservatoire des Arts et Métiers (10 octobre).

Le 30, l'École normale appelle de toute la France tout ce qui enseigne déjà ou enseignera demain.

Douze chaires à l'École normale, douze au Muséum d'histoire naturelle sont ouvertes. Le 4 décembre, les trois Écoles de médecine. Enfin, les Écoles centrales (ou lycées) le 25 février 95.

Énormes créations, saisissantes par la grandeur, mais bien plus par l'esprit de vie, le cœur qu'on y sent partout.

Quel spectacle nouveau offrirent nos trois Écoles de médecine (Paris, Montpellier, Strasbourg)! Pour la première fois, au lieu d'un enseignement en l'air, pédantesque et doctrinal, l'Assemblée a institué la médecine sur le vif, *au lit des malades*. On met sous les yeux de l'élève, non la maladie possible, mais l'homme même, l'homme malade, le patient, la douleur. De là l'armée intrépide des médecins qui suivront la guerre en allégeant tant de maux. De là les impressions vives, profondes, de Bichat, du grand livre de *la Vie* et de *la Mort* qui ouvre la physiologie, vraie voie de la médecine.

L'enseignement, jusque-là dédaigné, apparaît dans sa vérité, comme une magistrature. On voit la Convention appeler tous les génies du temps à ses écoles. On voit à l'École normale les Lagrange, les Laplace, enseigner l'arithmétique. Les Bernardin de Saint-Pierre, les Volney, etc., furent appelés aux enseignements moraux, littéraires, historiques.

Tout était vie et mouvement, les leçons improvisées. Des conférences publiques entre élèves et élèves, entre professeurs même, intéressaient tout le monde. Les femmes y assistaient et y ajoutaient le charme de leur curiosité émue, de leur facile enthousiasme, parfois de l'attendrissement maternel. Quand elles virent l'enseignement des sourds et muets, des aveugles, ces arts ingénieux de la charité, elles ne retenaient pas leurs larmes. Le bon vieux professeur dit à Massieu, son meilleur élève : « Essuie-toi bien proprement, et embrasse une des citoyennes. » Mot de bonhomie touchante (dit fort bien M. Despois) qui eût enchanté Franklin.

L'Assemblée voyait dans l'art le plus haut enseignement. Devineriez-vous jamais la somme qu'elle consacra aux prix du concours des tableaux, dans ce temps de si grande pauvreté publique? Vous ne le trouveriez pas. Un demi-million (en numéraire)? Le jury, de cinquante membres, fut sagement composé, non seulement de peintres (presque toujours envieux) mais d'hommes de toutes les classes, d'écrivains : Lebrun, La Harpe ; — de savants : le géomètre Monge, le naturaliste Vicq-d'Azyr ; — d'acteurs : Laïs et Talma. Il y avait un médecin, un laboureur, un artisan. Pourquoi pas? rien de plus sage. L'instinct de l'illettré, du simple, souvent peut redresser les doctes, les raffinés, les subtils.

Ce jeune peuple des provinces, qui arrivait palpitant, trouva prête à le recevoir l'immense création nouvelle des Musées, des Bibliothèques. Pour celles-ci, Paris est bien la capitale du monde. Les autres (comme Londres, Rome ou Vienne) ont leurs Bibliothèques importantes et précieuses. Mais nous, outre la grande, la centrale, nous avions dix bibliothèques (Arsenal, Ville, Sainte-Geneviève, Louvre, Jardin des Plantes, École de Médecine, Corps législatif, etc.), qui sont toutes remarquables par des collections différentes, des spécialités singulières.

Le rayonnant Musée du Louvre, ouvert dès 93, reçoit en 94 (1er octobre) un hôte immense : c'est Rubens, le triomphe de la couleur. A côté vient bientôt Rembrandt, les lueurs, les mystères du profond magicien. Ils viennent, ces puissants maîtres, réjouir, consoler la France, après ses grandes épreuves. De ses ruines, de l'aridité impitoyable de David, ils l'évoquent, ils lui disent : « Tiens! voilà la vie! »

Le maladroit des maladroits, Louis XVI, en 85, avait très sottement tiré la galerie Médicis du Luxembourg, pour qui Rubens la fit. Elle revient de Versailles chez elle, en 94. Noble jardin, si beau alors ! Au parterre solennel, on venait d'ajouter un lieu de rêverie, le paisible enclos des Chartreux. Les suaves tableaux de Lesueur donnaient au vieux couvent un charme unique, de même que l'ampleur de Rubens, ses formes riches et pleines, s'encadraient à plaisir dans la grasse et robuste architecture toscane. Harmonie si heureuse! aimable accord des arts qu'on a détruit barbarement.

Ce temps a un sens organique. L'admirable Musée des monuments français, qui va s'ouvrir en 95, se place aux Petits-Augustins, qui semblaient faits d'avance pour recevoir ces tombeaux, ces statues. Les figures d'art gothique ou de la Renaissance se trouvèrent là chez elles, s'y plurent, s'y établirent. Quand on les en ôta cruellement en 1815, ce fut un déchirement. Voyez les Jean Goujon, sa *Diane au grand cerf*, devenue si maussade sous les basses voûtes grises du Louvre. Dans le jardin des Augustins, elle était libre, fière, sauvage. Et c'était un enchantement.

J'ai vu cela encore. Ces musées, ces jardins, dans leur belle harmonie, furent notre éducation, à nous autres enfants de Paris. Quand des sombres quartiers, des rues noires, le dimanche, on allait là rêver devant tant de belles énigmes, que de choses on sentait par l'instinct, par le cœur! Comprenait-on? pas tout. Mais d'autant plus, dans le clair-obscur de ces choses, très imparfaitement devinées, on prenait un sens fort, pénétrant de la vie. J'en revenais tout plein de songes.

A cette époque, on sortait de Paris beaucoup moins qu'aujourd'hui. Pour le Paris central, la grande promenade lointaine était celle du Jardin des Plantes et de son Muséum. Promenade si populaire que le Comité de salut public voulait la tripler d'étendue en lui donnant les deux quartiers voisins. Vers novembre 94, la bibliothèque et l'amphithéâtre sont prêts, le Muséum transfiguré par l'arrivée des grandes collections de Hollande. La riche Asie (de Java, Bornéo) apporte sa vie flamboyante. Ces îles aux cent volcans peignent tout, oiseaux, papillons, fleurs, coquilles, d'indicibles flammes. Le vieux Daubenton ranimé fit, à quatre-vingts ans, l'immense et rapide travail de classer et d'exposer tout.

En décembre 94, l'Assemblée assura la subsistance de la Ménagerie (formée depuis un an). Elle vota la pension du roi des animaux, « du lion et de son ami, le chien ». Toutefois avec cette réserve républicaine qu'exprima Daubenton : « Nul roi dans la nature. »

Ce que 93 avait rêvé, voulu et fait sur le papier, devint réalité vers décembre 94 : le Muséum fut une grande république des sciences se gouvernant elle-même.

Elle fut créée par Lamarck, qui en fonda les douze chaires, y mit le souffle de son puissant esprit.

Ce n'est pas un petit mérite pour Lakanal, Fourcroy (le comité d'instruction publique, en juin 93) d'avoir osé s'adresser à Lamarck, ex-ami de Buffon, un noble et un suspect. Ce génie encyclopédique, novateur intrépide, héros en toute science, avait pris dans la botanique, dans les tranformamations des plantes, le mystère profond de la nature, son secret de métamorphose. Discutées soixante ans, puis acceptés du monde, ses méthodes ont vaincu. Il a eu sa couronne (par les Geoffroy, les Goethe, les Lyell, les Darwin), ce maître et créateur des hautes écoles de la vie.

Le moment était solennel. La grande révolution chimique régnait et Lavoisier. Par Lamarck, naît la science des forces organiques.

Combien le monde est solidaire! La science mêlée à l'action, au grand mouvement social! Voyons ces deux rivales en face, la chimie, l'histoire naturelle.

La chimie n'était pas une science seulement, mais une langue, qui fut sur-le-champ populaire, s'infiltra, se mêla à tout. On en sent l'influence même dans la langue politique. Tous nos grands terroristes en ont l'écho, la vive impression. Trop parfois. Ils semblent y puiser l'indifférence hautaine aux tragédies du temps. « Rien ne périt. Tout change. La vie, la mort, qu'importe? ce ne sont que des phases alternées du cercle éternel, les opérations de l'universelle chimie. »

Ce fut, au contraire, du moment où la vie eut sa réaction, où l'on se ressouvint du grand prix de la vie, que jaillit l'histoire naturelle, l'étude sympathique de tous les organismes (1794). Les moindres animaux et les plus dédaignés, ceux que le roi Buffon, de si haut, n'eût pu voir, devinrent considérables. Le peuple de l'abîme, la démocratie basse des êtres encore flottants aux confins des trois règnes eut son 89. Il apporta son titre modeste, mais touchant, son droit à l'intérêt : *la vie*.

Quand Lamarck eût créé, donné ses douze chaires à Geoffroy, à Jussieu, partagé la nature, on lui dit : « Vous vous êtes oublié ? que gardez-vous pour vous ? — Moi ? Le monde sans nom. » — Vaste empire, inconnu, ténébreux, par qui tout commence. Ce puissant révolutionnaire s'en empara, fut leur législateur, les nomma, les classa, leur assigna leurs places dans la Cité universelle. Il en a fait la crypte du Musée, la quasi base souterraine où ce premier degré de l'animalité porte la grande église. De là la vie s'élance, s'organisant et s'affinant, mais parente toujours de ces vies primitives.

La parenté du monde, l'unité d'existence, voilà le nouveau dogme. Mais, pour sentir cela, deux choses étaient nécessaires, — l'attendrissement progressif de ce siècle, finalement touché au cœur par la nature, — puis une simplicicité extrême, un abandon surprenant de l'orgueil, qui fit que, sans difficulté, on reconnut les moindres pour parents.

Les génies de ce temps ont tous été des simples, disons-le en passant. Daubenton et Lamarck, pendant plus de trente ans, s'immolèrent à Buffon. Lagrange, si haut placé lui-même, eut le culte de Lavoisier, Haüy était un bon homme, comme Geoffroy, Ampère, tous ineptes aux choses du monde.

Geoffroy fut un enfant, un simple, un saint. Sa grosse tête disproportionnée qui semblait indiquer un arrêt de développement, resta enfantine jusqu'au dernier âge. Il était fils et petit-fils des célèbres apothicaires dont l'un (dans une thèse sur la génération) posa « du ver à l'homme » la parenté du monde. Grande vue prophétique qui semble avoir passé dans le sang à son petit-fils.

Quand je vis celui-ci, je fus illuminé. Sur sa face débonnaire et un peu prosaïque, des yeux charmants, de candeur adorable, rayonnaient. C'était l'expression souriante d'un enfant qui aurait en lui la vision d'un spectacle merveilleux et attendrissant. Le grand jeu de la vie, de ses métamorphoses, ses amours et ses parentés, — bref, Dieu même, — était dans ses yeux, avec un cœur de femme, de mère et de nourrice, pour aimer, observer, couver les moindres êtres.

L'amour universel fut sa seconde vue. Il en tira les dons les plus contraires à sa nature fougueuse, la finesse, la patience. On a l'œil perçant quand on aime. Le premier, et mieux qu'aucun homme mortel, il vit en toute organisation le point où cessent les contrastes apparents, où les analogies s'engendrent, où l'unité se fait de l'une à l'autre. Tous ainsi, vus de près, se trouvent être frères. Adieu l'orgueil. Les moindres animaux sont cousins ou aïeux de l'homme.

Ce que la république humaine, dans sa crise, ses douloureux enfantements, cherchait, manquait et essayait encore, son idéal, son but poursuivi, *la fraternité*, c'est le simple fond de Nature. C'est son beau secret maternel. Grande et nouvelle religion !... Salut ! Fraternité des êtres !

CHAPITRE II

La France déborde au dehors. — Grandeur et vertu des armées.
La magnanimité de Hoche.

Nous avons esquissé cet émouvant contraste : jamais tant de ruines, et jamais tant de vie. L'éruption d'une force inouïe d'action, de création. La France, encore en deuil et dans les embarras d'un changement subit, voyait moins sa force elle-même. Mais l'Europe la voyait très bien, la regardait avec terreur.

« La situation, quoique pénible, compliquée, n'en était pas moins admirable », disent Cambon et Lindet (j'ai sous les yeux des notes de Lindet). La France *movit lacertos*, montra un bras terrible pour le travail et le combat.

Bien loin que Thermidor arrête nos armées, elles débordent sur toutes les frontières. Nos jeunes et vaillants représentants marchent en tête des armées rajeunies de Rhin et de Moselle. Pendant que Kléber prend Maëstricht, la porte de Hollande, Moreaux (non pas Moreau), Marceau, Desaix s'emparent de Trèves, et bientôt de Coblentz, des plus riches pays du monde, et la France s'asseoit sur le Rhin.

Dans le Midi, les Pyrénées forcées, Fontarabie, Saint-Sébastien ouvrent la Péninsule. L'alliance de l'Espagne, la conquête de la Hollande, vont rattacher ces deux marines et ces deux flottes à la jeune marine française qu'improvisa 93.

Victorieuse partout, la France pouvait être clémente. Elle tendit la main à la Vendée. Elle lui envoya le magnanime Hoche, humain, loyal, persécuté lui-même, sorti à peine des prisons de la Terreur.

Cet homme de vingt-cinq ans, si impétueux sur le Rhin, ce général rapide, en qui ses officiers (Desaix, Championnet, Lefebvre, Ney) voyaient distinctement le génie de la France, l'étoile de la victoire, étonna dans l'Ouest par une longanimité étrange et inouïe. Dans ces pays sauvages, dans la guerre d'incendies, de vols, d'assassinats, il apporta une chose nouvelle, le respect de la vie humaine. Les premiers mots qu'il dit, empreints de son grand cœur, étaient touchants : « Français, rentrez au sein de la Patrie ! Ne croyez pas que l'on veut votre perte ! Je viens vous consoler... Et moi aussi, j'ai été malheureux... » (Septembre 94.)

C'était si imprévu, si surprenant, que personne n'y crut. Et quand, par sa conduite, on le vit vraiment bon, humain, on le jugea faible et crédule. Il était soutenu par une haute pensée, la plus grande, la plus raisonnable du temps, qu'il avait exprimée, dès le 1ᵉʳ octobre 93, et qui le frappait encore plus en octobre 94 : « L'ennemi, ce n'est point la Vendée. L'ennemi, ce n'est point l'Allemagne. Repousser l'Allemagne, rallier la Vendée, et la lancer en Angleterre ! *L'Anglais, c'est le seul ennemi !* »

Le projet qui devint ridicule en 1804, ne l'était point du tout en 94. L'Angleterre n'avait pas les énormes défenses, la ceinture de fer et de feu qu'elle se fit en dix ans. Elle n'avait pas son Nelson, ni l'énergique armée navale qu'elle forma avec tant de soin. L'Irlande subsistait tout entière et appelait la France. Celle-ci allait se rallier les flottes d'Espagne et de Hollande. L'incroyable création de Jean-Bon Saint-André, qui refit la marine en six mois de 93, la lança, soutint avec elle une bataille de trois jours, disait assez ce qu'on peut faire au pays de Duguay-Trouin. L'émigration complète de nos officiers *blancs* avait ouvert le champ à nos officiers *bleus*, la jeune marine roturière, la fille de la Révolution qui ne fût jamais née sans elle, et brûlait de lui faire honneur. Qui peut dire ce qu'elle aurait fait sans les dégoûts, les découragements, disons les désespoirs dont Bonaparte l'abreuva ?

Avec un grand bon sens, Hoche jugeait que toutes nos guerres, nos victoires d'Italie, d'Allemagne, ne serviraient à rien tant qu'on ne toucherait pas le foyer, l'atelier où se forgent les armes du monde. L'Angleterre d'autant plus guerrière et colérique qu'elle n'a jamais vu la guerre, l'Angleterre enrichie de toutes les manières à la fois (les Indes, le coton, la vapeur), ce monstre de richesse ne pouvait pas manquer de trouver éternellement en terre ferme des hommes à acheter, des Barbares, Hongrois, Russes, etc. Et la France aurait beau tuer, elle perdrait du sang (rien qu'en dix ans deux millions d'hommes, d'après le chiffre officiel). Duel stupide, qui en réalité fut entre la vie et l'argent, entre *l'homme réel* de France et *l'homme fer-vapeur*, cette force de quatre cents millions d'hommes que forgea aux Anglais la fabrique de Watt et Bolton.

Le Français, l'enfant de Paris, Hoche avait dit le mot positif, le mot de la situation. L'Italien, effréné poète, romancier insensé (avec ses beaux calculs), nous lança au hasard dans cette guerre interminable, cette longue aventure qui ne finit qu'à Waterloo.

Une chose frappe en ce moment (septembre-décembre 94), la solitude de l'Angleterre.

Quelque soin, quelque ardeur de haine qu'on eût mis à tout unir contre la France, la coalition, hypocrite, avide, était très divisée. Elle voulait surtout se garnir les mains, voler, prendre sur l'ennemi, l'ami, n'importe. Voler des places, des provinces, à son petit protégé le roi de France, cela lui allait fort. Mais, d'autre part, le beau gros morceau de Pologne la tentait extrêmement. Après les grands coups qui montrèrent la France inexpugnable, après la catastrophe qui livrait la Pologne (4 octobre), ces voleurs regardèrent surtout vers cette proie facile. Ils auraient traité avec nous. Si la Prusse y mettait quelque pudeur encore, c'est parce qu'elle craignait que l'Allemagne ne se rejetât vers l'Autriche. L'Allemagne n'en avait nulle envie. Elle ne rêvait que la paix, et en décembre la vota à Francfort. Un prince autrichien, le Toscan, nous avait reconnus. Et les Bourbons d'Espagne nous caressaient, dans l'idée (si morale) de supplanter ici le petit Bourbon, l'orphelin. Même moralité chez l'Autrichien et le Prussien ; ces deux protecteurs de l'Empire nous demandent en secret permission de voler l'Empire. L'un voudrait la Bavière, l'autre les petits États du Rhin.

L'Angleterre ainsi reste seule, bien justement punie de sa mesquine politique. Que dire de M. Pitt, tant vanté, tant surfait ! Quel bourgeois, quel prosaïque fils de marchand ! On sent l'homme d'affaires, mais borné par une idée fixe. Idée sortie du fond de haine et de colère qui fut l'âme des deux Pitt (nous y reviendrons au prochain volume). C'était de mettre des menottes à la France, des fers aux mains, aux pieds. Calais fut cela deux cents ans. Eh bien, Pitt voulait se refaire deux Calais : Toulon et Dunkerque. Il ne sort pas de là, il ne voit rien. Il manque l'un et l'autre. Il manque l'occasion unique, merveilleuse, de la Vendée, ne sait rien, ne veut rien savoir... « Avant tout, un port ! une place ! » Enfin cette Vendée désespérée s'élance à lui, veut à Granville se jeter dans ses bras. Il manque encore cela. Et cependant la coalition lui échappe. La Prusse se refroidit, s'en va, laissant le bras libre à la France...

Qu'arrive-t-il en 94 ? C'est qu'un matin Pitt, de ses dunes, voit quelque chose en face, sur Anvers et sur Amsterdam... Ma foi, c'est le drapeau français... Il flotte sur les ports de Hollande, il flotte sur les ports d'Espagne !... Désespoir...

Dans ces moments-là, le Diable ne manque guère d'arriver et d'offrir un pacte. La guerre au coin d'un bois, l'amitié du chouan, l'assassinat nocturne ? Ressource insuffisante. Mais le Diable y ajoute une arme ingénieuse pour poignarder la France, la fabrique des faux assignats.

Le petit-fils du général Moreaux (celui qui prit Coblentz) a bien voulu copier pour moi, au Dépôt de la guerre, les dépêches, rapports, etc., de nos armées de Moselle et du Rhin, pour les temps même obscurs où il n'y eut pas d'action brillante, où ces pauvres armées, affaiblies et réduites (au profit des armées qui frappaient les grands coups), ne purent guère que souffrir. Eh bien, rien de plus beau.

Tels moururent de froid ou de faim. Mais nul murmure, nul excès, un respect surprenant des propriétés. Un soldat pilla une fois, fut fusillé. Ce fut un grand événement. A combien de siècles, grand Dieu ! ces armées de 93 et 94 sont-elles de l'armée qui, en 96, sous Bonaparte, pilla si horriblement l'Italie.

Il y a un endroit admirable. C'est lorsque cette armée famélique est en marche sur Trèves, la riche ville où vont finir tant de privations. Grasse ville ecclésiastique de cour électorale, de chapitre opulent, de couvents qui thésaurisaient. C'était le nid de nos principaux émigrés. Il y avait leur précieux mobilier, leurs greniers pleins, leurs caves pleines. Je copie le rapport de nos représentants, Goujon, Bourbotte. Ils estiment que de l'Électorat on pourrait tirer un milliard ! (Rapport du 9 août 94, 23 thermidor.) Eh bien, le croirait-on ? Ils arrêtent aux portes de Trèves cette armée, la font bivouaquer dehors sur les hauteurs. Et ces admirables soldats trouvent cela naturel, restent sans murmurer à la porte de la terre promise. On leur confie des magasins tout pleins, à ces pauvres diables affamés, et ils ne touchent à rien, ne songent qu'à garder fidèlement le bien de la République.

Étonnantes armées ! Quelle grande vie morale les soutenait ? On l'a vu dès 90. Elles sortirent des Fédérations fraternelles. Elles étaient parties de l'autel où l'on jura la liberté du monde. Chacune d'elles, en 92, formée dans la même province et non mêlée, garda ce caractère de fraternité primitive. Chacune fut une personne. L'austère, de Sambre-et-Meuse, tellement républicaine et soumise à la loi ; la forte, la modeste armée du Rhin, la glorieuse patience, eurent toute la gravité du Nord,

Elles nous parlent encore, nous enseignent l'immolation au devoir.

Si l'histoire générale ne m'eût dévoré jour par jour, j'avais un beau projet, d'écrire *la Légende d'or*, celle des saints de la Révolution, les héros de la guerre, les héros de la paix.

Je dis *des Saints*. Qui, dans l'histoire, mérita jamais mieux ce titre que Desaix, que La Tour d'Auvergne, Kosciuszko [1] ?

Une chose bien remarquable, c'est que ce sont surtout les très grands militaires qui semblent les plus pacifiques. Hommes admirables à qui la guerre apprit surtout la haine de la guerre. Quand on lit les notes touchantes que Kléber écrivait le soir dans les horreurs de la Vendée, quand on lit les lettres *humaines*, profondément humaines, qu'écrivent Hoche, Desaix et Marceau, on pense aux notes de Vauban, même à celles que Marc-Aurèle écrit dans les forêts de Pannonie, dans la guerre des Barbares.

En rêvant ces belles légendes, j'avais autour de moi de touchantes images, celles surtout des fils légitimes de la République, de ses grands défenseurs, qui, nés d'elle, moururent avec elle (Hoche, Marceau, Kléber et Desaix). Médiocres portraits, mais ressemblants ; naïves, imparfaites images, dessinées à la hâte par des amis ardents qui tremblaient de les

---

[1]. Nous avons rempli ce vœu, en réunissant tout ce que l'auteur avait écrit sur ces *saints du devoir ;* nous l'avons publié dans un volume qui a pour titre : *Les Soldats de la Révolution.* — A. M.

perdre, et d'avance volaient à la mort une ombre de ces hommes adorés.

Le soir, lorsque le jour avait baissé sans disparaitre encore, je posais la plume et marchais en long, en large, au milieu d'eux. Leurs images pâlies me disaient bien des choses. Leurs traits se marquaient moins, mais d'autant plus en eux, dans ces ombres imposantes, je sentais le vrai fond, l'âme commune des masses qu'ils ont représentées. Ils ne furent pas des hommes seulement, mais en réalité des armées tout entières.

Ils en eurent la grande âme. Ils en furent à la fois et les pères et les fils. Ils ne les menaient pas seulement au combat, mais chose plus difficile, les instruisaient avec une ferme et patiente douceur. En cela, le bon Breton, La Tour d'Auvergne, dépassait tous les saints. C'est pour être instructeur plus utile, plus efficace, qu'à cinquante ans il restait capitaine. Il avait un moyen admirable, vraiment paternel, d'aguerrir ses jeunes soldats. Les voyant incertains, il marchait devant eux tête nue, le manteau sur le bras, disait : « Allons d'abord jusqu'à cet arbre. S'ils sont plus forts, nous reviendrons. » Il recevait, paisible, une grêle de balles, n'était jamais touché, et se retournait en souriant... Mais déjà tous s'étaient élancés et couraient; c'était à qui le rejoindrait plus tôt.

L'excellent Auvergnat, Desaix, vaut le Breton. Quelle honnête, modeste, parfaite nature! Deux mots pour le peindre suffisent. Son général Kléber, fortifiant son camp, négligeait un côté, disait : « C'est celui de Desaix. » Les pauvres paysans, fuyant devant devant l'armée, disaient : « Pour aujourd'hui, nous n'avons rien à craindre. C'est le corps de M. Desaix. »

Il fallut quatre fois un homme pour mourir, et l'on choisit Desaix. Non seulement il fut mis en tête au passage du Rhin, mais par deux fois dans une place (Manhein, Kehl), avec injonction de s'y faire écraser et d'arrêter là l'Allemagne. La mort le respecta, et elle attendit Marengo.

« Que la mort est amère ! » me disaient des vieillards. Qui nous consolera de la mort du général Hoche ? Elle nous parut celle de la République elle-même. »

Lui seul inspirait confiance. Il avait dit ce mot : « Je vaincrai la contre-révolution, et alors je briserai mon épée. » Il écrivait à un général qui vexait l'autorité civile : « Fils aîné de la Révolution, nous abhorrons nous-même le gouvernement militaire. » Il destitua le général. Dans les vastes contrées du Rhin et de la Moselle, lui-même il établit l'autorité civile, inamovible, indépendante de lui.

Nul homme ne fut plus aimé et nul n'eut plus d'ennemis. Les royalistes d'abord, qui voyaient en lui l'épée de la République. Les fournisseurs ensuite, agioteurs, voleurs, corbeaux suivant l'armée !

Faut-il le dire enfin ? Des militaires, une classe

nouvelle, des militaires avides auxquels il fallait un autre homme, *un bon maître* qui laissât piller.

On ne vit guère avec tant d'ennemis. Il meurt à vingt-neuf ans, et l'on ne sait comment.

Qu'aurait-il fait plus tard? « N'était-il pas ambitieux? » Oui, certes, de haute ambition, plus haute que le trône, et que la victoire même. En tout paraissait sa grandeur. Il défendait son rival Bonaparte.

J'ai dit ailleurs sa naissance à Versailles et l'éducation qu'il se donna lui-même. Orphelin, soutenu par sa tante, une fruitière, et de bonne heure Garde-française, il eut Paris, le grand Paris d'alors, pour véritable éducateur.

Sa lucidité étonnante sur la question de la guerre apparut à Carnot dans un mémoire envoyé de Dunkerque. Robespierre dit : « Le dangereux jeune homme! » Carnot le protégea et l'éleva fort vite. Mais les hautes préférences du Comité furent toujours pour deux hommes médiocres, Jourdan et le servile, le froid, le dangereux Pichegru.

Le cœur bon, chaleureux, de Carnot est incontestable, autant que son travail immense, autant que son éclair sublime, à Wattignies, où il fut tellement au-dessus de lui-même. Mais Carnot était bien moins libre, même en sa spécialité, qu'on ne croirait. Il était, comme on sait, officier du génie, mais simple capitaine, et il avait sous lui, dans ses bureaux, ses anciens chefs et maîtres, les Montalembert, les d'Arçon, illustres en Europe, plusieurs hommes importants de ce corps orgueilleux[1], les Marescot et autres. Ces hommes de calcul, avec leur art de fortifications, de sièges et de guerre immobile, pèsent fort, gênent fort les hommes de mouvement. La lenteur, l'inertie de Pichegru, leur paraissait sagesse. Ajoutez que Pichegru avait dans le cabinet de Carnot un compatriote, un Franc-Comtois, d'Arçon, haute autorité de ce temps. Les Comtois se tiennent fort. Il y paraît dans l'éloge insensé que le Comtois Nodier fait de Pichegru.

Ce cabinet d'ingénieurs avait-il bien le sentiment des forces vives et l'appréciation des hommes? Il disait, comme tout le monde le disait depuis Frédéric : « Il faut agir par masses. » Mais en pratique suivait-on ce principe quand on parlait toujours dans les instructions de la guerre « d'envelopper,

---

[1]. Dans l'affreux pêle-mêle où Carnot trouva la Guerre et le ministère de Bouchotte, en août 93, on est émerveillé de voir combien subitement cet ardent travailleur, cet organisateur rapide se créa, en un mois ou deux, un centre d'action, des bureaux, etc. Il prit les hommes capables où il pouvait, surtout dans son corps, le Génie, corps savant, fort aristocrate, qui avait pour les autres (pour l'Artillerie même) un étonnant mépris. Le génie avait ses mystères, tellement qu'à Mézières il défendait à Monge d'enseigner ses découvertes. Il avait quelques patriotes (Carnot, Prieur, Letourneur), beaucoup d'hommes flottants, quelques-uns très suspects (Obenhein). — En général, les militaires de cabinet (Clarke, Dupont-*Baylen*, etc.) étaient des caractères douteux. Les employés, commis, Fain, Reinhard, Petitot, etc., gens souples et fins, ont tous été des hommes du pouvoir. — C'était comme un nid monarchique, royaliste, impérialiste sous le Comité même, au rez-de-chaussée et dans les entre-sols des Tuileries. Ces rats y travaillaient dans l'ombre. Le grand tyran moderne, la bureaucratie était là. Le cœur chaleureux de Carnot, la défiance terrible de Robespierre et de Saint-Just n'y faisaient rien. Ils avaient sous les pieds, dans l'épaisseur des murs, un Louvois persistant et qui refleurit sous l'Empire. Tout ainsi que Louis XIV obéissait aux commis de Versailles, les triumvirs de la Terreur suivaient, sans le savoir, cet esprit des bureaux, préféraient avec eux la médiocrité (Jourdan) et la servilité (Pichegru).

de cerner l'ennemi »? Pour cela, il fallait faire de longues ailes divisées. Contre les vieux soldats aguerris de l'Autriche, les nôtres, si jeunes et si nouveaux, étaient incapables d'exécuter de telles manœuvres. Ils pouvaient, bien massés et serrés, d'un élan frapper un coup vif. C'est ce que sentit Hoche et ce qui réussit.

Carnot, si dévoué, voulait aller lui-même au Rhin. Mais Robespierre fit envoyer Saint-Just, absolument étranger à la guerre. Carnot n'osa pas même donner d'instructions. Il fit écrire à Hoche et à Pichegru qu'ils se *concerteraient*, qu'on leur laissait *le choix des moyens*[1].

Pichegru ne bougea pas. Saint-Just, loin de se concerter avec Hoche, avec Soubrany, le représentant de Moselle, alla royalement visiter leur armée, sans leur parler et sans les voir (20 frim., 10 déc. 93). Les successeurs de Soubrany, Baudot, Lacoste jeunes gens héroïques, n'ayant nouvelle ni de Carnot, ni de Saint-Just, de Pichegru, de l'armée du Rhin, cassèrent les vitres, avancèrent, forcèrent les triples batteries du grand passage de Wœrth avec Hoche (Desaix, Championnet, Lefebvre, Saint-Cyr, Molitor, Vincent, Ney). Sur le champ de bataille, ils firent Hoche général de l'armée du Rhin, et lui subordonnèrent Pichegru.

Cela permit à Hoche de frapper le coup décisif, qui débloqua Landau, effraya l'ennemi, le fit bien

---

1. MM. Carnot fils et Louis Blanc (pour des raisons différentes) tiennent fort à l'établir : 1° *que Hoche désobéit* au plan du Comité; 2° ne voulut pas

vite fuir au Rhin. Hoche le passa lui-même. (25 déc. 93, 4 nivôse, *Dépêches du dépôt de la guerre*.)

Coup superbe, mais qui le perdit. Il n'avait pas désobéi, puisqu'il n'avait nul ordre. N'importe, Saint-Just le mit aux Carmes par une décision signée de tout le Comité.

Enfoui quatre mois dans un petit cachot, il y laissa sa santé pour toujours. Thermidor, la mort de Saint-Just, ne lui ramenèrent pas la faveur des bureaux. On donna à Pichegru la grosse armée et l'affaire éclatante de Hollande. A Hoche l'inaction de la triste Vendée, une guerre impossible où il s'usa, et où la victoire même était un deuil.

La Vendée s'éteignait, la Bretagne s'allumait et la guerre de l'assassinat. A Rennes, où il arrive d'abord, il trouve la contre-révolution frémissante, déjà insolente. Qui le croirait? personne à aucun prix ne voulut lui donner de logement.

s'entendre avec Saint-Just et Pichegru, etc. Les pièces originales que j'ai sous les yeux prouvent exactement le contraire. 1° *Il n'y eut aucun plan précis*, mais des instructions fort générales. Carnot s'était fié à Hoche, et lui avait fait écrire par le ministre de la guerre : « On vous laisse la liberté du choix des moyens. C'est à toi de te concerter avec Pichegru. » (20 brum., 10 nov. 93.) — 2° *Saint-Just et Pichegru ne voulurent nullement se concerter avec Hoche*. Dans des circonstances si pressantes, Saint-Just garda un majestueux silence. C'est de quoi se plaignent les représentants Soubrany et Richard, le 20 frimaire, puis Baudot et Lacoste dans toutes leurs dépêches, surtout dans celle du 6 nivôse, 26 décembre, où ils disent : « Saint-Just et Lebas ayant gardé un profond silence, *à l'exemple du Comité*, nous avons agi. » Cela certes excuse Hoche d'avoir vaincu sans eux, et dément la prétendue désobéissance dont parlent MM. Carnot et Louis Blanc. Hoche déclara ne plus vouloir exposer le salut de l'armée en coopérant « avec un homme aussi *tortueux* que Pichegru ». Rien de plus clair sur tout cela que les *Dépêches de l'armée de Moselle* (au Dépôt de la Guerre) que j'ai sous les yeux.

Les villes souffraient fort du soldat, qui lui-même s'y énervait, devenait indiscipliné. Hoche prit la mesure utile, mais sévère, à l'entrée de l'hiver, de le tirer des villes, des villages, de le faire camper dans une suite de petits camps qui surveillaient tout le pays, l'enveloppaient comme d'un réseau.

La loi autorisait l'armée à lever en nature le cinquième de la moisson. Le paysan fut bien surpris de voir le général fournir de la semence à ceux qui en manquaient, donner des vivres aux plus nécessiteux, se faire le père commun du peuple et du soldat.

La campagne eut de lui un bien inattendu, capital pour le paysan. Dans la Vendée, on forçait à couper, à détruire les haies, qui sont nécessaires pour parquer le bétail, lui donner du feuillage, et pour les mille usages qu'on tire du petit bois. Hoche, avec une magnanime confiance, permit les haies, montrant qu'il redoutait peu l'embuscade, craignait peu d'être assassiné. Il le fut quatre fois. A la première, il envoya vingt-cinq louis à la veuve de l'assassin ; une autre fois, se chargea de nourrir les enfants de son meurtrier.

CHAPITRE III

Aveugle réaction de la pitié. — Les chouans enhardis. — Meurtres et faux assignats (novembre-décembre 94).

Le 23 novembre, la Convention, à l'unanimité, vota le procès de Carrier. Elle crut par cette mesure d'expiation se rallier l'Ouest, pacifier la Vendée.

Le 8 décembre, par un acte pénible, mais de grande justice, elle rappela, elle reçut dans son sein les soixante-treize députés qui avaient protesté contre la proscription de la Gironde et pour l'inviolabilité de la représentation nationale. Mesure obligée, honorable, qui n'en eut pas moins l'effet de donner une force fatale aux cruels ferments de discorde qui agitaient l'Assemblée, d'y ramener des spectres de vengeance (comme le tragique Isnard), plusieurs hommes démoralisés en prison et très dangereux. Étaient-ce des actes de faiblesse ? La Convention, victorieuse de tous côtés, plantait le drapeau de la France sur Coblentz et sur Amsterdam. Les rois venaient à elle, demandaient à traiter.

Mais cette grandeur même était une tentation de clémence. La France rassurée voulait réunir ses enfants. De là les avances excessives, imprudentes, mais certainement généreuses, que l'Assemblée, que Hoche faisaient à nos ennemis.

Les publications successives des manuscrits de l'infortuné Phelippeaux, du livre de Lequinio, etc., les récits qu'on faisait des barbaries récentes de Turreau, continuées après le danger, et jusqu'en Thermidor, avaient navré les cœurs, les avaient, par la pitié, désarmés de toute prudence, détrempés et comme énervés. C'est un état pathologique, aussi bien que moral, qui n'a jamais été décrit. Cette Assemblée, après de tels accès et de fureur et de douleur, brisée et rebrisée, ayant passé, repassé par la mort, en gardait un terrible ébranlement nerveux. Tant d'ombres, tant de revenants ! Ce n'étaient pas seulement tel homme, tel individu, mais des villes, des populations entières, des masses de vrais républicains qui revenaient comme à la file. En décembre 94, où l'émigré n'est pas rentré encore, où le royalisme se cache, le monde apparaît Girondin.

C'était étrange de garder sous clé les soixante-treize députés qui réellement représentaient l'immense majorité du pays ; de retenir prisonniers ceux qui, seuls, au 31 mai, avaient protesté pour lui et pour sa liberté ?

Si le nombre fait le droit, il était de leur côté. Voilà ce que la Convention commençait à se dire.

Le sien lui paraissait douteux. De qui le tenait-elle ? *Du peuple*. Au nom du peuple seul, elle avait pris cette prodigieuse autorité. Mais comment ? *En vainquant le peuple*. Minorité minime, elle l'avait sauvé malgré lui.

Une fiction fit le 31 mai, le prétendu crime de la Gironde, son projet supposé de démembrer la France. Énorme calomnie. Dans les notes inédites de Lindet, que j'ai sous les yeux, je lis qu'après Thermidor, en septembre 94, il fit, dans le secret des Comités, ce lamentable aveu : *Jamais les Girondins n'ont pensé à démembrer la France*. Les Comités frémirent, le prièrent de se taire. Tous eurent le cœur percé. Chacun dit : « J'ai menti. J'ai versé le sang innocent. » Quel coup, pour ceux surtout qui, comme Legendre (humains au fond), s'étaient couverts (par peur) de fureurs sanguinaires, de meurtrières déclamations !

Cependant si tant d'autres, sans peur et très loyaux, acceptèrent ce mensonge, c'est que la Gironde, innocente sous ce rapport, avait un autre tort, réel, celui d'entraver tout. Son implacable opposition aux plus sérieux Montagnards, aux hommes d'action, Danton, Cambon, Lindet, rendait tout impossible, paralysait la France. Elle perdit trois mois en disputes. Les administrations de départements, forts suspectes, s'autorisaient de ces querelles pour ne pas vendre les biens nationaux, ne pas organiser la ressource suprême que Cambon avait fait décréter, la réquisition.

Lindet se tut, mais la situation parlait. Elle disait deux choses :

1° On ne peut pas les garder en prison ;

2° Et du jour qu'on les lâche, on lâche aussi toutes les furies de la discorde, des voix de tempête éternelle.

En les recevant, l'Assemblée va avouer sa servitude dans ce fatal 31 mai, et par là infirmer ses actes, tant de grandes œuvres si utiles, tant de choses fécondes pour l'avenir. Elle va reprendre dans son sein des hommes aigris et désorientés, étrangers et hostiles à tout. Les meilleurs, les Louvet, les Mercier, etc., esprits généreux, cœurs humains, en rentrant, ne peuvent manquer de précipiter l'Assemblée sur une pente déjà trop rapide, l'excès de l'indulgence, la partialité même, la confiance pour l'ennemi !

Sur cinq cents membres présents à la Convention, quatre cent quatre-vingt-dix-huit votent pour qu'on fasse le procès à Carrier. Donc, la Montagne tout entière se prononce contre lui.

Les vingt et un chargés d'examiner s'accordèrent pour l'accusation, quoique Romme, leur président, qui la demandait en leur nom, observât qu'il n'y avait nulle preuve écrite, et qu'il était regrettable de rentrer dans la voie funeste du passé, de juger un représentant.

Antonelle, le célèbre chef du Jury de 93, patriote

inflexible (contraire à Robespierre, contraire à Bonaparte), refusa de parler pour un homme dont les folles fureurs avaient tellement nui à la République, n'accepta pas la défense de Carrier.

L'accusé, même avant de pouvoir dire un mot, était jugé, tué et condamné d'avance, par la voix des deux cents témoins déjà entendus sur le comité de Nantes, tué par ce comité, par l'adroit, l'éloquent Goulin, qui rejetait tout sur lui.

Carrier faisait horreur. Mais pourquoi pas Fouché, aussi souillé, plus hypocrite, à coup sûr, bien plus corrompu ? Carrier avait d'abord sa figure contre lui. C'était un Auvergnat baroque, d'aspect bizarre, fantastique, improbable. Il était long, n'était que bras et jambes, comme un télégraphe furieux. Des tics étranges, des signes vraisemblables d'épilepsie. Dans les soixante jours qu'il fut à Nantes, il déploya d'abord une grande activité, qui aida fort à la victoire. Puis malade, alité souvent, effaré, hors de lui, livrant tout aux plus sanguinaires, il s'échappait sans cesse en paroles épouvantables. Nous avons vu que Charette était en face, le typhus dans la ville, une panique, un délire général. Il y avait des hommes atroces dans Nantes, les patriotes des environs qui avaient tout perdu. « Si j'avais fait de l'indulgence, disait Carrier, ils m'auraient fait guillotiner par Robespierre. » Du reste, les décrets terribles de la Convention l'autorisaient, le couvraient tout à fait.

Pour les comprendre, il faut se rappeler la crise

de septembre-octobre 93, quand la France se vit serrée, enveloppée de trois dangers, et qu'ayant à la gorge l'épée de l'Europe, elle sentit aux reins le poignard de Vendée. Ce ne furent pas alors les enragés, ce furent les *indulgents*, les Merlin, les Hérault qui firent voter *que l'on fît un désert* où il n'y eût plus un homme, une bête. On accusait Carrier, mais, après lui, Turreau détruisait exactement tout.

Rien n'exaspéra plus contre Carrier que la folle défense qu'en firent les jacobins, ne se contentant pas de le laver, mais l'exaltant et le glorifiant, en faisant un héros. Ils le perdirent et se perdirent.

Par le jugement du 15 décembre, 26 frimaire, Carrier fut condamné à mort, et avec lui seulement deux de ceux qui l'avaient servi. Goulin, le Comité, les autres aussi coupables, échappèrent, au grand étonnement de tous. L'Assemblée, indignée, brisa le tribunal.

Le résultat fut grave. Il confirma la fable répandue dans l'Ouest que la République, vaincue partout, faisait amende honorable en Carrier, que le Bourbon d'Espagne venait de faire son entrée à Paris. En décembre, Marseille commence à s'entendre avec la Bretagne. Le 15 décembre, le jour même où périt Carrier, les chouans, hardiment, se montrent au théâtre de Nantes, dans leur costume. L'officier est en habit vert. Tous ont des colliers verts et noirs, de belles écharpes blanches, chargées de brillants pistolets.

Ces pauvres sabotiers ont évidemment fait fortune. Un miracle a eu lieu. Mais lequel? On avait cru que ces bonnes gens étaient de pieux imbéciles qui se faisaient tuer pour leur foi. Les frandes des prêtres en 94 n'avaient pas eu encore grande action. Il est vrai qu'en Bretagne une lettre de Jésus tombe du ciel. Sur le Rhône, la Vierge apparaît, il y fallait un autre miracle, un miracle du Diable, celui que l'on va raconter.

Le Diable agit, sous figure d'un chouan, un M. de Puisaye, personnage équivoque, fort louche, qui passa de Bretagne à Londres avec les pouvoirs douteux de quelques chefs de bande. Il évita de voir les émigrés agents des princes. Pitt en avait assez; il ne voulait plus même les entendre nommer. Mais, chose surprenante, dès qu'il vit Puisaye (2 octobre), tout à coup, cet homme si difficile, si colère, s'adoucit, l'accepta au point qu'il le logea au plus près de chez lui. Cet homme était donc un trésor.

Pour ceux qui savent la démonologie, le pacte diabolique ne se fait bien qu'entre gens désespérés qui vendent, qui jettent leur âme.

Pitt était au plus bas. La Prusse, l'Allemagne, lui échappaient, et il n'avait plus prise en France. La Vendée expirait. Il n'en savait presque plus rien. Son seul agent qui allait et venait, l'informait mal, un certain Prigent, fruitier de Saint-Malo.

Puisaye était aussi au point où l'on fait tout, même

des crimes. Tous les chefs vendéens, bretons, étant *in extremis*, voyant finir le fanatisme, ne retenaient leurs gens qu'avec une grosse solde qu'ils payaient en faux assignats de leur fabrique. Immonde concurrence. Puisaye, qui n'avait pas le sou, offrait aux siens un avantage énorme. Stofflet donnait dix sous par jour. Puisaye en promettait cinquante. Mais comment les payer? C'était la question.

Il alla droit au cœur de Pitt par une chose. C'est que ce ministre n'avait jamais vu un si mauvais Français, si bien fait pour vendre la France. Nos émigrés, absurdes, inconséquents, légers, faisaient des réserves, parfois se souvenaient de la patrie. Puisaye, du premier coup, dit *qu'il était Anglais* (en effet, il avait quelques parents anglais). Il surprit M. Pitt en lui disant que la Bretagne ne voulait plus des émigrés, étourdis et brouillons, *qu'elle voulait des Anglais.* — Des Anglais déguisés? —

Non pas; des Anglais avoués, en uniforme, *en habit rouge,* — qu'en toute place conquise avec le drapeau blanc, l'anglais fût arboré. — Pour un moment? Non pas. Pour y rester. On désire *que les Anglais restent* et qu'ils ne s'en aillent point.

Il n'y a pas de dogue si féroce qu'avec certaine drogue, certain magnétisme, on ne puisse lui faire rentrer les dents, le charmer, l'hébéter. Quand Puisaye eut ainsi magnétisé son Pitt, il dit de quoi il s'agissait. Pitt avait cru (comme la Convention) que nos gens de l'Ouest étaient des fanatiques. Puisaye révéla le mystère de la nouvelle hostie, l'hostie du Diable, l'assignat contrefait. Ces misérables, chacun avec leur bande, en vivaient, en mouraient aussi. Leurs assignats grossiers menaient droit à la guillotine. Mais la chose bien faite et en grand pouvait être une arme terrible, filant partout, invisible poignard dans le cœur de la République. Les éminents graveurs de la Hollande allaient faire une merveille d'art, d'indiscernables assignats que Cambon même eût acceptés. On en faisait d'abord trois milliards à la fois! de quoi acheter la Bretagne (qui sait? les républicains même?) Ce moyen était sûr. La France était perdue.

M. Pitt était né honnête; il était fils de ce furieux Pitt, lord Chatham, l'orgueil incarné; petit-fils de celui qui fit connaître cette famille obscure par la vente surfaite d'un célèbre diamant. Ce petit-fils était l'idéal même du bon sujet : âpre, laborieux, correct absolument, sans vice, moins un! un seul, la *haine*. En celle-ci il s'était absorbé, avait passé tout, âme et corps. Résumons sa vie : Il *hait*.

En ces hommes d'affaires, l'honnêteté est relative. Il réfléchit. La France étant le *mal*, le mal idéal, absolu, ce qui détruit le *mal* est *bien*. Les jurisconsultes anglais, dans les procès venus plus tard à ce sujet, trouvèrent un très bon texte dans Wolff : « Que la guerre permet tout, même les flèches empoisonnées. » M. Pitt, si lettré, dut savoir le texte de Wolff.

Il enferma Puisaye, l'isola de l'émigration, tant qu'il put. En effet, ce projet avait en dessous une chose qu'il aurait exécrée. C'est que tous ces milliards d'assignats qu'on faisait, seraient finalement payés en biens nationaux, biens d'Église, biens d'émigrés. Chose piquante, le progrès qui allait combler les chouans avait pour base et garantie la ruine de l'émigration. Si l'on en venait là, quel champ superbe de disputes, que de procès, que de combats entre les royalistes même, quel magnifique espoir d'éternelle guerre civile! M. Pitt remercia Dieu, et comme en toute bonne affaire il faut aussi faire quelques bonnes œuvres, il fit à Monsieur, à d'Artois (pour les faire taire) la charité de quelques mille livres sterling.

Puisaye regorgeant d'assignats, on saoula les chouans. Il payait même d'avance. Il donna à plusieurs jusqu'à deux ans de solde. Mais la merveille, c'est que ses assignats, étant si parfaits, ne pouvant être refusés de personne, il les changeait en or à volonté. Un fleuve d'or coula tout à coup. Chaque prêtre qui partait de Londres avait dix mille livres en louis.

Vous vouliez des miracles, bonnes gens? En voilà. Et palpables ceux-ci. Non de vaines paroles. C'est bien la Présence réelle!

Que pouvait contre tout cela le génie de Hoche, sa générosité? Il avait à lutter contre une force immense, invisible. Il ne pouvait même combattre l'insaisissable ennemi.

Énorme force populaire. Une sauvage hilarité avait saisi tout le pays. Terrible orgie du sang. Le chouan, la poche garnie, n'avait plus de travail que de se promener en égorgeant, pillant les patriotes. Ceux-ci fuient dans les villes. Tous les maires de villages sont assassinés, les acquéreurs de biens nationaux sont égorgés, les prêtres constitutionnels martyrisés. Défense de porter du grain aux villes; les femmes qui l'essayent sont tuées. Autour de Nantes seulement, les chouans reconnurent l'amnistie de la République en tuant six cents patriotes, douze fonctionnaires.

La tactique des *honnêtes gens* qui obsédaient le général et les représentants était de leur persuader que ces assassinats n'étaient pas politiques, étaient de simples actes de voleurs, de brigands. Le député Boursault fut si crédule qu'il voulait payer les chouans, les constituer *gardes territoriales* (gardiens le jour, brigands la nuit!)

Hoche, dans son beau rêve de rallier la Vendée, la Bretagne, pour les lancer sur l'Angleterre, se refusait les moyens irritants de police, les visites domiciliaires dont on avait tant abusé. La bonne société, les belles dames caressantes l'aveuglaient, invoquaient sa générosité en faveur « des pauvres chouans ».

Ceux-ci avaient leurs tigres et leurs renards : le tigre Cadoudal, le renard Cormatin. Ce dernier regardait vers Londres, rusé et patient, mystifiait les républicains, se moquait d'eux, les rendait méprisables.

Ainsi le général Humbert, brave, mais incapable, pour finir les assassinats se laissa entraîner à la démarche honteuse d'obtenir entrevue d'un petit brigand, Boishardy, un chef de deux cents assassins.

Hoche, lui-même, dans son désir d'arrêter l'effusion du sang, ne refusa pas de voir Cormatin, qui menait toute l'intrigue. Ce chef lui parut doux et sage, tout à fait ami de la paix. Hoche, suivant son grand cœur, parla comme un homme sincère, rappela ses propres malheurs et s'étendit sur le besoin de sauver le pauvre peuple. Il répéta ce qu'il avait dit dans une lettre : « Qu'ils viennent, disait-il, qu'ils viennent. Je suis prêt à les embrasser !

« Je suis Français, dit Cormatin, et, comme tel, je me réjouis de vos victoires du Rhin, des Pyrénées. Je sais bien, hélas! que mon parti, formé par le désespoir, *n'a rien à attendre du dehors.* » Hoche, charmé de le voir dans ces bonnes pensées, lui rappela la conduite de l'Angleterre pour la Vendée et crut l'avoir convaincu que les Vendéens et les émigrés avaient été joués par la coalition.

Cet excellent Cormatin ne demandait qu'une chose: qu'on lui permît de travailler à la paix, qu'on le laissât librement « pacifier le pays », qu'on lui donnât Humbert comme témoin de ses démarches; il ferait cesser les assassinats, rien n'était mieux imaginé.

Dans l'intérêt d'Humbert et pour lui sauver quelques balles, Cormatin lui conseillait même d'endosser l'habit des chouans. Humbert l'eût fait, si Hoche ne s'en fût indigné, et ne lui eût commandé de garder l'habit de général, la dignité républicaine.

L'amitié des chouans pour nous était devenue une moquerie, une dérision. Quand ils rencontraient nos soldats en petit nombre, ils leur enlevaient leurs armes, *au nom de la fraternité.* Un jour, Hoche traversant un bois avec Cormatin, celui-ci, averti par un de ses hommes, dit d'un air mystérieux : « Il y a là *des gens...* je vais leur parler. » Il voulait avoir l'air de protéger le général. « Je ne veux rien de vous, monsieur, dit Hoche ; je passerai bien sans vous. Restez et tenez-vous derrière. » — Cormatin, en grommelant, obéit, se mit derrière, puis il piqua des deux, disparut dans le bois.

CHAPITRE IV

La panique de l'assignat. — Les spéculateurs. — Les utopistes. Saint-Simon. — Babeuf (94-95).

Il était ridicule d'user le premier général de la République dans cette diplomatie honteuse avec des bandes de voleurs. L'Assemblée, pendant quatre mois, était libre de les écraser.

La guerre n'est plus européenne. La Prusse, l'Espagne se retirent. Donc, on peut fortifier Hoche, agir avec vigueur. La France a devant elle quatre mois admirables, où ses deux bras sont libres. De l'un, elle prend la Hollande ; de l'autre, elle pourrait étouffer les chouans. Sa longanimité pour eux a cet effet d'enhardir, de relever le royalisme à Lyon, de préparer les pâques meurtrières de 95 et les massacres du Midi.

Ici, les historiens brouillent les dates, parlent, dès 94, des faits de 95, ne voient pas l'entr'acte réel qu'on eut pour les grands événements en décembre, janvier, février, mars. Ils sont, comme était l'Assemblée, assourdis du tapage de la rue, du bruit de Paris et de Lyon. A Lyon, plusieurs assassinats de terroristes avaient eu lieu. Mais la grande terreur royaliste ne commença, comme on va voir, qu'à Pâques.

La douceur des mœurs de Paris est fort sensible ici. Pendant ces quatre mois, on crie tous les soirs, on se pousse. On chante le *Réveil du peuple*. On donne quelques coups de bâton. Les muscadins, la troupe de Fréron, les jeunes gens (les Laya, Lacretelle, que nous avons connus) huent ou chassent les jacobins. Ceux-ci, à leur tour, baignent les muscadins dans les bassins des Tuileries. Et, dans ces voies de fait, aucun accident grave, point de sang répandu. Il n'y a pas, je crois, de blessé ; nul autre que Marat, dont on casse les bustes de plâtre, pour lui substituer J.-J. Rousseau (31 janvier 95). Des enfants traînent un de ces Marats, la corde au cou, jusqu'à l'égout Montmartre. Fréron gémit et gronde. Il se sent dépassé. Cependant, le 2 mars, les muscadins soutiennent qu'ils ne sont nullement royalistes. Et cela était vrai pour la grande majorité.

L'Assemblée perd le temps en stériles et fâcheux procès que les Girondins revenus font aux membres de l'ancien Comité (Collot, Billaud, Vadier, Barère). Carnot et Lindet les défendent. Plusieurs disaient très bien : « L'Assemblée tout entière, qui consacra leurs actes, peut être mise en cause. » — Un membre obscur ajoute : « Votons l'oubli !... Pour moi, je m'en voudrai toujours de n'avoir su mourir ! »

Le seul embarras grave de la situation était que le travail se relevait bien peu à Paris, que les vivres étaient chers, que l'assignat baissait.

Pourquoi cette baisse? Pure panique, inexplicable inquiétude.

Notez que les faux assignats apparaissent à peine et ne sont pas connus.

Sans doute on en a trop fait, et trop vite (il le fallait bien pour la guerre). Mais ce papier n'en restait pas moins bon. Un papier qui vous sert à payer vos impôts, un papier qui vous donne des terres à volonté, un papier qui pour gage a six milliards de biens, est tout aussi solide qu'aucune monnaie métallique.

Des douze milliards de biens nationaux, six seulement étaient vendus. Donc, six restaient à vendre. Avec l'assignat, vous pouviez chaque jour avoir des terres, des prés, des bois, des maisons magnifiques, les plus beaux domaines à vil prix.

Pourquoi donc la panique? Elle était fort artificielle, poussée et augmentée par tous les ennemis de la Révolution. Mais elle l'était aussi par ses amis, les paysans, qui, vendant très cher leurs denrées, et, s'ils pouvaient, en argent, avilissaient, abaissaient l'assignat.

On parlait beaucoup d'*affameurs*, d'accapareurs. Que quelques-uns spéculassent sur le blé, cela n'est pas douteux. Mais le grand affameur, c'était la liberté nouvelle, c'était le paysan libre de vendre quand et comme il voulait.

Il y était tellement décidé et déterminé que, même sous Robespierre, il éludait obstinément le maximum, au risque de sa vie. Il aimait mieux mourir que de vendre à bas prix. C'est sur lui et sur le marchand que frappa tant la guillotine. Le marchand eût fermé, s'il eût pu, mais n'osait. Il n'avait rien ou presque rien d'ostensible dans sa boutique, mais dans l'arrière-boutique, des réserves pour ses pratiques, les gens qui ne marchandaient pas.

Thermidor finit les mystères, ouvre tout, lâche tout. Le paysan, au fond, est roi de France, car il rançonne le marchand qui rançonne l'ouvrier. Il observe les prix, vend tard et à son jour, vend peu, vend cher, obtient tout ce qu'il veut. Comme tout le monde il parle d'affameurs, d'accapareurs et de famine. Mais c'est lui surtout qui la fait.

Il est fort curieux de voir recommencer un monde. Notons les premiers signes de la résurrection de l'industrie.

Son grand événement en 94 est celui-ci : *la France a cassé ses sabots*, prend des souliers, tant qu'elle peut. On a senti le prix du mouvement rapide.

On a fait des souliers pour nos douze cent mille soldats. Le paysan en achète, au moins pour le dimanche.

Le Vendéen, fidèle à ses sabots, nommait les *bleus*, mal chaussés, les patauds. Mais ces patauds marchaient plus vite.

En 95, l'habit se renouvellera dans les villes. Les grandes masses bourgeoises qui ont les municipalités nouvelles, se rassurent, craignent moins de montrer leur aisance. Habit carré, grosse cravate, fines bottines ou petits souliers.

Les arts du meuble, par lesquels Paris sous Louis XV s'imposa à l'Europe, ne peuvent se relever. Partout le bric-à-brac, des meubles charmants à vil prix. Chacun a chez soi quelque pièce, très exquise souvent, en contraste choquant avec le reste, un ménage dénué et pauvre.

Aux dix-huit cents bals de Paris, aux innombrables mariages, les femmes en robe blanche semblent autant de vestales. La Terreur et la mort ont tout renouvelé. Elles apparaissent légères et vaporeuses, comme des ombres souriantes, dans un nuage de linon. Belle industrie. La fabrique du blanc semble l'à-propos de l'époque. L'ingénieux et ardent Saint-Simon le crut ainsi, l'essaya dans la Somme et donna du travail à des populations très pauvres (Hubbard, 26-27). Mais la grande question de l'industrie du blanc était de savoir si elle en resterait aux choses de mode, ou si elle s'étendrait à la grande consommation, linge de corps et de table, draps, rideaux, etc. Saint-Simon, qui voyait très bien, mais au delà du temps, par l'instinct du désir et l'amour du progrès, sans doute espérait qu'en l'état de complet abandon où l'on était resté, la propreté serait le premier besoin d'intérieur. Cela vint, mais fort tard, peu, très peu sous l'Empire, mais seulement après les guerres, vers 1818. En 1795, le paysan achète de la terre, achète de l'argenterie même, qu'on peut toujours revendre, mais ne se fait pas de chemises.

Toute spéculation est-elle coupable ? On le croirait, à lire les déclamations de l'époque.

Mais en 93 le fameux Comité, tout en invectivant contre le *négociantisme,* se servait de négociants et de spéculateurs. Lindet avoue que, sans eux, malgré les ressources énormes de la réquisition, on n'aurait pu répondre aux besoins subits de la crise. Ces maisons sont en réalité des réservoirs qui concentrent, amassent (comme les grands bassins de Versailles), et qui peuvent, à tel jour, lâcher une grande masse, à telle heure donner un jet fort.

Énumérons les genres différents des spéculateurs :

1° Le *fournisseur*, grand *manufacturier*. Tel fut Armand Séguin, ami de Fourcroy et chimiste, qui prétendit pouvoir tanner les cuirs en quelques jours, et chaussa nos armées subitement. Chaussures, il est vrai, détestables, mais commodes, légères au soldat. Il marchait dans l'eau, mais marchait.

2° L'*accapareur*, presque toujours funeste, qui ne fabrique pas, au contraire, entrave la production.

Exemple : Un garçon de vingt ans, Ouvrard, de Nantes, voit en 89 commencer l'immense mouvement des journaux, de l'imprimerie. Il court à

Angoulême, où étaient la plupart de nos fabriques de papier. Il achète d'avance tout ce qu'on en fera en deux ans, et le revend très cher. Il y gagne cent mille écus, rançonne, entrave l'imprimerie.

3° Encore pire, l'*agioteur* sur l'assignat. Genre fatal de spéculation, qui, donnant des gains énormes à qui ne produit rien, écarte les capitaux de toute création réelle. On y prit l'horreur du travail. Bien plus, les cascades ruineuses qu'on opérait sur la valeur de l'assignat tombaient surtout d'aplomb sur les classes secondaires et pauvres, sur le petit marchand, sur le misérable ouvrier. Cette industrie cruelle était la guerre à l'industrie.

Mercier, Boilly, Charles Vernet, ont fait des portraits admirables du Perron, du Palais-Royal d'alors, honteusement immondes, mêlés de loups-cerviers, de filles, de bouges souterrains, d'allées mal odorantes où l'ordure de tout genre triomphait, s'étalait. Il serait cependant insensé de généraliser cela, comme on a fait, de dire : « Tel fut Paris. » Quand je vois au contraire comment vivait la jeunesse des écoles, si sobre et si laborieuse, je sens combien le Paris d'alors était mélangé. Ces écoles ont donné des hommes éminents. J'en ai connu plusieurs. Ils vivaient serrés dans certaines petites pensions bourgeoises à bas prix[1]. Vie spartiate, abstinente à l'excès, que n'accepterait aucun étudiant d'aujourd'hui.

---

1. Je citerai Parmentier.

J'ai regret que ce mot, ce beau nom de spéculateur ait été tellement détourné de son sens. Celui qui le mérite, c'est celui qui, d'un point élevé, regarde au loin, prévoit, calcule les voies de l'avenir, et, d'un esprit fécond, crée les hommes et les choses.

Que Saint-Simon ait réussi ou non, je l'appelle pourtant un grand spéculateur, fort digne de ce nom. Ce fils de la science du dix-huitième siècle porta dans les spéculations un vrai caractère de grandeur, une haute logique. Marquons-en le progrès triple, en ses trois degrés.

Je l'ai montré d'abord comme acquéreur de biens nationaux. La terre, d'abord, la terre au paysan. Il l'achète pour la diviser, la donner à vil prix.

Mais cette terre, comment la cultiver, quand la réquisition a fait razzia des chevaux? Saint-Simon en achète pour les vendre à crédit ou même les donner aux gens de sa commune.

Enrichi par la terre, le paysan achètera? *l'industrie va se relever?* Saint-Simon y a foi, et il crée des fabriques.

Fabriquer au meilleur marché, c'est maintenant le but. Il nous faut des machines et des directeurs d'ateliers. Saint-Simon crée chez lui *une école de jeunes savants*, — non la Polytechnique, qui enseigne ce que l'on sait, — mais celle du *Perfectionnement*, qui cherche et améliore, veut savoir davantage, diriger, hâter le progrès.

Pour créer des hommes surtout, ce qu'il fit est

chose étonnante. Ceux en qui il croyait entrevoir l'étincelle, il leur ouvrait son cœur, sa bourse, sa maison. Foi sans doute excessive, aveugle et imprudente, mais bien digne d'admiration.

Pour revenir à la situation, quel en était le grand, le réel embarras?

Nullement mystérieux. C'était la détente subite après la constriction de la Terreur. Le retour à la liberté, aux habitudes naturelles, eut l'effet d'une convulsion, d'un spasme violent.

Il est bien enfantin de dire qu'aucune autorité eût pu rien à cela. L'autorité! elle n'existait pas. L'Assemblée et ses Comités de gouvernement avaient, comme la France elle-même, subi le grand fait général, l'affaiblissement qui suit tout effort au delà de la nature.

La Convention, sortie de la fausse unité de la Terreur, reparaissait variée d'esprit, de nuances politiques, ne pouvait plus donner une impulsion déterminée.

Que fallait-il? « Reprendre Robespierre, après l'avoir tué? Soutenir, par la terreur, le maximum et l'assignat? » Donc, relever la guillotine?

Ceux qui disent ces paroles vaines, oublient d'ailleurs un point essentiel. C'est que, même sous Robespierre, avec la mort présente et un torrent de sang, on ne parvint jamais à établir vraiment ce fameux maximum. Il élevait très haut les salaires d'ouvriers; *mais il n'y eut plus ni salaires*, ni ouvriers, puisqu'on ne fabriquait rien. Il abaissait très bas la valeur des denrées, des vivres. *Mais les vivres ne venaient plus* que par la violence et les menaces des agents redoutés qui couraient le pays.

La doctrine de liberté illimitée, qui fut celle de Turgot, des grands économistes, avait été celle des Girondins; elle dominait dans la majorité de la Convention, chez ses nouveaux meneurs. Quelque bonne qu'elle pût être en elle-même, et en temps ordinaire (comme ceux où Turgot l'appliqua), elle demandait certainement quelque tempérament dans la situation étrange, si exceptionnelle, de 94. Il eut fallu aider Paris à franchir ce moment de crise, c'est-à-dire prendre des mesures pour y tenir l'hiver le pain à certain prix. Paris le méritait pour plus d'une raison : 1° il souffrait beaucoup plus que tout le reste de la France, étant une ville d'art et de haute industrie; 2° Paris, à ses dépens, en suspendant tous ses arts lucratifs, avait fait la Révolution, qui le ruinait. Il avait enfanté, créé la République.

Ceux qui prirent ou reprirent autorité maintinrent l'odieuse exception qu'on fit contre Paris : les quarante-quatre mille communes eurent toutes leurs municipalités, leurs magistrats élus... moins une, celle de Paris!

Si Paris avait eu une Commune en 95, un organe régulier, une administration spéciale des subsistances, on n'eût pas eu l'affreux chaos de Germinal et Prairial, et leurs échos sanglants dans les massacres du Midi.

Babeuf, très honorablement, soutenait cette thèse. Dans son numéro du 29 nivôse (19 janvier 95), il attaque, il dénonce ses faux amis thermidoriens, spécialement Tallien, la Cabarrus : « Infortunés Français! nous retrouvons la Pompadour! » Il annonce les maux que va produire la fatale indulgence de Fréron, l'amnistie proposée pour *les émigrés de la peur*. Comment les distinguer des autres?

Babeuf, à ce moment, eût voulu réunir les plus sincères amis de la Révolution, et généreusement il avait défendu ses ennemis, les jacobins, qui avaient tant agi contre lui et son club. Sa *Vie de Carrier* fut écrite pour défendre et sauver les jacobins de Nantes, les comités nantais, que l'on voulait poursuivre après le jugement de Carrier. Opposé jusque-là aux jacobins par son humanité et son horreur du terrorisme, il se rapprochait d'eux par son austérité. Leur rêve, à ce moment, que partagea Babeuf, eût été de sortir de tout régime d'exception, d'appliquer, d'établir la *Constitution de 93*, idéal ajourné par Robespierre lui-même, pôle lointain de la démocratie, où le peuple n'élit pas seulement la législature, mais *lui-même vote sur les lois!*

Hélas! hélas! quelle haute culture exigerait une telle chose! Soixante-quinze ans après, on vient de voir, en mai 1870, ce peuple infortuné, voter dans les ténèbres, et par sept millions de votes se poignarder lui-même!

Babeuf, les jacobins, en appelaient à la France, et ne savaient ce que c'était. A peine connaissaient-ils Paris, rien des départements, rien du grand changement qui s'était fait en huit mois depuis Thermidor.

Donnons des dates très précises :

La fin de 94 (août, septembre, octobre, novembre, décembre) fut absolument girondine. « Le discrédit du royalisme était extrême », dit Thibaudeau. Et Montgaillard avoue même à Pâques (95) que sa situation est encore pitoyable. A Paris, ce qu'on nomme la jeunesse dorée s'indigne d'être appelée royaliste. C'est seulement en mars que quelques jeunes gens acceptent ce nom détesté.

A Lyon, personne, exactement personne, ne s'avoue royaliste, avant l'anniversaire du 21 janvier.

Cependant, souterrainement un changement s'est fait vers la fin de 94. Tout l'hiver, le Midi est travaillé par les prêtres. Au printemps, il commence à l'être par les émigrés, par la puissante agence que Pitt créa à Berne, avec des masses d'or, la fontaine des faux assignats à son premier jet de trois milliards! La machine de la *Terreur blanche* est préparée partout. L'innocence de nos patriotes eût été bien surprise de voir leur Constitution de 93 envoyant en masse à l'Assemblée des ennemis de la Révolution.

CHAPITRE V

Comment la Terreur blanche se prépara l'hiver.

« Est-ce que l'on ne saura jamais rien de la Terreur blanche? — Non. — Pourquoi! — C'est qu'elle subsiste. »

Remarquable réponse que faisait à mes questions un homme très versé dans les histoires locales de l'Ouest et du Midi, qui aurait pu écrire beaucoup et ne l'a fait jamais.

« Peut-on même en parler? Ce n'est pas toujours sûr. Ce sont choses qui touchent d'honorables familles, et qui sont comme couvertes par l'accord des *honnêtes gens.* »

Parlez, si vous voulez, de la Terreur républicaine. De toutes celles qui se sont succédé dans le Midi depuis des siècles, c'est la seule qui ait vaillamment affiché ses actes; les autres sont muettes, et, le plus curieux, elles ont obtenu de leurs victimes même la complicité du silence[1].

---

1. Les protestants n'aiment pas que l'on parle de la dragonnade. Ils

On a, dans les archives du Midi (et partout) détruit, tant qu'on a pu, les pièces accusatrices des trois Terreurs récentes que les conservateurs (un parti identique sous des noms différents) firent en 95, en 1815 et en 1852. Il est très difficile d'éclaircir la première. Chose bizarre, c'est à Nantes, par un bonheur insigne, que j'ai trouvé des traces de ce qu'on a si bien effacé sur le Rhône. Les notes d'un représentant qui y fut envoyé m'ont appris maint secret de ce qu'on crut cacher, même aux vallées profondes de l'Ardèche, aux sauvages contrées de la Lozère. (*Papiers de Goupilleau*, communiqués par M. Dugast-Matifeux.)

Ainsi des tombes et des ruines sortent des voix que l'on n'attendait point. Elles viennent peu à peu démentir et les mensonges calculés des partis, et les fictions décevantes, souvent plus dangereuses encore, des fantaisistes, des artistes étourdis, du roman historique, le plus grand ennemi de l'histoire. Une littérature tout entière est venue de nos jours ajouter ses mirages aux obstacles, aux difficultés que l'histoire rencontrait déjà. Nodier, le

répugnent à ces souvenirs. Dans telles villes où ils sont riches, nombreux et maîtres du pavé, je les trouvai souvent muets comme la tombe sur les actes, les mœurs catholiques. Ils ont fermé les livres de la Révocation. C'est par un heureux hasard que j'ai retrouvé les faits les plus tragiques aux actes des martyrs, qu'on envoyait de Languedoc à Jurieu et qu'il a imprimés à travers sa polémique (admirable et trop oubliée).

Avant les protestants, les fils des Albigeois observaient le même silence sur l'abomination de la longue Terreur qui écrasa, humilia leurs pères. Les familles en gardèrent cinq cents ans le secret! C'est à peine cette année même, qu'une voix est sortie enfin de ce tombeau. (*Histoire des Albigeois*, par N. Peyrat, 1870.)

plus brillant, a ouvert cette voie. Il a restauré Robespierre, et de ce paradoxe, avidement saisi, il est sorti toute une école. De même il a paré, dans son indifférence, la Terreur royaliste, et fait des gentlemen de nos assassins du Midi. Il ne tient pas à lui que Fouché ne soit galant homme, et Pichegru loyal. Par bonheur, les amis de celui-ci ont démenti Nodier.

Un mot fera juger comme il fausse l'histoire. Les assassins de Lyon et du Midi, eux-mêmes, s'appelaient *Compagnons de Jésus*. Aimé Guillon, ce furieux, qui est un prêtre, dit *Jésus*. Et, en effet, c'est bien dans l'ombre de l'église, autour des neuf églises rouvertes à Lyon qu'apparaît pour la première fois cette mystérieuse compagnie. Mais c'est trop simple pour Nodier. Il met *Compagnons de Jéhu*. Il suppose que ces vengeurs allèrent chercher le nom d'un vengeur d'Israël, un nom biblique qu'auraient pris sans doute volontiers les Puritains, mais parfaitement inconnu en pays catholique, où la Bible se lit si peu.

Nous allons tout à l'heure expliquer la machine qui, de septembre en mars, travailla sourdement pour amener la sanguinaire réaction; instrument double, d'intrigue fanatique, et de corruption, d'or anglais, de faux assignats.

Mais, avant tout, il faut remarquer une chose, c'est qu'en cet orageux Midi l'action va s'engager sur un terrain imprégné de haines envieillies, que vingt révolutions en sens inverse avaient cruellement travaillé.

Ne craignons pas de remonter très haut. Ce pays, qu'on croirait d'esprit léger, est prodigieusement tenace. Rien ne s'oublie. Quand MM. de Levis vinrent, en 1815, redemander leurs biens, on leur dit qu'ils avaient reçu ces biens, en 1200, des mains maudites de Simon de Montfort. En 1300, l'insulteur du pape, Nogaret, est un fils d'Albigeois, qui lui rend le soufflet reçu en 1200. Nombre de protestants de 1600 sont aussi de sang albigeois. Tels de nos violents terroristes, comme Payan, Fauvety, étaient de furieux Cévenols.

Avec ce Fauvety, au tribunal d'Orange, siégea Fernex, un canut de Lyon, le représentant trop fidèle des longs âges qui avaient produit cette race misérable et chétive. 93 n'eût pas suffi pour des hommes si sauvages. Les siècles y avaient travaillé. Nulle part l'humanité n'avait été si outragée. L'oligarchie marchande, qui avait tellement endetté la cité, avait terriblement exploité et souillé le peuple. La révolution fut violente contre cette violence. Le vengeur fut Chalier, barbarement frappé lui-même des Girondins, guillotiné trois fois! Le vengeur du vengeur, fut Collot, fut Fernex. Ainsi roula, par coups et contre-coups, la fureur alternée des sanglantes réactions.

En Thermidor, la masse girondine rentra à Lyon sur les ruines, rouvrit ses boutiques misérables et sans acheteurs. Les royalistes ne rentrèrent qu'un à un, et quelques mois plus tard. Ces furieux marchands brûlèrent un Châlier de carton, arrêtèrent son ami Bertrand (redevenu maire). Ils se constituèrent contre les jacobins garde nationale. Les députés thermidoriens qui venaient, leur donnaient des armes. Aux femmes ils ouvrirent neuf églises, et le clergé se retrouva centre de Lyon. Les *bons ouvriers* sans ouvrage, tant de gens qui mouraient de faim et se disaient soldats du siège, tout doucement formèrent un corps : *Compagnons de Jésus*. Point de chef royaliste encore, mais un thermidorien, un ami de Legendre, un aboyeur connu, terroriste d'hier. C'est seulement au 21 janvier 95 que le royalisme se montre; d'abord par les prêtres et les femmes, une tourbe confuse qui s'entasse aux églises. Pendant que les autorités font la fête légale de la mort du tyran, il est canonisé en chaire. On fait son service funèbre. On lit son testament. Les cœurs sont attendris; les femmes pleurent, étouffent. On peut dire : « Le sang va couler. »

L'occasion, c'est le jugement même, le châtiment des terroristes. Des juges, il n'en faut pas. Les douces créatures, les plus charmantes dames, veulent, exigent des meurtres, de viriles exécutions. Elles ont honte de leurs mignards amants. On les trouve muettes, sombres. « Mais qu'avez-vous ? J'ai que vous êtes des lâches! que vous ne savez pas tuer! »

Les voilà donc, les énervés, les jolis hommes-femmes, mis en demeure de prouver qu'ils sont hommes. Les voilà, eux aussi, *Compagnons de Jésus,* qui s'en vont *travailler* (belle égalité républicaine) dans la bande sanglante des voleurs et des assassins. Le soir, fier et modeste, on revient au salon, ayant soin que la main blanche ait un peu de sang. Vrai ou faux, ce sang là fait bien. Le tendre cœur frémit, mais saura le payer.

L'emportement des Lyonnaises parut au jugement de Fernex. Ce barbare alléguait qu'il avait tué en conscience, en scrupuleux juré, en vertu de la loi. Sa lettre à Robespierre, où on voit ses scrupules, certain regret d'humanité, reste pour jeter une lueur quelque peu favorable sur sa triste mémoire. Il fut absous. Mais une masse furieuse rugissait à la porte. A la sortie, il fut déchiré, mis en pièces. On vit pis que la scène horrible de Châlier. Chaque femme se fit un mérite, un devoir, de lui enfoncer ses ciseaux. Et cependant il ne pouvait mourir. On le jeta encore vivant au Rhône.

La mort lâcha la mort. La fureur des assassinats n'eut point de bornes. Mais qui tuer? On imprima un manuel du meurtre, une liste de ceux qui avaient dénoncé (disait-on), et la liste de leurs victimes. Et on tuait aussi par fantaisie, sans règle. Avait-elle dénoncé, la marchande de modes à qui on brûla la cervelle? Avait-elle dénoncé, la jeune Richard de dix-sept ans, qu'on prit et qu'on égorgea, ne trouvant pas son père? Notez que ces fils de Jésus ne tuaient pas gratis, souvent ils volaient aussi, se garnissaient les mains. Pour ces hommes endurcis, c'était peu que la vie humaine. Dans leur argot sauvage, l'homme tué n'était qu'un *mathevon*. Mot du patois de l'Est, pour dire un méchant petit arbre qui, la tête coupée, ne montera plus. (Voy. Montfalcon.)

Plus le saint temps de Pâques approche, plus la Terreur, d'abord presque enfermée dans Lyon, va se répondre au loin. On avait essayé, dès septembre 94, de soulever le fanatisme; tout près d'Orange, du fameux tribunal, la Vierge avait apparu, d'abord sans grand succès, ce semble. Les départements écartés, Ardèche et Lozère, qui avaient peu souffert de la Terreur, mais qui ne savaient rien, presque rien du mouvement central, furent tout l'hiver travaillés par les prêtres. Les royalistes, légers, voltairiens jusque-là, se rallièrent aux prêtres, s'y confessèrent. (*Mss. Goupilleau.*)

Les magistrats nouveaux, inoffensifs et girondins, fort indulgents, ne furent point tolérés. Leurs domestiques les quittèrent; leurs pieuses servantes n'osaient plus les servir. On ne leur déclara plus rien des morts, naissances et mariages.

Enfin arrive Pâques, et tout éclate. Le printemps est terrible dans le Midi. On dirait une éruption volcanique. Si, en 92, dans l'humide Vendée, les femmes à ce moment de l'année lancèrent la guerre civile, combien plus, en 95, sur leur sol enflammé, les folles Provençales devaient délirer, s'aveugler, ne voir plus que du rouge, comme les petits taureaux de la Camargue dans leurs accès subits, imprévus, de férocité.

Après l'église, le foyer des massacres fut l'auberge, le cabaret. On va voir qu'à Marseille le chef des massacreurs est un maître d'auberge. Toutes étaient pleines. Des hommes généreux étaient là pour payer, régalaient à portes ouvertes. Dans ce temps de grande misère, cela semblait bien doux. Les meurt-de-faim partout trouvaient solde et pâture dans les *Compagnies du Soleil* (depuis Louis XIV, *Soleil* veut dire le roi). Un argent abondant coulait, on ne savait d'où, dans le pauvre pays.

Les assignats de Londres, dès janvier, apparurent à Lyon. Vers février et mars, tout près de Lyon, en Suisse, vient résider le grand machinateur anglais, Wickam, avec des masses d'or, de faux assignats. Deux courants s'établissent et vont traverser le Midi. De Bâle à Besançon, à Lyon, s'organise régulièrement la petite poste anglo-royaliste, déjà depuis deux ans établie sur le Rhin, surtout par le moyen des pâtés de Strasbourg, dans lesquels on passait les lettres.

Le grand cœur de Wickam, sa passion, sa générosité, ne sait point calculer. « L'Anglais, dit Montgaillard, ne craignait qu'une chose : de dépenser trop peu. » Ce furieux caissier, Wickam, aux plus fortes demandes n'avait qu'une réponse : « Non, ce n'est pas assez. » (Fauche-Borel.)

CHAPITRE VI

La journée de Germinal (1ᵉʳ avril). — Massacres de Lyon (5 mai 95).

L'Assemblée se rendait peu compte de ces grandes puissances souterraines qui travaillaient la France. Elle ne regardait que Paris.

La paix prochaine avec la Prusse, la belle campagne de Hollande conquise en plein hiver, égayaient bien peu son regard. Elle ne voyait que Paris.

Le grand moment d'expansion de novembre, à la clôture des Jacobins, la création magnifique de toutes nos grandes écoles, était déjà loin. La difficulté croissante de l'arrivage des vivres, la panique de l'assignat, l'interminable dispute que sa valeur variable mettait aux moindres affaires, tout avait terriblement assombri la situation. Elle alla s'embrumant, s'enténébrant, et les longs jours aigres, froids, nécessiteux du printemps, étaient loin de l'éclaircir. Au contraire, par l'excès des maux ils amenèrent de telles crises que l'Assemblée, ballottée au vent des peurs et des colères, fut toute au combat de Paris, et perdit de vue le reste, laissa la France, le monde, devenir ce qu'ils voudraient.

Ce qui me frappe le plus dans cette salle si obscure de la Convention et dans ce noir Paris d'hiver, c'est la prodigieuse dépense d'imagination qu'on y fait, de fureurs (non jouées, sincères), de vaines accusations, surtout d'illusions, de songes. L'historien des anciens âges y croirait revoir quelque chose du Paris fou de Charles VI, de la fantastique fumée de ces époques étranges où tout paraît plein du démon.

Si crédules après Voltaire! Après un siècle raisonneur si peu de raisonnement! un déchaînement si fort, si aveugle, de la fantaisie!... On le croit à peine.

Il est certain que deux légendes dominaient la situation, — absurdes au total, quoiqu'il s'y mêlât un peu de réalité.

D'un côté, les masses ouvrières, le peuple en général, disait : « On veut que nous mourions de faim. »

De l'autre, les classes marchandes, l'innombrable petit rentier disait, croyait : « Un complot se fait entre les jacobins pour recommencer la Terreur, massacrer la Convention, et la moitié de Paris. »

Des noms propres aidaient la légende. La haine de l'assignat s'en prenait surtout à Cambon. La rareté, la cherté des vivres venait de celui qui passait pour s'occuper des subsistances, du député Boissy d'Anglas. On l'appelait *Boissy-Famine*. C'était un protestant de l'Ardèche, un avocat d'Annonay, qui s'était procuré le titre d'une charge de cour (maître d'hôtel de Monsieur), académicien de province, d'une politesse empesée et qui paraissait servile. Il avait l'air, dit Mercier, « d'avoir toujours sous le bras sa serviette de maître d'hôtel. »

La terrible tradition du Pacte de famine, sous forme différente, revient dans les esprits. Écoutez dans la longue queue qui se fait la nuit pour le pain. Vous entendez ceci : « Il y a trop de monde en France. Le gouvernement y met ordre. Il faut qu'on meure, qu'on meure... » C'est ce qui, dans Vilatte, Babeuf, etc., prend la formule atroce du *Système de dépeuplement*. Tous en parlent, et le pis, c'est qu'ils y sont crédules. Tous les partis se lancent, se relancent cette pierre à la tête.

Qu'il y ait eu, comme toujours, de gros spéculateurs en blé, cela ne fait pas doute. Mais c'était cependant le moindre côté de la question. La grande cause générale et terrible de la disette de Paris, c'est que personne ne voulait y venir. C'est que tous les fermiers fuyaient et redoutaient le marché parisien.

Forcés sous la Terreur d'y apporter, d'y vendre aux plus mauvaises conditions, ils s'en dédommageaient maintenant en n'y venant plus. Le blé s'en allait à Rouen, Évreux, Reims, Orléans. On aurait dit qu'après la contraction, une force centrifuge énorme, irrésistible, emportait les denrées au loin.

On eût voulu que, dans un rayon de vingt lieues à peu près, la campagne nourrît Paris. Mais ceux de Vernon, par exemple, qui étaient juste à vingt lieues, refusaient, se battaient plutôt que d'y venir.

Le marché de Paris, sur un terrain si bouillonnant, dans ces grandes foules inflammables, effrayait le vendeur. Il n'était pas à l'aise, entouré et pressé des masses faméliques, défiantes, prêtes aux aigres disputes. Disputes sur les prix, sur la valeur de l'assignat. Fureur contre ceux qui achètent à bon marché en numéraire. Injures fort dangereuses, lancées légèrement, les noms d'*accapareurs*, d'*affameurs*, d'assassins du peuple. Et, si l'on ripostait, le fermier, sa charrette, pouvaient être mis en fourrière, traînés à la section, interrogés de fort mauvaise humeur, non sans danger à la sortie.

Comment remédier à cela? L'autorité nouvelle (quoi qu'on ait dit) n'y fut pas négligente, elle y fit des efforts incroyables, autant et plus de sacrifices qu'on n'avait fait dans la Terreur. Comparons deux chiffres certains.

L'homme de l'ancien Comité de salut public, Lindet, nous dit qu'en douze mois il fit venir deux millions et demi de quintaux de grains, donc, *deux cent mille par mois*, pour *la France entière*.

Boissy d'Anglas affirme que le nouveau Comité fit venir huit cent cinquante mille quintaux en quatre mois, donc, plus de *deux cent mille par mois* pour *la seule ville de Paris*.

Grand effort, mais très vain. Nulle action gouvernementale ne supplée le commerce, l'action de l'industrie privée.

De ces réalités cruelles sortaient des accusations violentes, un dialogue atroce :

« D'où viennent la misère et la faim, la cherté, le chômage, l'absence de travail, de commerce ? »

Des affameurs, disaient les uns, des spéculateurs, de leurs compères les députés.

Et les autres : Du complot jacobin, de la queue de Robespierre. Tant qu'ils brouillent, on ne peut rien faire. Avec eux il faut en finir.

Dans un tel état des esprits, le moindre bruit frappait et effrayait. Sur un cri des tribunes, sur un mot emporté de Ruamps, de Duhem, l'Assemblée s'émouvait. Les Girondins montraient le poing à la Montagne, criaient : « Voyez-vous le complot ? »

Dans Paris, le cours de La Harpe avait un effet incroyable. Ce bavard, converti par une noble dame en prison, prêchait maintenant contre lui-même, donnait au public ce spectacle d'un terroriste accusant la Terreur. Un certain groupe autour de lui se formait, une société violente de réaction. De son Lycée, la jeunesse élégante s'élançait au théâtre, y chantait *le Réveil du peuple* et faisait taire la *Marseillaise*. Mais elle se heurta à des masses hostiles, la plupart étaient des élèves de l'École normale. Si loin dans l'insolence allèrent les muscadins que l'Assemblée finit par s'indigner. On cerna un théâtre, on en enleva deux cents qui furent conduits aux Gravilliers et durement tancés par cette section patriote.

En revanche, on fit faire par l'enragé Fréron l'accusation en règle des jacobins (9 février, 21 pluviôse). Ramassant leurs propos furieux, insensés, leur prêtant un accord qu'ils n'avaient nullement, il combina tels mots du faubourg Saint-Antoine, et tels de Saint-Marceau. Dans la réalité, Babeuf s'était rapproché d'eux. Mais cette coalition des deux clubs rivaux naguère n'était menée par nul homme d'action. Celui qui l'eût conduite, rendue redoutable peut-être, Lazouski, l'homme du 10 août, venait justement de mourir.

Fréron affirmait, soutenait *qu'on tuerait cent représentants*, girondins ou thermidoriens.

Accusation sans preuve, mais dont l'effet certain était d'exaspérer les haines et les frayeurs. On arrêta Babeuf (21 février). Et le 2 mars, le déclamateur Saladin, dans un rapport contre Collot, Billaud, Vadier, Barère, entama réellement un procès contre la Montagne. Il n'allait pas à moins qu'à frapper tour à tour *une centaine de représentants* qui en 93 avaient été en mission.

Un député de la Seine-Inférieure, Faure, disait sagement que le procès des quatre devait être remis à un an. Mais on n'écouta rien. Legendre fit voter qu'ils seraient à l'instant mis en arrestation.

Fatal commencement, qui, de nouveau, allait ouvrir la voie à une opération barbare de l'Assemblée sur elle-même. Un homme le sentit, de peu de portée, mais honnête, qui suivait toujours son cœur ; il fut en août l'organe du mouvement alors si général contre le Terrorisme. Lecointre, le 19 mars, retourné violemment, étonna tout le monde; en demandant *la Constitution* de 93.

Les plus sages de la Montagne, Romme, Goujon, etc., applaudirent et avec raison. Quelque jugement qu'on porte sur cette machine impossible, elle pouvait utilement servir à enrayer sur la pente où l'on glissait, retarder la réaction.

Dès le 17, avait eu lieu, au faubourg Saint-Marceau, un rassemblement d'affamés. Le 21 (1er germinal), une masse du faubourg Saint-Antoine vint demander à l'Assemblée la Constitution de 93 et la fin des disputes, c'est-à-dire, prier l'Assemblée de ne pas se tuer elle-même.

Pétition fort mal reçue des modérés. Ils firent faire par Sieyès une loi de police, menaçante et de peu d'effet :

« Qui viole l'Assemblée est déporté, qui insulte un député est mis à mort. En cas de trouble, on siégera à Châlons, et (chose infiniment dangereuse, imprudente) on appellera de chaque armée une force qui protège la Convention. »

La faim n'a peur de rien. Le 7 germinal (27 mars) on ne put distribuer le matin qu'une demi-livre de pain ; autant devait en venir le soir. Mais on n'attendit pas. Au centre de Paris, les femmes se soulevèrent, marchèrent sur la Convention.

Boissy expliqua parfaitement la situation. Paris consommait beaucoup plus, ayant une foule de mangeurs étrangers, au moins cinquante mille (plus huit mille militaires destitués, fort embarrassants). Les convois de farine arrivaient lentement, étant trop souvent retenus, arrêtés en chemin par des populations qui criaient qu'on les affamait. A Paris, quoi qu'on fît, plusieurs prenaient trop, s'approvisionnaient pour plusieurs jours. La banlieue trouvait cent moyens d'emporter du pain de Paris.

Des représentants en personne allaient presser les arrivages. On ne les écoutait pas. On les menaçait même. Plusieurs furent en danger. Emploieraient-ils la force? Faudrait-il revenir aux moyens de terreur?

L'hésitation où l'on était, et la difficulté d'organiser cette force qui fît venir les fermiers malgré eux, prolongèrent la situation. Les souffrances étaient visibles, incontestables. Mais l'Assemblée croyait qu'un complot jacobin les exploitait et soulevait le peuple. Alarmée de l'éclat du 7, elle semblait vouloir profiter de la loi nouvelle, s'établir à Châlons, laisser Paris à la misère, au désespoir.

Elle suivait avec passion son procès contre la Terreur. Passion fort aveugle, qui, les yeux fermés, confondait les deux fractions opposées du précédent gouvernement, poursuivait à la fois les instruments de Robespierre (Herman, Fouquier), et les ennemis de Robespierre (Collot, Billaud, Vadier, etc.).

Le 8, s'ouvre à grand bruit le procès de Fouquier-

Tinville, d'Herman, etc. Le 12 (comme on va voir), on déporte Collot, Billaud... les furieux de 93.

Nulle preuve que ces deux terrorismes, qu'on poursuivait, eussent fait un complot. Ce fut tout simplement une distribution de pain retardée qui (le 12 germinal, 1ᵉʳ avril) porta un flot de femmes à la Convention. Elles menaient leurs enfants avec elles. Cette grande masse, poussée par derrière, força la garde, tomba dans l'Assemblée. Elles criaient : « Du pain ! du pain ! » Carnot dit dans ses notes (voy. *Mém.*) que ce rassemblement n'était nullement menaçant.

Même les pétitions que les hommes apportèrent ensuite, quelque diverses qu'elles fussent, démagogiques ou non, s'accordaient en ceci : « qu'elles priaient la Convention *de rester à son poste* », donc lui accordaient confiance.

Avant l'entrée de cette foule, l'excellent Lanthenas, le girondin (et l'ami de Roland), avait supplié les représentants de prendre une mesure d'équité pacificatrice : « de rassurer les patriotes, qui, égarés dans la Terreur, avaient nui sans intention. »

Mais quelques fous de la Montagne, Ruamps le maratiste, et un certain Bourgeois, exaspérèrent l'Assemblée par des mots d'une calomnieuse fureur : Que les Comités, par exemple, soldaient les muscadins, *qu'ils organisaient la famine*. Ce mot, dans un tel jour, pouvait avoir une portée terrible. La

Convention se contint, mais le soir, mais la nuit, frappa cruellement.

Tout cela se passait à travers un fort long rapport de Boissy, souvent interrompu, mais qui finalement proposait de céder à la voix de Paris, de revenir aux moyens de contrainte pour l'approvisionner par réquisition. Pour réussir on devait, dans chacune des sections, élire et armer cinquante hommes.

Mais que feraient ces hommes ? On n'osait dire encore qu'ils obligeraient les fermiers d'apporter. On disait seulement « que, commandés par des représentants, ils protégeraient les arrivages ».

Vaine et molle rédaction. Legendre dit : « Cela ne sert à rien sans une loi *qui force le fermier* à vendre à un prix raisonnable. »

Et Goujon ajouta : « Cela ne sert à rien, si les réquisitions pour Paris, se font dans des lieux où achètent des districts plus éloignés » (si Vernon, par exemple, fournit Rouen plus que Paris).

Les moyens vigoureux vers lesquels l'Assemblée aurait penché peut-être, furent singulièrement énervés par un article doucereux que Sergent fit joindre au décret, à savoir « que les Parisiens armés qu'on envoyait, s'aideraient au besoin de la garde nationale de la localité ». C'est-à-dire que, pour faire ces réquisitions, ils s'appuieraient de ceux qui, de tout leur pouvoir, les empêchaient.

Cependant les prières, les instances de la Montagne décident la foule à partir. On étouffait. L'Assemblée, rendue à elle-même, restait très indignée et non pas seulement les rétrogrades, mais des républicains sincères (comme Chénier). Le président, André Dumont, en profita pour que l'on fît une chose odieuse, ce fut de décréter *non pas l'accusation* des quatre (Collot, Billaud, etc.), mais *leur déportation* sans jugement. Sauvage précipitation qu'on n'avait pas montrée pour Carrier même, quatre ou cinq mois auparavant.

La nuit était venue, et des bruits s'étaient répandus très irritants. On disait qu'Auguis et Pénières, deux représentants, avaient été tués et blessés. Auguis, ancien dragon, fort colérique et provocant, s'était jeté au travers des quartiers les plus émus (Saint-Jacques, etc.), on lui avait arraché son écharpe, il avait reçu une égratignure. Pénières, venu à son secours, fut prisonnier, et l'on tira sur lui, heureusement sans l'atteindre. Ces deux victimes, ramenées en grand appareil théâtral, mirent l'Assemblée hors d'elle-même. On venait de souper, tout le monde parlait et jetait des cris de vengeance. Jusqu'au matin du 13, on proscrivit, sans ordre et au hasard, celui-ci, celui-là, Ruamps, Duhem, Choudieu, Amar, Moïse Bayle, Rossignol, etc. Cela allait si vite que l'un des plus violents proscripteurs, Bourdon de l'Oise, lui-même arrêta, dit : « Assez. »

Le furieux Fréron, exagérant toujours, jurait que la révolte était dans Notre-Dame, s'y fortifiait : On donna le commandement au général Pichegru, à Barras et Merlin de Thionville, qui se promenèrent dans Paris, ne trouvèrent rien. Aux Champs-Élysées seulement, un groupe essaya d'arrêter les voitures où étaient les déportés, qui n'en allèrent pas moins à Ham.

L'Assemblée obéie, maîtresse de Paris, aurait dû se calmer, et elle ne le pouvait. Elle allait furieuse sans trop savoir où. Ses défiances étaient telles que les Girondins mêmes en venaient à s'accuser entre eux. Louvet, Daunou leur semblaient terroristes. Un des collègues de Daunou, son très intime ami, qui avait été en prison avec lui, et avec les soixante-treize, lui disait avec larmes, le serrant dans ses bras : « Par tout ce qui est sacré, je t'en prie, dis-le-moi. Embrassé-je un ami ou bien un assassin ? » (Voy. Taillandier).

Ainsi se faisaient les ténèbres. On se frappait, à vrai dire, dans la nuit. En déportant Collot, Billaud, on arrête Lecointre, justement l'homme qui les a dénoncés !

On hurla quatre jours : « Faites arrêter Cambon ! » La Convention le vota !... Démence !

C'était précisément revenir au 9 thermidor. Ce jour, on s'en souvient, fut décidé par l'attaque imprudente de Robespierre contre Cambon. L'émeute des rentiers contre lui fit croire à Robespierre qu'il pouvait faire sauter le grand chef des finances. Mais en s'aidant ainsi de l'irritation des rentiers, on risquait d'alarmer une autre classe, immense, tous ceux qui sous cette administration avaient traité avec l'État, les acquéreurs surtout de biens nationaux. Ce nom, qui fut celui de la probité inflexible, couvrait, garantissait la fortune publique. Cambon de moins, c'était la banqueroute. L'arrêter, c'était d'un seul coup tarir la vente, éreinter l'assignat.

Les royalistes se tenaient jusque-là avec quelque pudeur. Ils prenaient d'autres noms. Ils ne se gênèrent plus en voyant l'assemblée se proscrire elle-même. A Rouen, on attaqua l'hôtel de ville aux cris de: « Vive le Roi ! » (15 avril). Le 'e 1ᵉʳ floréal), l'intrigant Cormatin se fait à ! une entrée triomphale. M. de Précy est dans Lyon, refait la garde nationale, et il n'admet comme officiers que ceux qui ont porté les armes contre la Convention.

Par la frontière de Suisse, rentraient en foule les émigrés avec de faux passeports. C'est un flot de fureur, de haine et de vengeance qui s'engouffre au volcan de Lyon.

L'Assemblée eût frémi si elle eut déviné l'effet que ses emportements allaient avoir au loin. Tout ce qui, dans Paris, s'était passé en cris, en injures, en arrestations (la plupart passagères), à Lyon et au Midi se reproduisit bientôt en sanglantes exécutions.

L'innocent Germinal de Paris devient là-bas un 2 Septembre.

Pour en arriver là et frapper un grand coup, on faisait circuler des bruits ridicules, insensés : « que les Jacobins relevés allaient opérer désormais avec un instrument nouveau, une guillotine à sept tranchants. » Les représentants Boisset et Cadroy voyaient monter le flot, ne s'opposaient à rien. Le 16 floréal au soir (5 mai 95), on se réunit aux spectacles et de là, les trois cents *Compagnons de Jésus*, en trois bandes, se portent aux prisons. Dans l'une, les détenus se défendent en désespérés. Mais on emploie le feu, on les brûle vivants. Du plus haut, une femme, son enfant dans les bras, se lança dans les flammes. Cent personnes à peu près périrent.

Cadroy écrit à la Convention, mais en faveur des massacreurs, pauvres gens, qui n'ont fait que venger leurs parents. On les juge pour la forme, ils sont acquittés à Roanne. A leur rentrée dans Lyon, les pieuses dames, les bons royalistes, s'en vont les recevoir, et couvrent leur chemin de fleurs. Ils paradent au théâtre. La sensibilité publique les entoure, les accueille, et leur met sur le front la couronne de l'assassinat.

CHAPITRE VII

Journée de Prairial (20 mai 95). — Envahissement de l'Assemblée.

Un point se débattait entre les royalistes : « A qui fera-t-on grâce ? » — et beaucoup disaient : « A personne. »

Le plus intime conseiller de Monsieur, Antraigues, se contentait de quatre cent mille têtes, et disait : « Je veux être le Marat de la royauté. »

A Lyon, on disait, sans détour, qu'il fallait massacrer la Convention tout entière, sans épargner les modérés, les Boissy, les Lanjuinais.

Cela avait un peu éveillé l'Assemblée, absorbée par les mouvements de Paris. Le 30 avril, sur un rapport de Chénier, on décréta que, conformément à la loi, les émigrés seraient jugés et condamnés. C'était Précy et son état-major de Lyon. Les trois cents coquins de *Jésus* firent au décret une réponse atroce, par le massacre du 5 mai.

L'Assemblée envoya un Girondin très ferme,

Poulain-Grandpré, qui remit un peu d'ordre. Les trois cents s'en allèrent de Lyon, et se mirent sur les routes à faire la guerre aux diligences. En juin, la Convention prit une grande mesure générale, désarma la ville de Lyon, et envoya ses dix mille fusils à l'armée d'Italie.

Les royalistes, à Paris, étaient fort divisés, fort nuancés. Beaucoup étaient simplement des marchands qui regrettaient l'ancien train des affaires, mais qui, d'opinion, étaient tout autant girondins. Beaucoup étaient des constitutionnels, comme Dupont de Nemours, l'ex-secrétaire de Turgot. Plusieurs étaient des jeunes gens de lettres qui aspiraient aux places, d'opinion flottante, modérée, un peu niaise (tel était Lacretelle). Tout cela remua en vendémiaire; au fond, c'était peu violent.

Cette grande majorité de modérés énervait, détrempait la minorité violente, l'empêchait d'imiter les exploits des trois cents de Lyon. Dans ces violents, il y avait quelques furieux qui provoquaient un mauvais coup. Tel était le journaliste Poncelin, ex-prêtre, autour du pamphlet *Tuez-les!* Tel encore un petit Figaro (de Cadix), l'impudent Martainville, dangereux polisson. D'autres étaient des gentilshommes de tripot, souteneurs de filles, féroces et adroits duellistes. Boilly nous a gardé cette figure, l'a souvent reproduite dans ses admirables estampes. Gens usés; peu de dents; la mâchoire fort rentrée; la tête en casse-noisette; on dirait celle de la Mort.

Sauf l'escrime et l'épée, ils étaient peu de chose. Pour les grands remuements des masses, où il faut des reins, des épaules, ils embauchaient des assommeurs. Mercier assure que, dans certain cabaret borgne, au théâtre italien, ils louaient de ceux qu'on appelait les tape-dur de Robespierre, de ces gens qui boivent fort, n'y voient goutte, frappent et tuent.

M. Boissy d'Anglas, qui devint si bon royaliste, a pourtant dit souvent à son intime amie, Mme Montgolfier, de qui je le tiens : « Qu'au 1er prairial, le mouvement populaire se compliquait en dessous d'un complot royaliste très sinistre et très dangereux. »

Mais la grande masse girondine et royaliste modérée, sans montrer d'énergie, et seulement en remplissant le jardin d'une garde nationale inactive, imposa aux individus qui auraient volontiers brisé (massacré?) la Convention.

A Paris, cependant, le grand épouvantail, c'était le parti terroriste. La peur grossit les choses. L'Assemblée se l'exagérait, lui attribuait les grands mouvements de la famine. Elle avait cru prévenir un nouveau Germinal en enlevant les piques, et créant une garde nationale, armée de fusils.

Elle s'imaginait encore tenir la balance en désarmant les royalistes à Lyon, et les terroristes à Paris.

Beaucoup de ceux-ci étaient enfermés au Plessis, aux Quatre-Nations. Elle y avait jeté les restes des clubs rivaux, l'Évêché, les Jacobins, Babeuf et les Duplay. Les deux écoles opposées, jacobine et socialiste, se trouvèrent ainsi rapprochées par la communauté des misères, des périls, et se coalisèrent bientôt.

Ces prisonniers avaient été fort justement effrayés et par le massacre des prisons de Lyon qui avait eu lieu le 5 mai, et par l'exécution de Fouquier-Tinville, du tribunal révolutionnaire, qui se fit le 6.

Fouquier avait cependant parfaitement établi qu'il n'avait agi que contraint, forcé, sous des menaces de mort[1]. En Thermidor, il avait été fidèle à la Convention, contraire à Robespierre, et devait périr à coup sûr, si Robespierre eût vaincu. Quand cette fidélité était récompensée ainsi, qui n'avait rien à craindre? Après Carrier, après Fouquier, après les

---

1. Fouquier était le cousin de Camille Desmoulins. Il rappela que la veille et le lendemain de Prairial, quand Robespierre fit passer son horrible loi, il donna sa démission, ainsi que plusieurs jurés; que Robespierre, que Saint-Just *les menacèrent d'être arrêtés,* — arrêtés *sur-le-champ* (*Hist. Parlem.,* t. XXXIV, p. 248, 301), que l'homme de Robespierre, le président du tribunal, Dumas, fit réellement arrêter un des jurés, qu'un autre, Duplay lui-même, chez qui logeait Robespierre, voulait se démettre (*Hist. Parlem.,* t. XXXIV, p. 248, 310). Ni les Comités, ni Fouquier, ni les jurés, ne pouvaient échapper de l'horrible engrenage où on les plaça, sans périr. — Nombre des condamnés, même des plus regrettables, n'étaient pas innocents. Malesherbes avait caché la protestation du Parlement, un *en-cas* de guerre civile. Lavoisier avait fourni les poudres pour combattre le peuple. — La précipitation atroce que l'on mit dans tout cela glorifia certains coupables, leur donna comme un triomphe. La Grammont-Choiseul, par exemple, l'une des trois Parques fatales qui firent la Guerre de Sept-Ans, livrèrent la France à l'Autriche, nous perdirent en 63, était coupable encore plus, bien plus que Marie-Antoinette.

Montagnards proscrits, il était bien vraisemblable que la réaction atteindrait dans leurs prisons les Jacobins.

Ceux-ci étaient fort éveillés, attentifs au premier coup qui frapperait l'Assemblée et les délivrerait sans doute. De même les violents royalistes, comprimés par elle à Lyon, croyaient retrouver des chances dans un mouvement populaire où elle serait brisée, décimée, égorgée peut-être. Les Jacobins supposaient que Paris allaient revenir à eux; les royalistes au roi. Même au faubourg, on entendait des femmes désespérées crier : « Un roi !... Mais du pain ! »

Le grand complot général n'était autre que la faim. Il est certain que le 20 mai (1er prairial), le pain manqua tout à fait. Le représentant Bourbotte assure qu'à sept heures du soir il n'avait pas déjeuné. Soubrany, cherchant le matin un café pour déjeuner, trouvait partout le chocolat, mais le pain nulle part. Où en étaient les classes pauvres, les mères, leurs enfants affamés? On distribuait du riz, mais la plupart n'avaient pas de charbon pour le faire cuire. Les femmes, qui avaient fait queue aux boulangeries toute la nuit, devinrent furieuses et entraînèrent celles qui voulaient attendre encore. On empêcha les travaux de la journée de commencer. Tous, sans s'être entendus, voulaient marcher contre l'Assemblée et lui demander du pain.

Il était cinq heures du matin. Les patriotes

essayèrent de profiter du mouvement, de lui donner dans leur sens une sorte de direction. Ils rédigèrent une adresse violente (sans doute au Plessis). Cette adresse insiste sur *le massacre des prisonniers de Lyon.* Elle réclame ce que Babeuf avait tant demandé dans ses journaux : « *l'abolition du gouvernement révolutionnaire* dont chaque faction abuse à son tour. » Elle veut une nouvelle Assemblée, exige l'arrestation des Comités gouvernants, qui affament le peuple. Elle prescrit ridiculement (ce qui se faisait de reste) : que les citoyens et les citoyennes partent *dans un désordre fraternel,* en écrivant au chapeau : Du pain! et la constitution de 93! « Qui n'y écrit pas cela, est un affameur du peuple. »

Cette adresse, lue à la Convention, la trompa absolument sur le caractère du mouvement, la confirma dans l'idée fausse qu'il y avait un grand complot, que les chefs étaient les députés expulsés, d'autres présents, que le complot était dans l'Assemblée même. Quelques cris, partis des tribunes, augmentèrent l'irritation. Les réactionnaires Auguis, Rovère, Bourdon l'aggravèrent. L'un d'eux, Clauzel, homme violent (du Midi), mit l'agitation au comble par une scène de fureur. Il arracha son habit de sa poitrine et la montrant au bruyant public des tribunes, il cria : « Ceux qui nous remplaceront en marchant sur nos cadavres, n'auront plus de zèle pour le salut du peuple... Songez-y! Les chefs du mouvement vont être punis! Le soleil ne se couchera pas sur leurs forfaits. »

On mit *ces chefs* hors la loi, et l'on ajouta : « Sont réputés *chefs* les vingt qui marchent les premiers. »

Article peu réfléchi. Tout à coup on les voit, *ces chefs*, ceux qui marchent les premiers. Ce sont des femmes affamées qui envahissent les tribunes en criant : « Du pain ! du pain ! »

On leur dit que l'on s'occupe de presser les arrivages. Elles ne veulent rien entendre. « Du pain ! du pain !... Et tout de suite ! »

Les unes menacent, montrent le poing. D'autres rient de la stupeur où est la Convention. Louvet, plusieurs députés, s'indignent de ces outrages. Le président, André Dumont, charge un général de brigade, qui était là, de chasser les femmes, de leur faire vider les tribunes, ce qui fut fait avec des fouets de poste. Frapper brutalement ces pauvres affamées, cela ne pouvait qu'irriter. En effet, on sort en criant : « Voilà qu'on égorge les femmes ! » Un moment après, un flot plus violent, d'hommes surtout, arrive poussé par derrière. Une porte vole en éclats. La masse en un moment se trouve lancée dans la Convention. Masse bizarre, bigarrée de haillons, de carmagnoles, armée de maillets, de piques, de vieux mousquets, etc. Les députés se réfugient dans les banquettes supérieures.

Les gardes nationaux, appelés par les Comités au secours de l'Assemblée, n'arrivent que fort lentement. Le représentant Auguis, l'ancien dragon, le sabre en main, en amène quelques-uns dans la salle. On prend un des insurgés et on lui trouve du pain. « Vous voyez bien que la faim n'est pas réelle. C'est un complot. » On confie la force armée de Paris au représentant Delmas, qui avait été un des derniers présidents des Jacobins.

Cependant le flot montait toujours. Des hommes armés arrivent, et ceux-ci plus irrités. Les représentants eux-mêmes, agissant et menaçant, arrêtant des insurgés, parfois de leur propre main, n'apprenaient que trop au peuple à ne pas les respecter. Des coups de fusil furent tirés des deux parts pour garder ou prendre la porte brisée. Dans ce tumulte effroyable, on admira la fermeté du corps diplomatique, qui ne bougea de sa tribune, voulut observer jusqu'au bout.

« Dissoudrait-on l'Assemblée ? » Grande question en effet pour l'Europe et le monde, pour ces ministres de Prusse, de Suisse, d'Amérique, etc., qui se trouvaient là.

Fort différent de Germinal, le mouvement n'avait rien de favorable à la Montagne. Tels de ses membres étaient menacés. Le jeune montagnard Goujon dit très bien la situation : « Si la Convention est brisée, nous sommes perdus. »

C'était la pensée commune de la gauche et de la droite. L'Assemblée entière était menacée, et elle résista tout entière, sans distinction de partis. Boissy d'Anglas, de la droite, présida obstinément, malgré l'extrême danger. Le soir, Romme, Goujon, de la gauche se ralliant le vrai peuple, éludèrent la tentative anarchiste ou royaliste. Et la Convention subsista.

Le jeune député Féraud montra un cœur admirable. C'était un Gascon, plein d'élan et très aimé. Il avait failli périr en défendant la Gironde. Depuis il était aux armées. Pour défendre l'Assemblée, il se coucha sur le seuil, dit : « Vous passerez sur mon corps. » Mais cela n'arrêta pas. Alors, voyant des fusils tournés vers le président, il veut le défendre, il monte. On l'empêche, on le tire en bas. Un officier frappe celui qui le tire, et l'insurgé, en voulant tuer l'officier, atteint et blesse Féraud, Il tombe. Une folle, la Migelli, marche sur lui. Un marchand de vins entendant dire : « Coupez-lui le cou », le coupe, jette la tête à la foule.

Fut-ce une chose toute fortuite ? C'est probable. La tête, mise au bout d'une pique, fut portée par un serrurier, par un perruquier, par un bouvier, etc. Ceux qu'on forçait de la porter avaient sur-le-champ le vertige, et souvent firent d'horribles farces. Cependant l'usage qu'on fit deux heures après de cette tête semble avoir été calculé.

André Dumont, le président, qui, vers midi, avait fait décréter *la mise hors la loi* des chefs, s'était éclipsé, avait laissé la présidence à celui qu'on accusait le plus dans cette disette, à Boissy. Il y montra pendant je ne sais combien d'heures un sang-froid admirable, un impassible courage qu'on n'eût pas attendu de lui. Il était homme d'ordre avant tout, et fut d'abord pour la Gironde. Il avait protesté pour elle, puis effacé son nom de la protestation. Il fut de ceux qui espéraient dans Robespierre pour finir la révolution, et il eut la maladresse, bien peu avant Thermidor, de l'appeler « l'Orphée de la France ». Conservateur avant tout, il était dans la masse girondine qui devait glisser au royalisme constitutionnel. Tendance également haïe et des fermes patriotes, et des royalistes violents.

Dans cette journée de prairial où sa tête tenait à un fil, il fut très courageux, signa les ordres de répression : « Repousser la force par la force. »

Les trois Comités gouvernants ne donnaient nul signe de vie. Ils avaient envoyé des courriers à vingt lieues de Paris, chercher la troupe de ligne qui protégeait les arrivages. Il y fallut deux ou trois jours. On appela la garde nationale, et elle vint fort nombreuse, mais se souciant peu d'agir contre ce grand peuple affamé. Sauf le premier moment, voyant des flots toujours nouveaux se succéder, elle s'abstint, se promena aux Tuileries. Une fois appelée, priée, elle apparut aux portes. Mais le peuple ayant crié : « A bas les armes ! » elle partit. Les gendarmes de l'Assemblée, ses gardiens naturels, s'étant montrés aussi, on cria : « A bas ! » Ils sortirent.

La crise se prolongeait et n'aboutissait à rien. Le peuple, maître de la place, ne savait qu'en faire. Des inconnus, soit d'en bas, soit en haut dans les tribunes, se mirent à parler. L'un d'eux crie : « Qu'avez-vous fait de notre argent, de nos libertés ? » — Un autre : « Allez-vous-en ! Nous ferons bien nous-mêmes une Convention ! » — Un autre : « Faisons voler sur notre adresse. Nous verrons quels sont les coquins. » — Un autre : « Tous sont coquins. Il faut les arrêter tous ! »

Arrêter, c'était impossible, mais un fanatique anarchiste pouvait, d'un coup de fusil, tuer le président, mettre le désordre au comble, l'Assemblée en fuite.

On tâchait d'ébranler, de fasciner Boissy. Dans tous les sens il était menacé. Il avait à l'oreille un vrai Méphistophélès, un prétendu savetier à mains blanches, qui disait avec ironie : « La voilà, ta république ! » comptant le désespérer, et lui faire quitter la place.

Une autre épreuve, terrible, ce fut, vers six heures du soir, de faire revenir cette tête tant promenée, livide, hideuse, de la lui mettre sous le nez. Il crut que c'était la tête de l'officier à qui il avait donné les ordres de répression, et vaillamment la salua. Il resta ferme à son siège, ne bougea. Il est vrai, dit-on, que bouger lui eût été difficile, entouré et encastré qu'il était d'un mur vivant. La porte qu'on a percée depuis à cette place, n'existait pas alors. Il ne pouvait se retirer qu'en descendant à travers la foule. Il fallait trouver un moment. C'est ce qu'il fit peu après, ayant, en quatre heures de lutte, épuisé toute force humaine, ne pouvant, n'espérant plus rien.

La droite avait tellement désespéré d'elle-même que, même avant le départ de Boissy, elle avait prié la gauche d'intervenir. Un Montagnard vénérable, Ruhl monta sur son banc, parla et fut applaudi de quelques femmes, mais point entendu des autres. Nul respect pour la Montagne. Plusieurs la provoquaient même. Bourbotte avait près de lui un insurgé (peut-être ivre) qui de temps en temps lui donnait un coup de poing sur la tête. Bourbotte, ami de Kléber et aussi vaillant, gardait une douceur admirable, s'éloignait en souriant. Il se disait : « Ce gaillard cherche un prétexte de massacre. »

Il suffisait qu'un premier coup fut porté pour que beaucoup de gens frappassent sans trop savoir ce qu'ils faisaient. Beaucoup avaient bu sans manger. L'un disait : « J'ai dans le ventre un hareng-saur et deux litres. » D'autres étaient des sauvages qui ne comprenaient rien, et d'autant plus étaient pleins de vertige et de fureur. Il y avait par exemple un bouvier avec un chien de berger. Le matin, amenant ses bœufs à Paris, il apprit qu'on allait à la Convention ; il suivit. « Vous voyez mon chien, disait-il, il n'a pas mangé de trois jours. » Il fut de ceux par qui on fit promener la tête. Cela les mit dans une ivresse terrible ; une étrange soif de sang.

Carnot dit : « C'est le seul jour où le peuple m'ait paru féroce. »

Les députés intrépides qui revenaient des armées, des plus sanglantes batailles, virent ici le danger plus grand, se crurent en face de la mort, et, comme il arrive aux braves en pareil cas, devinrent gais.

Bourbotte souriait. Duquesnoy rit aux éclats voyant que les journalistes s'étaient enfuis de leurs tribunes.

Ce qui restait de la droite ne cachait nullement sa peur. Ils s'adressaient aux Montagnards. Le Girondin royaliste Delahaye demandait à Romme s'il laisserait égorger la Convention.

Romme était resté tout le jour dans un silence absolu, balançant en lui sans doute les côtés divers de la question. Il avait autour de lui de pauvres femmes affamées qui n'avaient mangé de trente heures et ne pouvaient plus sortir. Une malheureuse ouvrière souffrait beaucoup et disait : « Si au moins je n'étais pas enceinte ! » Cet homme, qu'on croyait d'acier, fut touché. A quarante-cinq ans, il venait de se marier, sa femme était aussi enceinte. Il eut un accès de pitié pour ces femmes, pour le pauvre peuple.

L'Assemblée, visiblement, était dans un grand danger. Les Comités gouvernants, qui s'étaient engagés à faire un rapport d'heure en heure, continuaient à faire les morts. De la droite et de la gauche, chacun conseillait d'agir. De la droite, le vieux Girondin Vernier se mit à présider. De la gauche, Carnot approuvait (*Mémoires*, I, 381). Il dit même à Lanjuinais, qui s'emportait, s'indignait : « Il faut se féliciter de voir la direction du mouvement passer à des hommes honorables qui l'empêcheront d'aboutir à une lutte sanglante. » — « En effet, ajoute-t-il, sans leur heureuse intervention, l'attentat probablement eût été porté aux dernières limites. »

Le président Vernier, pour mettre un peu d'ordre dans le désordre, fit placer en bas des banquettes, où s'assirent les députés. Le peuple occupait les gradins supérieurs.

Les propositions de Romme ne furent nullement excentriques, — nullement « des propositions de meurtre, de pillage », comme a dit Thibaudeau, — au contraire d'humanité. Il demanda l'élargissement des patriotes détenus, — chose de haut à-propos, au moment où l'on apprenait le massacre des prisons de Lyon.

Bourbotte, toujours généreux, réclama « l'abolition de la peine de mort ».

On rendait au peuple ses piques, la nomination de ses comités.

Pour les subsistances, ce qu'on décréta, ce fut précisément ce que l'Assemblée entière prescrivit le lendemain : une seule qualité de pain, plus de pain de luxe ; un recensement des farines fait de maison en maison.

On fit général de Paris un homme estimé, aimé de tous les partis, Soubrany, dont le royaliste Beaulieu fait lui-même l'éloge.

Mais qui écrira tout cela ? qui se fera secrétaire ? Goujon ne recule pas devant cette périlleuse responsabilité. Il monte pour écrire au bureau, disant : « Marchons à la mort. » Plusieurs députés l'arrêtaient, conseillaient de ne pas écrire. Ils ne voulaient qu'un simulacre de décisions qui calmât le peuple.

Les Comités gouvernants qui depuis tant d'heures ne faisaient rien pour l'Assemblée, méritaient bien d'être cassés. Goujon, Duroy, demandèrent qu'ils vinssent rendre compte, et qu'on les remplaçât. Duquesnoy le demanda surtout pour le Comité de sûreté. On vota que Duquesnoy, Prieur, Bourbotte, Duroy, iraient le suspendre et s'empareraient de ses papiers.

A ce moment, il arrive ce Comité de sûreté, du moins Legendre et un autre. Après ce long abandon, ils viennent ridiculement inviter la Convention à rester ferme à son poste, inviter la foule à sortir. On les hue, on les repousse. Duquesnoy demande que ce Comité soit arrêté.

Il était minuit et la foule s'écoulait d'elle-même. La faim et le mauvais temps ramenaient ces gens chez eux. Il ne restait qu'un petit nombre des plus acharnés. Les quatre nommés pour aller au Comité de sûreté, en sortant, heurtent des gardes nationaux qu'amenaient Legendre, Auguis, Kervélégan, Chénier et un autre. Boissy avait repris la présidence. Il ordonna au peuple de sortir, et le commandant des Filles-Saint-Thomas, Raffet, baïonnettes en avant, fait évacuer la salle. On résiste. Mais bientôt arrive une nombreuse garde nationale. Les insurgés se précipitent, s'échappent, plusieurs par les fenêtres.

Qu'étaient-ce que ces Comités qui n'avaient rien,

rien fait, qui arrivaient quand la nuit, la faim, la lassitude avaient à peu près tout fini? Ils comptaient quelques patriotes, comme Chénier et Rewbell, mais généralement ils suivaient l'influence de Sieyès, qui était l'inertie même, l'influence de Tallien. Qu'avaient-ils imaginé? une chose fort dangereuse : *de créer une assemblée*, de réunir les députés épars dans un local qu'offrait une des sections. Mais n'était-ce pas un piège que tendaient les royalistes, pour mettre l'Assemblée chez eux ? on risquait ainsi de faire deux Conventions opposées. Tallien s'excusait, disant : « Nous vous aurions proposé en secret de vous y rendre. » Mais rien ne fut proposé réellement. L'Assemblé abandonnée ne sut rien, n'espéra rien, dut pourvoir à elle-même.

Plus d'un s'était tenu à part. Thibaudeau, qui en Germinal était prudemment resté au jardin, en Prairial semble de même s'être éclipsé tout le jour. A minuit, l'affaire passée, il arrive foudroyant, impitoyable pour ceux qu'on a laissés dans le danger, demandant leur arrestation, leur reprochant les décrets *de carnage et de pillage*.

Un imbécile, un Pierret, muet jusque-là, se met à répéter les vieilles fables royalistes : « Les Montagnards sont si féroces qu'ils ne mangent pas une poule qu'ils ne l'aient guillotinée. Et comme quelqu'un doutait : « On a, dit-il, leurs petites guillotines. »

Dans un tel moment, ces sottises avaient un effet meurtrier. Bourdon, qui avait causé tout le jour avec les accusés, tout à coup rougit, s'emporte, crie : « Il faut qu'ils passent à la barre. » On dit même qu'il proposait qu'on les fusillât sur-le-champ dans le salon d'à côté.

Ce fut un honteux spectacle de voir tout à coup tourner contre eux ceux qui craignaient pour eux-mêmes. Le royaliste Delahaye, qui le premier avait engagé Romme à parler, se fit leur accusateur. Vernier, qui avait présidé, se lave aux dépens de la Montagne. Delacroix, qui avait félicité Bourbotte, lui avait dit : « Vous sauvez la Convention », devint son accusateur.

Donc on arrêta Goujon, Romme, Prieur, Duroy, Duquesnoy, Bourbotte. Soubrany était sorti déjà. On lui dit de fuir, mais il revint fièrement, se fit arrêter aussi. On en ajouta plusieurs autres, et l'emportement allait jusqu'à vouloir arrêter un absent, Robert Lindet !

Le plus étrange, c'est que, comptant les mettre en jugement, on anéantit les pièces sur lesquelles on eût jugé. On brûla la minute des décrets qu'ils avaient votés.

La longue et tragique séance finit vers quatre heures du matin par des propositions assez ridicules. Legendre proposa que les députés fussent armés. André Dumont, que les femmes fussent désormais exclues des tribunes. Enfin il fut décrété que les sections désarmeraient, arrêteraient les buveurs de sang, les brigands. Décret vague et sot qui devait, selon les quartiers, être compris de façon toute contraire.

CHAPITRE VIII

Procès de Prairial. — La mort de la Montagne (21 mai-17 juin 95).

La nuit et le matin du 2 (21 mai), des bruits absurdes circulèrent, et furent accueillis par la plus surprenante, la plus folle crédulité.

On dit, on répéta dans le faubourg qu'à la Convention « on avait *massacré* des femmes ! » Monstrueuse exagération de la façon brutale dont elles furent chassées des tribunes.

On dit, on crut dans l'Assemblée que l'horrible Commune, brisée en Thermidor, venait de se refaire et siégeait à l'Hôtel de Ville. Quel est son Robespierre ? Le devineriez-vous ? Cambon !

Qui peut inventer, affirmer une chose si grotesquement ridicule ? Très probablement Tallien, rancuneux pour les fonds espagnols de son beau-père, que Cambon, ce dogue féroce de la Trésorerie, ne voulait pas lâcher.

« Le voilà donc connu ! ce secret plein d'horreur ! »

s'écrie Bourdon de l'Oise. Et Tallien : « Rassurez-vous. On marche sur l'infâme Commune. Il faut qu'elle soit fusillée. »

Cambon devenu Robespierre ! Cet excès d'impudence dans le mensonge n'est point hué, sifflé. Étonnante Assemblée, qui semble n'avoir plus souvenir des personnes, des caractères. Elle est visiblement dominée aujourd'hui par les cent prisonniers qui, pendant dix-huit mois, sont restés hors du monde, n'ont rien su de leur temps. Ces myopes étranges, remis au grand jour, ne voient pas plus clair qu'entre les noires murailles de Port-Royal ou du Plessis.

On va à la Grève. Personne. La Commune est évanouie.

Ce qui est plus réel, c'est le grand mouvement du faubourg Saint-Antoine, qui marche sur la Convention. A la faim, aux misères, s'ajoutait une chose, les insultes reçues la veille. Ceux que la garde nationale avait peu poliment poussés dehors par la porte ou par la fenêtre étaient très irrités. Les fouets de poste employés pour chasser les dames du faubourg, le choquaient fort (et assez justement). Il y eut bien peu de politique dans cette grande levée du 2, mais une vive colère parisienne et l'indignation de l'honneur.

Les six canons du grand faubourg roulèrent par tous les quais aux Tuileries dans leur majesté, avec une masse confuse. Ni plan, ni chef. En tête, c'était le plus grand, le plus fort, un nègre gigantesque, un forgeron qui commandait les canonniers (et commandait fort mal : il était bègue).

Les sections fidèles à l'Assemblée remplissaient le jardin, les rues aboutissantes au Carrousel; quand le faubourg y parut, il se trouva avoir la garde nationale et devant et derrière. Canons contre canons. Il eût suffi qu'il y eût quelques canonniers ivres pour faire de grands malheurs. Sur quoi, pour quoi tirer? Nul ne l'eût su. Personne n'en avait grande envie. Les gendarmes de l'Assemblée s'étaient mis avec le faubourg. Les sections fidèles s'y mêlèrent elles-mêmes. Ce mouvement, heureux réellement, et qui neutralisait la malveillance (s'il y en avait), ne fut pas bien compris des représentants. Legendre, toujours ridicule, dit : « Soyons calmes! La nature nous a tous condamnés à la mort. Plus tôt, plus tard, n'importe! »

Héroïsme très vain et trop facile. Un des députés qui, par hasard, était tombé dans cette masse, loin d'être mal reçu, venait d'être honorablement reconduit à la Convention.

Dix de ses membres, envoyés à la foule, en furent bien accueillis. On prit cela comme satisfaction des brutalités de la veille. On fraternise chaudement. On s'embrasse à s'étouffer. Un des députés, en rentrant, disait à l'Assemblée : « Comment vous rendre l'effusion de cœur, les serrements de mains, la tendresse brûlante, que nous avons trouvés! »

Les quelques politiques qui se trouvaient dans cette foule virent que tout avortait, et se mirent en

avant, se dirent chargés des réclamations du peuple.
« Du pain et la Constitution, punition des agioteurs ! »
C'étaient les demandes ordinaires. Il était naturel d'y
joindre celle de délivrer les montagnards arrêtés à
minuit. Mais on n'en parla pas. On dit en général
« la liberté des patriotes *arrêtés depuis Thermidor* ».
Ce qui me porte à croire que l'orateur était moins
montagnard que jacobin.

La Convention se contente de lire à ces délégués un décret qu'elle vient de faire : 1° pour
rassurer quant aux subsistances; 2° pour promettre
que les lois organiques seraient présentées le 26.
L'Assemblée resta ferme sur le dernier article. Elle
ne promit *pas d'élargissement de prisonniers*. On
n'y insista point. Les délégués reçurent du président l'accolade fraternelle. Il était déjà tard, près
de onze heures du soir. Le peuple regagna le faubourg.

Le 3, on décréta peine de mort pour qui battrait
la générale. On chargea Delmas, Aubry, Gillet, de
diriger la force armée. Cette force n'existait guère.
Les troupes mandées n'arrivaient pas. A peine on
eut quelque cavalerie, qu'on mit sous les arbres
des Tuileries. Le capitaine était ce trop fameux
gascon, Murat, garde du roi en 90, qui en 93 se
fit nommer Marat; du reste un cavalier brillant
pour enlever les troupes.

Le 3, Paris est calme. Mais on arrête, on juge
certain serrurier du faubourg, un de ceux qu'on
appelle assassins de Féraud, parce qu'ils ont porté

la tête. La foule s'en émeut, et à huit heures du soir, quand la charrette approche de la Grève, on l'entoure, on l'empêche de passer. Des femmes lestement sautent sur la charrette (hommes en habits de femmes), délient, sauvent le condamné. Acte hardi qui fait croire à un nouveau mouvement.

On veut le prévenir. Les Comités, le soir, donnent des armes à qui en demande. Officiers en congé, jeunes gens des bonnes sections, on arme tout. On forme une colonne de douze cents hommes pour fouiller le faubourg, trouver les assassins, surtout trouver Cambon et Thuriot, la prétendue Commune. Des douze cents, deux cents étaient soldats; le reste, des messieurs, muscadins, journalistes. Peu de force vraiment à lancer dans ce grand guêpier des soixante mille ouvriers. Était-ce étourderie? Ou doit-on croire que les Thermidoriens, en employant ces jeunes gens dont plusieurs étaient royalistes, n'étaient pas fâchés de les voir humiliés? Jeu assez dangereux. Quoi qu'il en soit, cette petite troupe, ayant eu l'imprudence de vouloir prendre les canons du faubourg, fut elle-même prise entre deux barricades, forcée de restituer, et trop heureuse de sortir en passant par un petit trou.

Dans la journée, beaucoup de troupes arrivèrent. L'Assemblée lança un décret de menaces contre le faubourg. Il livrera les assassins. Il livrera ses armes et ses canons. Sinon, rebelle. Il n'aura plus part aux distributions de subsistances. Armés de ce décret, à quatre heures Barras et Delmas, avec Fréron, accompagnés des troupes, des canons que conduisait le général Menou, vont signifier le décret. On parle de brûler le faubourg. Ce mot agit. Propriétaires, fabricants, s'entremettent, prêchent les ouvriers. La détente est subite. La foule livre canons et canonniers, son nègre, l'Hercule bègue de Popincourt, qui fut jugé le lendemain.

Ce désarmement, son grand effet moral sur Paris tout entier, devait rassurer, finir tout. Plusieurs le crurent et dirent : « La République, cette fois, est fondée. » Mais le bouillonnement de l'Assemblée ne pouvait se calmer. De séance en séance, accusations nouvelles, nouvelles arrestations. On arrêta plus de vingt députés, ceux même que couvraient leurs services, Lindet et Jean-Bon Saint-André ! Deux hommes des plus graves, des plus respectés, Ruhl et Maure, se tuèrent. Enfin le 8 prairial, le *crescendo* sanglant de la réaction alla jusqu'à voter que Romme et ses amis, alors emprisonnés dans un fort de Bretagne, seraient ramenés, jugés par la commission militaire qu'on avait créée pour l'émeute; autrement dit, seraient tués.

Contraste très choquant. On venait d'abolir la justice militaire pour les chouans. Tel tout couvert de sang qui avait fait cent meurtres, jouissait de la justice civile, était jugé par les juges ordinaires, ou plutôt n'était pas jugé. Et pour le mouvement de Paris, pour les représentants qui, après tout, avaient calmé la foule, et sauvé l'Assemblée peut-être, on les livrait aux militaires, aux hommes de consigne, juges automates, qui jugent et qui condamnent comme ils font l'exercice.

Qui fit voter cela? Un furieux fou du Midi, Clauzel, du Roussillon. La discorde des races, la discorde des vents, leur duel éternel de la mer aux montagnes, font de ces esprits troubles. Clauzel, en agissant contre la République, était pourtant républicain. Il se lança bientôt contre les royalistes, leur disant avec rage : « N'importe! Vous avez beau faire. La République vous avalera. »

Il était de nature (non pas d'hypocrisie) pantomime, histrion. En ce moment son accès colérique contre les six de Prairial exprimait, aggravait ce que l'outrage de ce jour avait laissé d'aigreur dans l'Assemblée. La colère pâle des hommes du Midi est encore plus contagieuse que la rouge colère du Nord (des Legendre, des Bourdon de l'Oise). Elle gagne, et elle obscurcit tout. En vain les meilleurs Girondins (Louvet, Kervélégan) réclament, ne veulent pas qu'on décapite la Montagne. En vain Fréron lui-même, averti (un peu plus tard) par les massacres royalistes, s'oppose à ce décret fatal. C'était le 28 mai (8 prairial). Dès le 23, en Bretagne, on avait surpris le mystère des chouans, leur perfidie. Et c'est à ce moment du 28 (8 prairial) que l'Assemblée, dans un brutal transport, se frappe en ses meilleurs représentants par ce vote insensé : « A la Commission militaire ! »

Regardons ces victimes avant de les voir frapper.

Ce groupe, rare et singulier, des six amis, était précisément la fleur de la Montagne, étant resté pur en deux sens, hors de l'inquisition, de la police jacobine, hors du trouble esprit dantonique. Tous anti-jacobins. Mais devant la réaction ils défendirent les jacobins. En Thermidor, ils furent très nets. Goujon et Bourbotte écrivent des armées à la Convention leurs félicitations pour la chute de Robespierre. Soubrany, dans ses lettres, repousse violemment l'injure d'être robespierriste ; il rappelle que Robespierre haïssait surtout la Montagne, qui seule osa crier contre sa sanglante loi de Prairial.

Ces crieurs intrépides furent-ils haïs de lui plus que les taciturnes? Qui le saura? Dans le stoïcien Romme, qui fit l'autel nouveau, l'autel de la Raison, il dut haïr bien plus qu'un politique, l'opposition d'un dogme contraire à ses visées, à ses secrets desseins.

Le noyau granitique de cette crête de la Montagne est dans ces deux fermes Auvergnats, le philosophe Romme, le vaillant Soubrany. On peut dire que c'étaient deux frères, les deux mères, Mme Romme, tout occupée d'agriculture, et la marquise Soubrany, les élevèrent ensemble dans les mêmes pensées. Soubrany, militaire, tient beaucoup de

Desaix, qui est comme lui de Riom. Simple, modeste, adoré des soldats, vivant et mangeant avec eux, le premier aux assauts de Collioure, Saint-Elme, ce héros est un homme doux.

Tout autrement dur, opiniâtre, Romme, « ce fier mulet d'Auvergne », eut pourtant dans l'esprit une fort remarquable étendue. Géomètre d'abord (comme son frère de l'Académie des Sciences), il n'embrasse pas moins (avec la passion de sa mère) les études agricoles, les sciences de la nature. Deux monuments nationaux, adoptés de l'Assemblée, restent de lui. D'une part, avec Lamarck, Daubenton, Parmentier, il écrit, il publie l'*Annuaire du cultivateur*. D'autre part, avec Lagrange, Laplace, il dresse le *Calendrier républicain*, le premier, le seul raisonnable. L'humanité y reviendra.

Il était né granit. Ce qui le fit d'acier, ce fut d'avoir vu la Russie, bien plus que d'avoir vu! — d'avoir subi l'horreur de ce monde terrible, d'un 93 éternel. Il fut précepteur d'un seigneur. Il en revint armé d'inflexible rigueur, d'une âpreté sauvage, que son admirateur, son ami Soubrany lui-même, parfois lui reprochait.

L'infortuné Bazire, son collègue sur la Montagne, perdu pour sa faiblesse, le trouva sans pitié. Mais quand il s'agissait de ses ennemis, sa rigidité même le rendait magnanime, lui faisait chercher et trouver ce qui plaidait pour eux. Ennemi des Girondins et arrêté par eux au Calvados, il dit avec une haute équité qui étonna et qui était alors de grand courage : « Ils n'ont pas tort. Leurs droits ont été violés. »

On apprit à sa mort qu'il était charitable ; malgré sa pauvreté, il écrit à sa femme : « Surtout n'interromps pas les distributions de secours que nous faisons le décadi. »

L'âpre géomètre auvergnat, si peu attirant de lui-même, fut pour plusieurs, et des plus purs, la *linea recta* de la Révolution, comme l'immuable pôle, l'étoile invariable où, dans l'orage obscur, ils regardaient, s'orientaient. Sans charme, sans éclat, ce fondateur du culte mathématique, astronomique, garde sur eux l'autorité tacite de la Raison elle-même. Plusieurs de ses amis qui pouvaient échapper, aimèrent mieux mourir avec Romme, étant sûrs de très bien mourir.

Dans ce groupe des six de Prairial, la haute poésie, c'est Goujon, admirable jeune homme qui meurt à vingt-neuf ans. Né à Bourg, il eut tout le charme de la Bresse et de la Savoie, le cœur tendre, exalté dans l'amour et le culte de la foi nouvelle. Il était extrêmement grand, dominait tout le monde de la tête. Tête superbe, blonde, à cheveux bouclés, avec une fine petite boucle qu'on eût dit d'une pieuse fille de Bresse. Dès le premier regard, on le jugeait un saint, un apôtre, un martyr, de ces gens qui sont nés justement pour mourir d'une belle mort, pour faire légende et faire pleurer tout l'avenir.

A dix-huit ans, il fut touché (pour dire comme la Bible) du charbon de feu. Un trait lui traversa le cœur, la vue de Saint-Domingue, le spectacle effroyable de l'esclavage des noirs. Par ce cruel caustique se grava, s'enfonça chez lui au plus profond le dogme de la liberté.

Il fut à la Convention suppléant d'Hérault de Séchelles. Et quoique le gouvernement de 93 voulût lui donner un ministère à la mort d'Hérault, de Danton, il trouva la place non tenable. Il passa aux armées du Rhin et de la Moselle. En Thermidor, anti-robespierriste, il ne resta pas moins anti-thermidorien, défendit sagement les jacobins qu'il n'aimait pas, et non moins sagement, seul (seul dans l'Assemblée!), il prévit les tempêtes que les Girondins allaient ramener, et vota contre leur retour.

Goujon s'était trouvé aux armées du Rhin associé à l'aimable, au vaillant Bourbotte, un ardent Bourguignon qui avait dans le sang le chaud, souvent trop fort, des vins de son pays. Il était du même âge à peu près (trente-deux ans). Lui aussi il eut le supplice de voir l'horreur de Saint-Domingue. Il en revint fou de fureur, combattit à mort la Vendée ; frappant, frappé. Une fois un chouan l'assomma à moitié, non pas impunément, Bourbotte le tua ; mais il garda la tête toujours ébranlée de ce coup. Ce terrible soldat était très bon ; il défendit Kléber, Marceau, qu'on accusait d'avoir sauvé des femmes. Il agissait comme eux. A Savenay, dans l'horrible déroute de la Vendée, il voit un enfant vendéen qui va périr, il l'enlève, le met en croupe. Bref, il le garde, l'appelle *Savenay*, l'élève avec son fils le petit Scævola.

Bourbotte avait un prudent conseiller dans son camarade Davout, qui lui enseignait à merveille à se bien gouverner, à se démentir à propos ; il lui citait, lui donnait pour modèle à suivre Tallien. Mais Bourbotte ne l'écoutait guère ; il demandait plutôt conseil à une autre influence, celle d'une bonne bouteille de Bourgogne, et celle d'un poignard excellent d'Orient qu'il tenait toujours prêt et qui lui répondait de lui garder sa liberté.

Un type non moins curieux du Montagnard en mission, marchant devant l'armée et lui soufflant la flamme, était le violent, le fanatique Duquesnoy. Ex-moine, il hurlait la croisade. C'était un Pierre-l'Ermite de la Révolution. Carnot aimait cet homme, bon ami, excellent mari, devenu un très tendre père de famille. L'excès de la fatigue qui le rendit malade, l'adoucissait aussi, et sans nul doute l'amitié de Duroy, avec qui il vivait et dînait tous les jours. Non moins chaleureux, celui-ci était beaucoup plus sage. Il avait amené Duquesnoy à vouloir l'union de la France, la réconciliation des partis.

Duroy était un homme fort et sanguin, mais légiste normand, du pays de Sapience. Il avait un goût admirable de la justice, de l'ordre et de la loi. Son courage parut aux armées, mais beaucoup plus encore lorsqu'en pleine Terreur et devant Robespierre, il dit qu'il entendait garder son droit de représentant du Souverain, « pour juger ce que ferait le Comité de salut public ». Rare exemple qui ne fut imité de personne. Pas une voix ne s'éleva pour appuyer le légiste intrépide.

Le voilà au complet ce beau groupe des six immortels.

Plus j'y songe, plus je suis porté à croire qu'en eux (spécialement en Romme et Soubrany, en Goujon, en Duroy), fut au plus haut degré la pure orthodoxie. Les orateurs illustres sont plus mêlés, ce semble (j'entends Vergniaud, Danton, etc.). Les grands hommes d'affaires (Cambon, Lindet, Carnot) ont bien certaines ombres.

Rappelés à Paris, et comprenant leur sort, les six amis délibérèrent, et arrangèrent leur liberté future, le coup indépendant qui les affranchirait du sort. Goujon rima l'hymne funèbre et la protestation pour l'avenir. Comme les naufragés, il mit ce papier dans une bouteille, le confia à la mer qui nous l'a sauvé.

Sans nul doute, ils auraient pu fuir. Bourbotte, par l'instinct des vaillants, avait gagné le cœur des soldats qui les conduisaient. Ces hommes rudes l'aimaient ; ils avaient senti que Goujon était un être à part, un saint de la Révolution, et ils le priaient d'échapper. Il dit : « Je ne quitte point Romme. » Pour Soubrany, on a vu que, loin de fuir, lui-même il se fit arrêter. Duroy, nouvellement marié, en traversant sa Normandie, vit tous ses parents, ses amis qui accouraient; sa jeune femme en pleurs le retenait, le suppliait de vivre. Il s'arracha et alla à la mort.

La défense aisément eût pu être une accusation. Comment les Comités de gouvernement, qui devaient rendre compte d'heure en heure, laissèrent-ils l'Assemblée sans nouvelle pendant huit heures? Comment l'Assemblée elle-même sortit-elle en majorité, laissant à une minorité le poids et le danger de la situation? N'étaient-ce pas ces prudents, ces absents qu'on devait accuser plutôt que ceux qui restèrent à leur poste? Comment des hommes de la droite (le royaliste Delahaye) prièrent-ils Romme de se mettre en avant, ou, comme Delacroix, le louèrent-ils de l'avoir fait? Comment le girondin Vernier se fit-il président de l'Assemblée en ce moment, donna-t-il la parole et recueillit-il les suffrages?

Romme, dans sa défense, dit tout cela, mais sans aigreur de récrimination. « Tout au reste, dit-il, fut illégal en ce jour-là. Boissy lui-même fit-il une chose légale quand il *nomma* un officier qui par hasard se trouvait là, général de la résistance? »

Romme déclara qu'il avait craint pour l'Assemblée, contre laquelle les malveillants commençaient à lancer de sinistres propositions. Mais en même temps il avoua que les malheureuses femmes affamées et enceintes, qui ne pouvaient sortir, lui avaient fait pitié, et qu'il avait voulu en finir à tout prix.

Le flot de l'opinion, de ce qu'on appelle le monde, était si violent contre eux, la foule qui assistait au jugement était si emportée, que bien peu de témoins osèrent les décharger. Ils avaient appelé à témoigner, non pas Carnot, mais son *alter ego*, Prieur (de la Côte-d'Or). S'il fût venu, il lui eût fallu dire que Carnot avait approuvé, qu'il avait même dit à Lanjuinais qu'on ne pouvait faire autrement. Prieur ne parut pas.

Lanjuinais vint, mais pour dire qu'il ne se rappelait rien. Cruel oubli du dévot girondin, plein d'aigreur et de haine contre la Montagne. Il ne le cachait guère. Un jour qu'un modéré dit : « Vous auriez donc fait guillotiner Camille Desmoulins ? — A coup sûr », dit le janséniste.

Mais si Lanjuinais ne dit rien, Martainville en revanche parla, en dit autant et plus qu'on ne voulait. Il avait vu, entendu tout, même au moment où l'on n'eût pas entendu Dieu tonner. Son impudente langue fut un mortel stylet. Plus dangereux encore, Jourdan, le rédacteur du pesant *Moniteur*, donna toute la séance comme la réaction le voulait. Jamais l'autorité de ce journal, interprète docile de tout pouvoir, ne pesa tellement. Son récit arrangé, plein de choses douteuses, d'omissions, d'erreurs, fut pris comme pièce juridique, et, c'est le *Moniteur* à la main, que l'on porta l'arrêt de mort.

Il est prodigieux que les Comités gouvernants, débordés par le royalisme en ce moment de manière effrayante, n'aient pas demandé à la Convention une commutation de peine ou un sursis. L'arrêt fut prononcé le 17 juin (29 prairial), au moment où l'on apprenait l'horrible massacre de Marseille, que les royalistes firent le 6. Leur audace dans la Vendée, leur folie meurtrière, leurs risées de la République étaient au comble, et l'on savait que Pitt mettait en mer pour eux une grande flotte, chargée d'émigrés. Ils arrivèrent à Quiberon le 26 juin. Ils furent pris, fusillés, comme on verra. Si les six patriotes avaient eu un sursis de quelques jours, jamais après Quiberon on n'eût pu les exécuter.

Mais eux-mêmes étaient en mesure de se soustraire à l'échafaud. Bourbotte avait son poignard. D'autres avaient caché des poinçons dans leurs souliers. De surcroît, la mère et la femme de Goujon, son beau-frère, apportèrent un canif, des ciseaux, du poison. Mais il avait déjà un grand couteau sous ses habits.

L'horrible arrêt, entre autres choses fausses, contient cette calomnie énorme : qu'ils avaient provoqué contre les mandataires fidèles une liste de proscription !

Comme ils descendaient du tribunal, entrant dans leur prison au rez-de-chaussée, Bourbotte se frappa le premier. Goujon de son couteau se tua raide. Romme l'arrache, se fait plusieurs mortelles blessures, le passe à Duquesnoy qui ne se manque pas. Ces trois derniers ne bougèrent plus.

De ce même couteau, Duroy, Soubrany, se frappèrent, mais sans pouvoir mourir. Soubrany râlait.

Duroy se tordait. Bourbotte, qui vivait aussi, tout sanglant, souriait et disait à Duroy : « Tu souffres, pauvre Duroy! Console-toi! C'est pour la République! »

Donc, on n'en eut que trois à tuer. Bourbotte fut exécuté le dernier, gardant jusqu'à la fin son indifférence superbe et son enjouement héroïque dominant d'un sourire la place de la Révolution.

Ils furent enterrés à Monceaux, où Danton, Desmoulins les attendaient, Robespierre et Saint-Just.

Ils moururent dans un abandon extraordinaire. On a vu que, le 2, le peuple au Carrousel n'avait rien dit pour eux. Au tribunal, nul signe sympathique dans l'auditoire. Et à l'exécution, la place était presque déserte!

Leurs défenses écrites n'avaient pas été lues. Leurs lettres à leurs femmes et parents (chose barbare!) ne furent point remises. Tout cela a dormi près de quatre-vingts ans dans les dossiers jaunissants des Archives, avec les deux couteaux rouillés de leur sang. C'est seulement en 69 que Claretie, un chaleureux jeune homme, fort digne de toucher le premier ces reliques, les exhuma, et, dans sa noble histoire, leur a dressé un monument expiatoire, payé notre dette ajournée.

Long délai! oubli apparent que tant de misères, de soucis, d'événements tragiques, excusent mal. En dessous, à l'état latent, subsistait vivace et tenace une ombre d'eux, un confus souvenir. Romme était comme indestructible. Il avait revécu, disaient plusieurs. Il vivait dans le Nord. En vendémiaire contre les royalistes, on crut le voir marcher avec l'écharpe et le fusil. En fructidor, il reparut. Au 18 brumaire, il aurait agité le faubourg Saint-Antoine, parlé de marcher sur Saint-Cloud.

Mais là son sentiment de dégoût, de colère, fut sans doute trop fort. Car, depuis, on ne le revit plus jamais.

CHAPITRE IX

Ignorance et des républicains et des royalistes. — Massacres du Midi (mai-juin 95).

A ce moment critique des journées de Prairial et des premiers massacres du Midi, quel fut le Comité de salut public, si peu actif, si peu habile, et si aisément entraîné au flot de la réaction?

Du 15 floréal au 15 prairial (4 mai-3 juin), sa haute autorité est l'abstrait, le muet Sieyès, sombre sphynx que les simples croyaient profond, et qui, mis à l'épreuve, ne montra que le vide. Au-dessous, trois légistes, non moins impropres à l'action; Treilhard, Cambacérès et Merlin (de Douai); Rewbell, moins incapable, mais rustre et maladroit; de faibles Girondins, Vernier, Doulcet, Rabaut-Pommier; le chimiste Fourcroy, Aubry, grand réacteur, qui épura fort mal l'armée. C'étaient les principaux. Ajoutez l'aboyeur Tallien, dont les fausses fureurs ne trompaient plus personne, qui avait fort baissé et qui, par ses rapports visibles avec l'Espagne, devait tomber bientôt au dernier discrédit.

Le Comité de sûreté se partageait entre deux influences contraires qui l'annulaient; d'une part les Auguis, les Courtois, violemment rétrogrades; d'autre part, des républicains sincères, de peu d'autorité, tels que Chénier. Chénier un vrai poète, était nerveux et variable; il ne défendit pas les six martyrs de Prairial, mais il parla très bien pour le désarmement de Lyon, qu'il fit voter. Ce Comité, qui eût du être l'œil du gouvernement, sans argent, sans police, était mal informé, ne voyait rien, ne savait rien. Il n'eut aucune prévoyance des massacres du Midi, connut très peu, très mal les assassinats de l'Ouest, fut dans une parfaite ignorance des deux dangers énormes qui menaçaient la France, — la trahison du Rhin, l'entente de Condé et Pichegru, — et l'arrivée prochaine de l'armada anglaise, d'une grande flotte chargée d'émigrés et d'un matériel immense que tout le monde voyait préparer depuis huit mois dans les magasins, les fabriques de l'Angleterre.

Étonnante ignorance! Mais elle n'était pas plus grande que celle des royalistes. En janvier 95, leur agence de Paris ne savait pas encore le nom de Stofflet! Cette armée singulière d'Anjou, de Stofflet, de Bernier, gouvernée par quarante-deux prêtres, après deux ans de combats si terribles, leur était inconnue. Ils se figuraient que Charette avait soixante mille hommes, la plus belle cavalerie du monde, une administration, des commis, des bureaux. Polignac lui écrit bêtement de Vienne que le gouvernement autrichien serait bien charmé « si M. de Charette avait la complaisance *de faire faire dans ses bureaux le bulletin des opérations, etc.* » Les *bureaux* de Charette, sans doute au coin des bois!

Les intrigants qui entouraient à Vérone le podagre Louis XVIII, avaient réussi à chasser les gens d'esprit et de talent qui eussent pu l'éclairer un peu, Calonne, Maury, Cazalès. La place était restée à l'*ami du roi*, d'Avaray, à Antraigues et La Vauguyon, qui jouaient assez bien le fanatisme et ne croyaient à rien. En novembre 94, Antraigues avait créé à Paris ce qu'on nomma l'agence royaliste, fort mal choisie, de gens légers, peu sûrs. L'un, l'avocat Lemaître, un bavard étourdi, avait plu par certains pamphlets qu'il avait faits contre la reine. L'autre, l'abbé Brottier, précepteur des neveux de Maury et des La Bourdonnais, préparait pour le roi, pour sa rentrée prochaine, un travail érudit sur les cérémonies du sacre. Il y avait encore certain officier, Despomelles, qui voulait de Paris diriger la Vendée; un la Ville-Heurnois, infatigable scribe et menteur effronté, au point d'écrire qu'il a gagné une foule d'hommes importants! cinquante mille hommes! On envoie et l'on trouve, en tout, une vieille, effrayée.

C'étaient, au reste, des têtes si chaudes, si vaines, si imaginatives, que tout ce qu'ils avaient dit, ils le croyaient eux-mêmes. Leur maxime était qu'une erreur, crue de tous, n'est plus une erreur, et qu'à force de fictions, propagées et persuadées, on créera du réel.

La partialité de Monsieur pour ces imbéciles tenait à ce qu'ils flattaient sa passion de ne pas pardonner, de ne donner à la France aucune réforme. Ils répétaient le fameux axiome : « Le roi fera grâce, mais le Parlement fera justice. » En haine du parti anglais, qui eût voulu quelque forme constitutionnelle, et dont Louis XVIII (alors) avait horreur, il s'obstinait à croire que le salut viendrait de l'Espagne. Notez que, depuis trois ans, l'Espagne n'avait daigné écrire une ligne; qu'elle n'avait pas dit un mot pour sauver Louis XVI; enfin que dans l'affaire de Toulon, elle avait rejeté les plans des royalistes, avait montré parfaitement qu'elle travaillait pour elle-même.

Le seul homme vraiment remarquable du parti royaliste était un petit monstre, Roques de Montgaillard, bossu, étincelant d'esprit, d'audace. Il avait l'air du Diable boiteux, ou d'un juif portugais. Il était du Languedoc, avait fait six ans la guerre d'Amérique, et avait pris là un grand horizon. Plus grand encore il le prit en restant ici en 93, agioteur, observateur, puis chargé par Barère d'aller *observer* l'Angleterre. Il voyait juste et fin. Soit pour Barère, soit pour les royalistes, il écrivit à Londres une page terrible dont l'Europe fut illuminée : *Mort prochaine de Robespierre.* C'était chose énorme, inattendue, de dire que l'idole d'airain allait mourir! Dire ces choses, c'est les préparer.

Cet homme, suspect à tous, ne trouvant plus sa voie ni en Angleterre, ni en France, ni à Vérone (ou l'on ne voulait que des idiots), se poste à Bâle, non loin des restes misérables de l'armée de Condé. Ce Condé, brave et sot, famélique, croit tout, à force de misère. Montgaillard le réchauffe, le leurre d'espoir, et en mai lui donne un conseil... ma foi! héroïque et sublime : *périr ou gagner la partie!* rejeter l'appui honteux de l'Autrichien qui veut l'Alsace, la Lorraine! se jeter en France dans les bras de Pichegru, avec ses émigrés, fraterniser avec l'armée et s'en aller droit à Paris.

Un coup de tête à la Henri IV, ou à la Condé! Mais le Condé d'alors n'était pas de cette taille. Il dit *oui*, mais avec l'Autriche et son armée; *oui*, avec l'Angleterre et ses guinées; *oui*, si Pichegru lui livre des places fortes.

Pichegru était né royaliste, il l'était de tempérament, serf de l'autorité. Jadis il avait plu à Condé, plus tard à Saint-Just, toujours aux bureaux de la guerre et aux officiers du génie qui en étaient les maîtres, et qui aimaient fort les serviles. Ils lui firent sa fortune en lui donnant la belle et facile affaire de Hollande. Ces savants, si forts sur les choses, et si ignorants des personnes, ne devinèrent jamais qu'il fût dangereux. Hoche l'avait jugé tel, et un animal à sang froid.

Condé et l'Autrichien lui demandaient de commencer par ce qui l'eût perdu auprès de son armée et l'aurait rendu inutile, de leur livrer Strasbourg, l'Alsace!

C'est exactement la sottise (que l'on va voir) de

Pitt avec les Vendéens. Il veut des places, Belle-Isle, Lorient, Saint-Malo. Bref, il n'a rien, fait tout manquer.

Le parti royaliste est sans tête, sans système et sans unité; mais sa force, très grande, est toute locale. Il exploite aisément au Midi, à l'Ouest, la revanche de la Terreur, l'aveugle furie, là bourgeoise, ici populacière, la liberté charmante de piller, casser tout. Aux massacreurs du Rhône, aux chouans assassins, il est évidemment le parti de la liberté.

Reprenons donc un peu les affaires du Midi.

La trahison des royalistes, celle surtout d'Imbert (que lui-même a contée en 1814), avait livré Toulon aux Anglais-Espagnols[1]; mais ceux-ci ne firent rien pour fortifier les royalistes. On perdit plusieurs mois à tuer et à torturer des patriotes. La reprise fut facile, quoi qu'on ait dit. La seule vue des localités montre aux plus ignorants que le jeune Bonaparte n'eut guère de peine à trouver le vrai point d'où l'on pouvait agir.

Les patriotes, maîtres à leur tour, tuèrent deux cent cinquante royalistes (et non huit cents); mais

---

1. Comment Toulon fut livré aux Anglais et aux Espagnols? M. Imbert, le traître, dans sa brochure de 1814, a parfaitement expliqué sa trahison. Il dit qu'il demanda de l'emploi à la République, qu'on lui confia une escadre, qu'il livra l'escadre et le port. « Je m'étais chargé d'une grande expédition pour en faire manquer les effets, ainsi que le portaient mes ordres secrets, les seuls légitimes. »

une grande partie de la population, l'arsenal entier, avaient fui. Les représentants appelèrent de tous côtés des ouvriers qui furent une petite colonie patriote, isolée, fort mal entourée, mais très encouragée par les jacobins de Marseille.

Ceux-ci, très peu nombreux, étaient très violents. C'est de là que Maignet, pour suppléer au nombre par l'excès de terreur, organisa son tribunal d'Orange qui, en deux mois, jugea douze mille accusés, en fit périr trois cents.

Même après Thermidor, les jacobins de Marseille, fort imprudemment, menacèrent, provoquèrent cette grosse ville toute girondine ou royaliste, parlant de refaire la Terreur. Ils crièrent tant que Jean-Bon Saint-André lui-même appela sur eux la sévérité de l'Assemblée. Marseille alors s'éveille contre cette poignée d'hommes, et les voilà tous en prison.

Le massacre de Lyon, fait le 6 mai, su bientôt à Marseille, donne une horrible émulation. Le 10, trente prisonniers de Marseille, amenés à Aix pour être jugés, sont tués en présence de la troupe! et un peu plus tard quarante-deux!

Il était évident qu'on allait tuer le reste, une centaine, qui étaient enfermés au fort Saint-Jean. Les ouvriers patriotes de Toulon prirent hardiment leur défense, osèrent dire qu'ils mettraient Marseille à la raison. La grande ville s'indigne et bouillonne. Les représentants Chambon, Cadroy, Isnard, pris du même vertige, lancent contre Toulon de sanglantes proclamations. Isnard (l'homme fatal qui, plus que personne, avait perdu la Gironde) eut ici encore un accès de cette funèbre éloquence qui fit toujours de grands malheurs. Du balcon de l'hôtel de ville, il dit aux Marseillais : « Si vous n'avez pas d'armes, prenez les ossements de vos pères égorgés. »

Les représentants, sur la route de Toulon, surent, le 9, le premier effet, effroyable, de leurs paroles meurtrières. Le 27 mai (7 prairial), une toute petite ville, Tarascon, prend feu. On monte, on force le château, on frappe, on blesse, on tue ; blessés, morts ou mourants, n'importe, on jette tous ces corps du plus haut de la tour. Brisés sur les rochers, en morceaux, ils plongent au Rhône.

Les représentants, indignés, mandent la municipalité de Tarascon. Mais, sous leurs yeux, les Marseillais faisaient une chose plus sanglante. La masse ouvrière de Toulon, mal armée, en guenilles, avançait contre la superbe colonne marseillaise. Elle lui envoie comme parlementaire un chirurgien. On le fusille, et l'on fond sur les Toulonnais. La cavalerie de Marseille en tue beaucoup, en prend, en ramène en triomphe une centaine pour les faire juger ou pour les tuer sans jugement.

Sur le massacre de Marseille, nous avons force pièces. Nous avons le récit d'un témoin, prisonnier lui-même, un des fils d'Orléans, M. de Montpensier. Les morts (sauf un juge de Paris) sont tous des artisans de divers pays. Les tueurs étaient des jeunes gens « assez bien habillés », et, ce semble, de petite bourgeoisie. Un de leurs chefs, Robin, est fils de la dame d'une auberge ou hôtel. Mais ils attendirent plusieurs jours, ne voulant rien faire sans les Lyonnais, sans la Compagnie de Jésus, qu'amenait un Dutheil, de Lyon.

La chaleur était excessive, et l'on se gorgeait d'eau-de-vie. Pour tuer plus commodément, on tenait les prisonniers à jeun depuis plusieurs jours. A cinq heures du soir, on court au massacre. Montpensier put bien voir, étant en parfaite sûreté, honoré même des jeunes royalistes, qui mirent chez lui le commandant du fort et son adjudant désarmés.

Il y avait à Marseille un bataillon de Loir-et-Cher. Le capitaine, indigné, court chez Cadroy, le représentant, qui, loin d'aller au secours, lui défend de battre la générale. Il la bat malgré lui, ramasse à grand'peine une cinquantaine de grenadiers. Enfin, c'est au bout de quatre heures, c'est seulement entre huit et neuf heures du soir que Cadroy et Isnard se mettent en mouvement, se décident à aller à la prison du fort Saint-Jean. L'exécrable besogne était bien avancée. Ils avaient tout tué dans un cachot de vingt-cinq personnes. Ils en assiégeaient un de trente prisonniers, tiraient même le canon contre la porte; enfin, avec de la paille, y mirent le feu. Les représentants crient, veulent les désarmer. — « Mais c'est vous, disent-ils, qui nous avez poussés à la vengeance ! — A nous grenadiers! Arrêtez ces furieux! » Le capitaine en arrêta quatorze;

mais lui-même, Cadroy, renvoie ceux qu'on a arrêtés ! (Voyez la déposition, Frér., 132.)

Un grenadier du même bataillon prétend que Cadroy aurait dit : « Pas de canons ! ça fait trop de bruit. Vous allez avertir la ville... Allons, allons, enfants ! Je suis à votre tête... Vous avez eu le temps. En voilà bien assez. »

Ce qui est sûr, c'est qu'Isnard et Cadroy montèrent chez Montpensier, où était le commandant, et demandèrent à boire. On donna du vin. « C'est du sang ! » dit Isnard en le repoussant. Il accepta de l'anisette. Cinq ou six massacreurs sanglants osèrent se présenter, demandèrent d'achever (ils en tuèrent jusqu'à quatre-vingts). « Misérables, dirent les représentants, vous nous faites horreur... Qu'on les arrête ! » Ils restèrent deux jours en prison. Telle était la faiblesse (et la peur?) des représentants, que, six jours après, ces tueurs étant venus demander cent sabres, Chambon signa l'ordre de les donner.

Marseille, c'est la loi du Midi, l'exemple, la haute impulsion. Sa tuerie fut répétée partout par des assassinats si nombreux qu'en certaines localités (comme Lisle, où on tua cinquante personnes), ce fut un vrai massacre. Tout cela très notoire ; mais nul procès possible. Si l'on essaye d'en faire, nul témoin n'ose déposer.

Ce que l'on a ignoré jusqu'ici, et ce que les papiers inédits de Goupilleau m'apprennent, c'est le terrible crescendo, la furie de tuer, toujours plus enragée, qui éclata comme une maladie. Notons-en les progrès :

1° On tue des modérés. L'administrateur de Vaucluse, anti-jacobin, un Tissot, ayant avoué qu'à Mondragon les honnêtes gens avaient tué vingt-trois patriotes, fut sur-le-champ mis en morceaux.

2° On tue même des réacteurs. Un ami de Rovère, Raphet, est traîné par la foule qui le constitue juge pour faire périr les juges d'Orange. Sans droit et sans pouvoir, il les condamne à mort, sauf l'huissier de ce tribunal, qu'il essaye de sauver. On tue l'huissier, et l'on jette des pierres à Raphet. Son effroyable complaisance ne lui donne pas la sûreté. Il supplie qu'on l'appelle à Paris, ou il est perdu.

3° Voici qui est encore plus fort. En formant à Paris le jury qui condamna Fouquier-Tinville, on avait fait venir de Vaucluse un certain Rhédon, un aubergiste réacteur. Fouquier tué, Rhédon retourne à Lisle, où il est tué comme modéré.

CHAPITRE X

Quiberon (25 juin-22 juillet 95).

Ce cruel mois de mai, qui fut l'éruption des grands massacres du Midi, arracha dans l'Ouest le voile de la fausse paix, hypocrite et sanglante, et montra les abîmes qui se cachaient dessous.

Les représentants s'obstinaient à croire à cette paix, à dire, redire à la Convention qu'elle avait tout fini, tandis que de toutes parts continuaient les assassinats des patriotes, les attaques sur les routes, l'affamement des villes, où les chouans empêchaient d'apporter les vivres. État plus cruel que la guerre. A la moindre répression, c'était Hoche que l'on accusait. « Il violait la paix. Il se plaisait à réveiller la guerre, à se refaire une Vendée. » Par deux fois, on faillit lui ôter le commandement.

Tout au contraire, c'était l'indulgence qui perdait tout. La débonnaireté de Carnot (qui dirige la guerre jusqu'en mars), la magnanimité, souvent très inconsidérée, de Hoche, émoussaient l'action. Quelle risée les chouans purent faire de sa lettre héroïque, imprudente, au coquin Boishardy ! Il lui ouvre les bras, lui écrit comme un frère, tend sa glorieuse main à cette main sanglante. Nouveaux assassinats. A mort les modérés ! à mort le paysan qui porte son grain à la ville ! à mort les voyageurs les plus inoffensifs ! Ils tuèrent neuf enfants qui s'en allaient à une école de marine.

Quelle administration, quel tribunal eût eu la force de sévir, quand la Convention elle-même mollit, fléchit ? quand les royalistes introduits dans ses Comités gouvernants, par exemple Henri Larivière, écrivent : « *Ce sont les terroristes qu'il nous faut désarmer* » (terroristes, lisez patriotes), autrement dit : désarmons les victimes, facilitons l'assassinat.

Ces Comités crédules, ayant de tels meneurs, n'entendent pas les avis de Hoche. Ils entendent les contes, les fables, les mensonges du rusé Cormatin. Ce fourbe (neveu d'un chirurgien et, de son vrai nom, Désoteux) s'était fait en Bretagne grand chef de parti, général, une puissance. On pousse à ce point l'atrocité de la sottise jusqu'à charger ce chouan d'arrêter ceux qu'on appelle jacobins. Il écrivait impudemment aux Comités : « Vous craignez les Anglais. N'ayez peur. Un seul mot de moi les renversa. » Cormatin protégeait la France !

Tout périssait. Le soldat affamé mangeait souvent de l'herbe. Des généraux, Canclaux, dans la Vendée, était malade; Hoche, en Bretagne, le devenaît. Dans une lettre il avoue son chagrin, « sa misanthropie ».

Enfin, le 23 mai, un hasard livre à nos représentants des lettres secrètes de Cormatin. Il écrit à un chef « qu'il faut dissimuler encore, endormir les républicains, n'agir que de concert avec tous les royalistes de France ». Et surtout, ce qu'il n'ose écrire, attendre la grande flotte anglaise que Puisaye, l'autre fourbe, a obtenue de Pitt, et qui va ramener une armée d'émigrés.

Dès avril, Charette avait dit qu'il n'acceptait la paix que pour gagner du temps. Cormatin est arrêté le 25 mai. La guerre éclate le 26. Tout l'intérieur remue et la côte menace. Double embarras pour Hoche. Il faut qu'il se divise pour faire face aux chouans, pour protéger les villes, garder les routes. Et, d'autre part, il faudrait, au contraire, qu'il pût se concentrer pour repousser le débarquement imminent. Où, et quand, et comment doit-il se faire ? On ne peut le prévoir. Hoche ignore tout. Il est en pleine nuit. Tout est si sûr pour l'ennemi et si discret pour les chouans que, pour enlever de la poudre, ils font à son insu une course de trente lieues !

Dans cette grande attente d'un mois (du 26 mai au 26 juin), jetons sur la contrée un regard qui fera mieux comprendre le drame de juillet

L'homme de ruse et de calcul qui avait obtenu de Pitt l'expédition, Puisaye, lui avait dit qu'il enlèverait la Bretagne, entraînerait la Vendée. Il leurrait les Anglais de ce hardi mensonge : « Que Stofflet, que Charette l'assuraient qu'ils feraient des diversions. » (Mss. de Puisaye, Louis Blanc, XII, 385.)

Entraîner le pays d'un même élan était fort difficile. Tout s'y était localisé, figé. La longueur de la guerre avait fait de chaque armée, de chaque chef, comme une puissance féodale, et toutes ces puissances dissonantes au plus haut degré. L'armée d'Anjou, du centre, sous le prêtre Bernier et Stofflet le garde-chasse, gouvernée par les prêtres, était clérico-paysanne. A sa gauche, Charette et ses bandes à cheval, allant, venant, virant par les routes embrouillées du Marais vendéen, avec ses amazones galantes et (très cruelles), sa dame Montsorbier; qui est l'ennemie des prêtres, aime peu l'émigré. A droite de la Loire, et jusqu'à la Vilaine, au château de Bourmont, Scépeaux a dans sa bande force nobles, plusieurs émigrées, peu sympathiques aux prêtres. Puisaye, qui tout à l'heure quittera l'Angleterre, est fort vers Fougères et vers Rennes. En Normandie, Frotté. Au Morbihan commence la féroce démocratie du meunier Georges Cadoudal.

Tous ennemis de tous. Stofflet, Bernier, fusillèrent Marigny. Charette condamne à mort Stofflet. Puisaye, trop fin, suspect, pour la plupart semble le traître. Enfin, à part de tous, Georges fait dans les chouans une chouannerie plus sauvage, qui proscrira les autres, surtout les émigrés.

Comment se maintient-il, ce pays discordant ? Le

fanatisme est déjà attiédi. Sa force tient à trois choses :

1° A l'encouragement quotidien. Chaque jour, sur la côte, même la plus difficile, tombent des embarcations anglaises, chargées de toutes sortes de biens, armes, poudre, habits, souliers, rhum, faux assignats, or même. Ceux qui jadis se jetaient si souvent sur les épaves des naufrages, ici pour recueillir cette manne de la mer, et l'eau-de-vie surtout, se rueront à coups de fusil.

2° Quelle joyeuse vie d'aventures, courir librement le pays, trouver en toute ferme le grenier plein, la cave pleine, réservés « pour le bon chouan ! » moissonner sans avoir semé ; bref, se trouver maître de tout.

3° La terre est au chouan. Et deux terres différentes, celle de son maître l'émigré, celle du patriote absent qui s'est sauvé en France. Malheur au patriote qui reviendrait, réclamerait son bien ! Et quant à l'émigré, son fermier, le chouan, désire-t-il son retour ? Non, Stofflet, je suppose, est peu impatient de revoir son cher maître, M. de Maulevrier..

L'émigré, le chouan, ce sont deux intérêts contraires. C'est ce que comprenait Puisaye. Les remettre en présence, c'est glacer le chouan, lui faire tomber les armes. Ramener l'émigré, en Vendée, en Bretagne, ce sera la mort du parti.

La côte semblait fort bien gardée au Morbihan par notre flotte, très forte ; mais l'indiscipline de nos marins novices la fit battre (23 juin). Elle fut bloquée à Lorient. Et l'énorme convoi que protégeait la flotte anglaise put mouiller à son aise près de Carnac, à la large presqu'île de Quiberon, qui ne tient à la terre que par une langue étroite. Elle est très mal défendue par des petits ports, presque vides, sans vivres ; ils se rendirent bientôt. Derrière, jusqu'à Auray et Vannes, la sombre contrée, fort boisée de petits chênes, bouillonnait la chouannerie (26 juin 95).

Nul obstacle. Quand Hoche arriva, il trouva que son ordre pour réunir les troupes n'avait pas été obéi. Il n'y avait que quatre cents hommes ! Les historiens royalistes montrent très bien son grand danger. Il était réellement assis sur un volcan. Et, le pis, un volcan obscur qu'on ne pouvait calculer ! Même les villes ne tenaient à rien. D'Auray tout fuit vers Lorient. D'autres vers Rennes. Vannes est tout royaliste. Ce fut comme une traînée de poudre. A Caen, Rouen, on crie : « Vive le roi ! » La Loire éclate. La grande Nantes est bloquée ! Saint-Malo miné en dessous, attendait une flotte anglaise déjà près de Cherbourg, flotte chargée d'officiers qui, descendus, auraient agi en cadence avec ceux de Carnac, et tous ensemble auraient entraîné les chouans vers Rennes, vers la Loire, et, qui sait ? vers Paris.

Un temps chaud et superbe illuminait Carnac. Ce lieu austère, avec ses vieilles pierres druidiques, sa grève presque toujours déserte, offre tout à coup un grand peuple. Tout sort des bois, des rocs. Trente mille âmes sur la grève, hommes, femmes, enfants, vieillards, qui pleurent de joie et remercient Dieu! Ils apportent tout ce qu'ils ont de vivres, ne veulent pas d'argent, ils sont trop heureux de servir. Tous, femmes, même enfants, ils s'attellent « aux canons du roi », ils les tirent dans le sable. Et les hommes se mettent à la nage pour aider à sortir les caisses des bateaux. (Puisaye, VI, 144.)

Mais que devint cette foule exaltée quand elle vit descendre des vaisseaux, en costume pontifical, descendre (ô bonheur!) un évêque! L'intelligent Puisaye avait chargé la flotte de prêtres (avec dix milliards d'assignats). Les femmes, hors d'elles-mêmes, rouvrent les chapelles, s'y étouffent, les lavent de larmes.

Pauvre peuple! mais très redoutable, ayant bien mieux gardé que tous l'étincelle fanatique. Cette grande scène tourbillonnante était pleine d'effroi. Hoche fut ici superbe de hauteur intrépide et de lucidité. « Du calme! du secret! » écrit-il aux généraux. Et à Paris, aux Comités : « Soyez tranquilles! »

Sa crainte était pour Brest tout autant que pour lui. Il dit à l'officier solide qu'il y met : « Tiens-y jusqu'à la mort! » En ce moment, il ramasse des troupes, en emprunte aux généraux voisins. De Paris, rien qu'une promesse de douze cents hommes, avec des troupes qui viendront tôt ou tard, ou du Nord ou des Pyrénées.

Le 5 juillet, il eut treize mille hommes. Point de

canons encore, point de cavalerie, qu'il demandait depuis trois mois. L'ennemi, au contraire, avait là sous la main tout un peuple pour lui, quinze mille chouans, braves et armés, avec lesquels il occupa Auray. Et, s'il eût avancé, il en eût eu bien d'autres, tous dévoués jusqu'au dernier homme. Les officiers qu'on donna aux chouans, Tinténiac, Vauban, eurent un assez grand avantage.

Puisaye, avec beaucoup de sens, avait choisi le Morbihan, préféré cette côte. La chouannerie y était toute neuve, et dans la plus rude Bretagne, tenace et violente, à têtes rudes, étroites, ce qui n'exclut nullement les ruses du sauvage. De plus, chose assez rare, il y avait *un homme*. Le féroce Georges Cadoudal fut l'homme vrai de la contrée. Ce n'est pas ici un Charette (méridional par sa mère). Georges était le Morbihan même, aussi identique au pays que les cailloux, les chênes trapus, biscornus, de la lande, que les cairns sinistres des grèves désolées de Carnac.

Lorsque nos brillants émigrés, dans leurs beaux habits rouges, virent les amis, les alliés qu'on leur avait promis, ils n'en revenaient pas. Ils croyaient voir des bêtes. Ces sauvages tannés, en guenilles, d'étrange langue sans un mot de français, les firent rire. « Croit-on, disaient-ils, que nous allons *chouanner* avec ça?... Est-ce qu'on croit aussi nous coucher dans la rue? etc. » Ils se cherchèrent des logements dans les cahutes de pêcheurs qui formaient treize petits hameaux dans la presqu'île.

Les chouans, d'autre part, ne furent pas moins surpris. Ils portaient la croix blanche, les émigrés la noire (anglaise). Ils observèrent avec tristesse que sur les forts deux drapeaux flottaient, le blanc du roi, et le rouge d'Angleterre. Voyant des caisses d'armes, ils se jetaient dessus, mais ces caisses étaient pour d'autres, dit le commandant d'Hervilly. Leur homme, Puisaye, qui leur écrivait tant de Londres, n'était pas non plus le vrai commandant.

Expliquons bien Puisaye. On a vu en octobre 94 comment il prit le cœur de Pitt par l'amorce des faux assignats. Puisaye avait deux faces. Né Normand, mais Breton de rôle. C'était un vrai Janus. Il avait été élevé à Saint-Sulpice, et sa figure douceâtre de bon séminariste était d'un homme liant, prêt à tout. Par son côté normand il était constitutionnel (comme à la Constituante, où il avait été), et, du côté breton, il était tout chouan, obligé d'être violent, de dire par exemple : « Vainqueurs, nous balayerons les immondices constitutionnelles. » Mais les princes n'étaient pas dupes de ce mot. Les deux cours opposées de Louis XVIII et d'Artois le détestaient également. D'Artois disait, quand on nommait Puisaye : « Ah! je crois voir la tête de Robespierre! » Ce qui est sûr, c'est que ce grand calculateur n'avait pas un parti très fixe. A Rouen, on croyait qu'il ferait roi un prince anglais, York. Lui-même étonna fort un loyal émigré, Vauban, en lui disant : « Si Orléans revient, que faire? »

Son plan, pour Quiberon, était grand et hardi. Il

eût voulu avoir avec lui, bien à lui, quelque peu de troupes anglaises (point d'émigrés, qui devaient gâter tout). Les chouans, appuyés à cette petite base, et se lançant à fond de train avec leur furieux Georges allaient emporter Rennes, remettre la Vendée debout, et l'entraîner. Ce tourbillon, rasant la Loire, enlevait Nantes, enlevait tout.

Les chouans iraient-ils si loin? On pouvait en douter. Puisaye n'en doutait pas. Il déroula ce plan épique et démontra qu'en huit jours il serait suivi de cent mille hommes! Pitt n'en demandait pas tant. Il voulait seulement une diversion et se nantir d'une place qu'il garderait contre la France (Belle-Isle? Lorient? Saint-Malo?). Il admira, se tut, se dit: « C'est un homme bien dangereux. »

Puisaye sentit la défiance. Pour rassurer, il accepta qu'on fît un commandant spécial des troupes, et finement il proposa comme tel un homme qui ne pouvait le diminuer en Bretagne, car les Bretons le détestaient. C'était un Le Cat (d'Hervilly), brave et sot, qui, sous Louis XVI, les avait fort brutalisés à Rennes. Il était de ces fiers-à-bras dont en 91 on composa la garde qui fit haïr le roi à mort. C'était un homme désagréable à tous. Et son régiment personnel l'était aussi, étant formé de nos insolents de Marine, des douze cents traîtres de Toulon.

Il est bien entendu que ces fiers officiers faisaient peu de cas de Puisaye, et n'auraient jamais obéi à cette figure ecclésiastique. Son évêque, ses cinquante prêtres (bien calculés pour les chouans) aux yeux des émigrés n'étaient que ridicules.

Puisaye était parti sous d'étranges auspices.

Comment autorisé ? Par un pouvoir très vague que d'Artois lui donna, malgré lui, par pure obéissance aux ministres anglais.

Il était d'autre part si peu accrédité du roi, de l'agence royale, que celle-ci disait : « On devrait, dès qu'il débarquera, le fusiller. » — Et encore : « Si Puisaye faisait roi le comte d'Artois ! »

Au moins était-il sûr des Anglais ? Il fut bien étonné lorsque déjà en mer, ouvrant les instructions que les ministres lui avaient données cachetées, il y vit tous les signes d'une extraordinaire défiance. En le lançant, on le bridait. Il devait régler sa conduite sur les ordres *qu'il recevrait de temps en temps* (chose inepte, impossible, à travers les variations de la mer et tant de hasards imprévus d'une telle guerre !). Il n'avait de secours à attendre des Anglais qu'autant qu'il leur donnerait un port, une place forte. Enfin, commandait-il en chef ? Là, celui qu'il croyait son subordonné, d'Hervilly, lui montra les instructions supérieures qu'il avait, et qui, *pour tous les cas*, le rendaient maître des troupes et de ce grand matériel.

En réalité, Pitt, Windham, assourdis des dénonciations des émigrés contre Puisaye, inquiets pour cette grosse affaire où ils avaient mis vingt-huit millions, regrettaient de la confier à un homme si douteux, et avaient trouvé bon d'y constituer un solide garde-magasin (honnête à coup sûr), d'Hervilly, qui répondrait de tout. Les régiments d'émigrés constituaient aussi une propriété britannique d'importance, régiments coûteux, si bien soldés, vêtus, où les soldats étaient presque tous d'anciens officiers de terre, de mer, des chevaliers de Saint-Louis, etc. M. d'Hervilly fut chargé de ne pas gaspiller une telle élite aux folles aventures chouannesques, d'en être le gardien économe, même de l'augmenter, s'il pouvait.

Il gardait tout si bien qu'il n'eût rien fait du tout. Mais l'amiral anglais, Waren, se mit du parti de Puisaye. En voyant ce grand peuple, il trouva qu'il était indigne de ne pas lui donner des secours préparés pour lui. D'Hervilly fut ainsi forcé de débarquer.

Il y fit mille chicanes, et disputa sept jours. D'abord : « Je ne veux pas descendre sans faire une bonne reconnaissance dans les règles. » Elle est faite. Il ne descend pas. — Puisaye insiste. « Eh bien, dit-il, je descendrai si vous me garantissez par écrit qu'il n'y aura pas d'opposition. » On rit.

C'est le 4 juillet seulement, quand les forts furent rendus, et les chouans postés à deux lieues en avant, qu'il se résigna à déballer sur le rivage. Immense opération. Il y avait quatre-vingt mille fusils, des habits, des souliers pour soixante mille hommes, quatre-vingts canons, des masses immenses de poudre, beaucoup d'argent, trois régiments anglais (d'émigrés, soldés comme Anglais), six cents artilleurs et des chevaux d'artillerie, dix-huit ingénieurs, une administration, des chirurgiens, cinquante prêtres. Bref, c'était un monde complet.

Mais pour ses régiments, d'Hervilly ne lâche pas prise. S'il débarque quelques hommes, c'est pour les reprendre à l'instant. Admirable prudence, qui glaçait les chouans! Ils n'auraient demandé que quatre cents soldats pour la grande entreprise de s'emparer de Vannes. Refus absolu de d'Hervilly. Il ne s'expliquait pas. Il restait une énigme, de plus en plus étrange. Il défendait aux siens de crier : Vive le roi! « Cela fait trop de bruit. » Enfin, lorsqu'on fit à Carnac, dans ce grand lieu, si solennel, la cérémonie populaire de bénir les drapeaux, quand l'évêque de Dol proclama le roi au milieu de ce peuple en larmes, d'Hervilly s'en alla dans un coin, lui et ses officiers, croquer une messe basse.

Était-il fou? Vauban le ferait croire. Mais Puisaye dit parfaitement ce qui lui brouillait la cervelle.

C'est en réalité que, quand il eut débarqué le grand matériel, il lui revint de tous côtés que cette expédition royaliste se faisait *malgré le roi,* contre le roi peut-être.

Il lui revenait de Rennes que l'agence de Paris y avait envoyé Talhouët de Bonamour pour dire au nom du roi « qu'on ne fît rien ». Et elle avait semé de faux billets, signés Puisaye, qui conseillaient partout « de ne rien faire ».

Les grands chefs vendéens en voulaient à Puisaye,

aux Anglais. Ils ne refusaient pas tout à fait, mais disaient qu'ils n'agiraient que quand Scépeaux, l'un d'eux, reviendrait de Paris où il négociait. Charette renouvela son traité avec la République le 29 juin, au moment même du débarquement de Quiberon. Il y fut poussé par l'agence royaliste, poussé par l'évêque de Léon, ennemi personnel de l'évêque de Dol, que Puisaye venait d'amener.

Le coup le plus direct, et au Morbihan même, fut que la sainte ville royaliste de Vannes reçut des saints d'Anjou, du grand curé Bernier, le mot d'ordre : « Ne bougez pas. »

Enfin, directement le nouveau roi et ses gens (d'Avaray, Antraigues, etc.) donnent ordre à d'Hervilly « de ne rien faire », de détourner l'expédition de cette côte armée et frémissante vers la côte déserte du Marais vendéen, vers Charette. Ordre insensé, stupide. L'accès, de ce côté, est difficile. Et où trouver Charette et sa petite bande ? En novembre, on n'y parvint pas.

Pour un message si grave, où tout le sort du parti était en jeu, le roi, qui se piquait de belle littérature, avait envoyé un auteur, Demoustiers, qui a écrit les *Lettres à Émilie sur la Mythologie.* Homme du reste agréable, tout fait pour plaire aux émigrés, vieux enfants qui n'aimaient que *Faublas* et Parny, et leur fade rinçure en galants madrigaux.

On ne peut s'étonner que le soldat affamé, fouillant

les maisons de la côte, et n'ayant à manger que ce qu'il enlevait à la pointe de la baïonnette, commit de grands excès, qui désespéraient Hoche. Et à travers cela, des éclairs de bonté; pour retrancher leur camp, n'ayant pas de terre sur cette côte qui n'était que sable, ils évitèrent pourtant de toucher au cimetière des chouans. Ils furent, on le verra, admirables pour les prisonniers.

Ce qui les enrageait le plus, c'est qu'ils ne trouvaient rien dans les maisons. Le chouan trouvait tout. Les femmes lui réservaient les vivres, et les refusaient opiniâtrément au soldat. Dans leur obstination dévote, elles aimaient mieux tout martyre. Ces saintes étaient terribles. Pour faire tuer les nôtres, la nuit elles couraient les bois. On prit certain Victor (qui était une femme) avec des messages de mort. (Savary, V, 250.)

Dans cet état d'irritation extrême, de terreur sur la côte, tout un peuple avait fui vers la presqu'île, sans y entrer encore : car le fort, le camp la fermaient. D'Hervilly, au lieu de placer les chouans armés (sous Vauban et Georges) dans un poste qui couvrît ce peuple, les avait mis très loin, hors de la presqu'île, à Carnac. Georges, voyant au loin les républicains qui venaient prendre Sainte-Barbe, l'entrée, la clé de la presqu'île, et qui allaient trouver là cette malheureuse foule, avertit Vauban; ils envoyèrent en vain pour avoir du secours. Vauban, désespéré, proposait de ne pas attendre, d'attaquer. Mais les chouans étaient abattus. Les chefs obtinrent d'eux seulement qu'ils se retireraient pas à pas, et qu'en retardant l'ennemi ils sauveraient tout ce monde. Les chouans tinrent trois heures, et la malheureuse foule put au moins se jeter pêle-mêle par-dessus la palissade, se mettre à l'abri de l'autre côté.

Alors enfin, alors, au bout de ces trois heures, on vit arriver d'Hervilly, un de ses régiments, dont il garnit les forts. Chose incroyable ! jusque-là ils étaient sans défense. Leur feu écarta les républicains. Mais s'ils ne s'emparèrent des forts, ils prirent le grand poste essentiel, Sainte-Barbe. Hoche crut dès lors les avoir enfermés (7 juillet).

Cela fit tout à coup trente mille âmes dans la presqu'île, trente mille bouches à nourrir ! D'Hervilly déclara ne devoir la ration qu'aux siens, aux troupes soldées de S. M. Britannique. Les femmes et les enfants n'eurent que quatre onces de riz. Et ces vaillants chouans de Georges qui venaient de sauver les forts, n'eurent chacun qu'une demi-ration de soldat. Puisaye, Vauban crièrent. Et alors d'Hervilly dit la chose la plus étonnante : qu'il leur donnerait la ration et la solde, s'ils prenaient l'habit rouge et se faisaient Anglais. Tonnerre d'indignation. Les chouans affamés lui rejetèrent son pain.

Puisaye rend une haute justice à l'énergie des républicains, à leur activité, et s'accorde parfaitement avec le récit de M. Moreau de Jonnès, un grenadier de Hoche. « Le dénuement de toutes choses où ils étaient leur donnait de nouvelles forces, un redoublement d'impétuosité et d'audace... Je les voyais de loin. Les officiers travaillaient, comme les soldats, en manches de chemise... Nous eûmes mille difficultés pour armer le fort Penthièvre de pièces pesantes. Mais les républicains s'attelaient eux-mêmes à leurs canons, » etc. (Puisaye, VI, 168, 288).

Il y avait là une jeunesse admirable, celle de Nantes, si éprouvée, mais si ardemment patriote. Il y avait Rouget de Lisle, l'auteur de la *Marseillaise*, que Tallien avait délivré des prisons de la Terreur. Il y avait ce jeune Moreau de Jonnès, si aimable, toujours souriant, et qui nous a donné son excellent récit. Une alacrité héroïque, semblable à celle de Hoche, était en tout ce monde, malgré la pénurie des vivres. La chaleur était excessive. Ils n'avaient presque que du vinaigre et de l'eau-de-vie.

Contre cet héroïsme, Puisaye croyait à l'héroïsme. Il avait foi à la Bretagne, à sa chouannerie, à l'énergie sauvage de Georges Cadoudal, qui n'était pas encore le chef titré de la contrée, mais y avait déjà un grand ascendant populaire. Ce Georges semblait taillé sur le patron des Juges d'Israël, d'Aod, « qui frappait des deux mains », ou du vaillant et sanguinaire Jéhu. Le tirer de la presqu'île, le relancer au Morbihan, le jeter sur le dos de Hoche comme un tigre ou un jaguar, c'était une idée simple. Dans la réalité, le général républicain, avec ses treize mille hommes, n'avait dans la contrée que le petit espace qu'il couvrait de son camp. Il tenait au bord du pays comme un corps étranger, extérieur, sans racines.

Malgré sa superbe attitude, il avait fort à craindre si, attaqué de front par les troupes régulières de d'Hervilly, il était pris derrière par les chouans.

On en avait dix mille armés dans la presqu'île. Huit mille, sous Georges et M. de Tinténiac, furent embarqués, et remis à la côte. Deux mille cinq cents, sous un autre chef de bande, furent envoyés du côté de Quimper. Il suffisait que, même sans agir, ils courussent le pays, pour que Hoche manquât de vivres. Mais, le 16, ils devaient d'ensemble tomber sur les républicains, qui se trouveraient ainsi entre deux feux.

« Attendez le comte d'Artois. Voilà qu'il est en mer. »

Puisaye avait reçu, le 10, cette fausse nouvelle d'Harcourt, vieux radoteur qui résidait à Londres avec le titre d'ambassadeur du roi, et qui, sans s'en douter, servait les intrigues des deux petites cours pour paralyser tout. Puisaye n'en tint nul compte, et convint avec d'Hervilly, avec Georges, que la double attaque se ferait sans faute le 16.

Le 14, on apprend qu'un secours arrive d'Angleterre. Ce n'est pas le comte d'Artois (il promettait toujours et jamais n'était prêt). Ce n'était pas ce que Puisaye avait instamment demandé, les officiers émigrés de Jersey. L'agence l'en priva, les fit envoyer vers Saint-Malo. C'étaient seulement mille hommes, un petit corps formé de débris d'anciens régiments. Le tout mené par un jeune homme, le très jeune colonel Sombreuil, cher à l'émigration pour sa valeur fougueuse, et bien plus encore pour sa sœur, pour la fameuse légende (vrai ou fausse) du 2 Septembre, où elle sauva son père.

Cette brillante figure allait éclipser tout. On ne manquerait pas de lui attribuer tout succès qu'on aurait. Sombreuil ne pouvait arriver que le soir du 15, débarquer que le 16. Le 15, après-midi, d'Hervilly, sans l'attendre, donna ses ordres pour l'attaque convenue du lendemain. En vain, Puisaye, Waren, le suppliaient d'attendre, de profiter du renfort de Sombreuil. En vain Puisaye lui demandait la chose indispensable, de s'assurer si Georges, Tinténiac, étaient prêts à agir sur les derrières de Hoche. Il n'entend rien, n'écoute rien. Ce qui est dit est dit.

« Comment Puisaye ne l'arrête-t-il pas d'autorité? dit ici Louis Blanc. Il reçoit à l'heure même de Londres son titre de général en chef qui subordonne d'Hervilly. » — Mais tous les émigrés l'auraient taxé de lâcheté. Ils l'auraient laissé seul, et suivi d'Hervilly. — Enfin, que fût-il arrivé si Georges se fût trouvé exact au rendez-vous, et si Puisaye se fût obstiné à y faire manquer d'Hervilly? De quels reproches amers, de quel mépris l'aurait-on accablé!

Puisaye, quoiqu'il jugeât insensé[1] de combattre sans s'assurer de Georges et de Tinténiac, ne put

---

1. Je ne sens nullement la contradiction que Louis Blanc croit remarquer entre *Puisaye imprimé* et *Puisaye manuscrit*. Les deux concordent admirablement. — Je n'attache pas autant d'importance que lui au récit de Rouget de Lisle. Ce récit de 1834 est de la grande fabrique d'alors, où se faisaient tant de Mémoires sur des souvenirs confus, souvent erronés, des

empêcher rien. Le plan de d'Hervilly était de partir de nuit, de surprendre Hoche à Sainte-Barbe, pendant que Vauban surprendrait le poste de Carnac. Ni l'un ni l'autre n'arriva avant jour. Nulle surprise. Quelques coups de feu, tirés au loin, firent croire un moment à Puisaye que ses chouans étaient venus. Point de chouans. Mais Hoche, bien éveillé, en force, avec beaucoup d'artillerie.

D'Hervilly, le voyant de front si imposant, ordonna un mouvement oblique qui présentait son flanc, le faisait défiler tout entier sous le feu de Hoche. Contre ce feu, les canons royalistes, fort bien placés, tonnaient, et déjà démontaient des pièces. D'Hervilly les déplace, les porte en bas dans le sable, où ils s'engagent, ne servent plus à rien. Alors il fait retraite avec son régiment. Mais les autres n'étant pas avertis, on battait d'un côté la charge, et la retraite de l'autre. Le désordre fut au comble, la perte énorme, d'Hervilly blessé mortellement. Tout eût péri si Waren, de ses chaloupes canonnières, n'eût fait un feu très vif qui enfilait toute la plage et qui arrêta les vainqueurs.

Qu'était-il arrivé? Et comment les chouans, le 16, ont-ils manqué au rendez-vous?

D'abord ces chouans n'étaient pas gens à mener

---

vieillards. Il y a des scènes mélodramatiques, et visiblement arrangées (p. 30), des choses ridicules, comme les paroles de Georges (p. 36), le mot de Blad à Sombreuil (p. 103). Pourquoi Hoche eût-il donné à Rouget de Lisle la grave commission de sommer les émigrés (p. 96)? Cela revenait bien plus naturellement à celui que nomme Moreau de Jonnès, à Ménage, le héros de la nuit. Hoche dut lui en donner l'honneur.

comme on voulait. C'étaient eux qui menaient leurs chefs. Ceux qui s'en allaient vers Quimper, voyant là de belles moissons, et personne pour les couper, se firent moissonneurs, oublièrent. Et les huit mille de Georges étant si forts, ne trouvant rien qui résistât, s'emportèrent au loin, s'attardèrent à des attaques de bourgades, de villages « bons à piller ». Des deux officiers qui avaient le titre du commandement, Tinténiac, brave et léger, se laissa entraîner de bataille en bataille. Son second, Pontbellangé, homme peu net (selon Puisaye) et qui pilla les caisses, l'attira vers le nord, comme voulait l'agence, au plus loin de Quiberon. Dans ces forêts, peuplées de fées mauvaises, il suivit un mirage. « Des dames, lui disait un billet, vous attendent au château de Coëtlogon, avec des lettres du roi. » Qu'étaient ces dames ? ces lettres ? L'étourdi fut tenté, oublia Quiberon, alla à ce château. Il y fut attaqué par les républicains. Un grenadier qu'il poursuivait, se retourna et le tua (18 juillet).

Les dépêches de Hoche montrent bien que l'histoire ne s'est pas trompée, et que c'était un vrai héros. Un grand peuple de femmes, de vieillards et d'enfants restait encore dans la presqu'île. Hoche seul en a pitié. Il écrit aux représentants, et par voie indirecte il expose au Comité de salut public ce qui peut excuser ces malheureux, « entraînés par la terreur ou le prestige. Il serait cruel, impolitique de les détruire. Qu'ils désarment, aillent moissonner. » (Savary, V, 251, 257.)

Ces sentiments étaient ceux de beaucoup des nôtres, spécialement du général Humbert. C'était un fort brave homme, qui avait beaucoup de cœur, s'était montré crédule aux royalistes et un peu ridicule par son imprudente bonté. Le 18, il voit sur la plage Vauban et un autre. Il approche avec confiance; leur demande combien ils ont perdu, le 16, d'anciens officiers de marine. — Cinquante-trois. — Quelle perte pour la France ! dit-il. — Il leur toucha la main, et dit : « Pourquoi se battre ? arrangeons-nous... Écrivez donc à Tallien qui arrive ! » — Puis il leur dit que Tinténiac allait bien.

Ici Vauban se trompe, accuse à tort Humbert de mensonge et de perfidie. « Tinténiac, dit-il, était tué. » Il le fut le 18, fort loin de là. Humbert, qui parle le 18, certainement n'en savait rien.

Humbert, sans le vouloir, par ces paroles généreuses, étourdies, n'agit que trop. Cela fut répété. Beaucoup en prirent l'espoir d'une capitulation facile. Ils mollirent, se détrempèrent fort. Ils n'avaient réellement aucun chef sérieux. Puisaye, le général en chef, que d'Hervilly avait fait loger fort loin du fort, ne donnait aucun ordre. Personne ne l'aurait écouté. Le second qu'on nomma pour remplacer d'Hervilly, aurait été Vauban, qui refusa. L'amiral, qui avait pouvoir pour choisir, prit le plus agréable aux émigrés, leur jeune Sombreuil.

Des témoins qui ont vu et conté la catastrophe de Quiberon, Puisaye, Vauban, — Tallien, Rouget de Lisle et Moreau de Jonnès, — le seul qui ait tout vu, du commencement à la fin, fut le dernier, alors jeune grenadier de Hoche, esprit fort modéré, nullement hostile aux vaincus.

Son récit est le plus complet et le plus raisonnable. Ni Vauban, ni Puisaye n'ont vu le commencement. Tous deux, couchés chez eux et loin du fort, furent éveillés par le canon. Tallien, Rouget de Lisle ne virent guère que la fin. Les récits de ceux-ci sont fort déclamatoires, douteux en certains points ; ceux de Vauban, Puisaye, hardiment romanesques en ce qui peut diminuer la victoire des républicains.

Deux points très capitaux, constatés, avoués par les vaincus eux-mêmes :

C'étaient toujours les nobles étourdis de Rosbach et autres surprises se piquant de n'avoir pas peur, de ne prendre nulle précaution. La double confiance qu'ils eurent, en arrivant, au canon anglais sous lequel ils étaient, et au grand peuple de la côte, firent qu'ils se dispersèrent le long de la presqu'île aux lieux les plus commodes comme abris. Chacun s'était arrangé de son mieux et il n'y avait pas à penser de les tirer de là. Puisaye, on l'a vu, avait été logé fort loin. Sombreuil, encore plus loin des forts. Ce nouveau commandant, si jeune, et simple colonel, avait bien peu d'autorité sur tant d'hommes gradés, d'officiers de terre et de mer, de chevaliers de Saint-Louis à cheveux blancs. Il n'essaya de rien changer, ne fit rien et ne prévit rien.

L'autre point grave dont leur légèreté, leur sécheresse militaire ne tenait aucun compte, c'est qu'ils avaient sous eux, au milieu d'eux, des malheureux qui étaient là de force et très impatients de s'affranchir. On connaît la dureté effroyable des pontons anglais, où les prisonniers manquaient de tout, même d'air. Eh bien, les ministres anglais, faits aux violences de la presse, et d'Hervilly, dur et brutal, avaient imaginé de recruter là-dedans, et ils y avaient pris des misérables pour les affubler d'habits rouges et les mener contre la France. Ces gens étaient furieux, enragés d'être avec les ennemis de leur pays. C'est par là que ceux-ci méritaient de périr.

Le plus simple bon sens disait qu'il ne fallait pas mettre ces hommes au grand poste de confiance, au fort Penthièvre. Mais ce fort, presque entouré de la mer, et très escarpé d'un côté, permettait peu l'évasion. Un certain David, l'un d'eux, hasarda tout, il se laissa couler par ses pentes rapides, et reconnut fort bien que ce n'était pas un abîme, mais des assises en gradins, chacun de cinq, six pieds de haut, et que le petit bord, de gradin en gradin, faisait une sorte de sentier large à peu près d'un pied et demi. Son succès enhardit. Et trente autres, la nuit suivante, usèrent du même chemin.

Hoche, à qui l'on mena David et qui apprit que l'on pouvait monter, craignait un piège et hésitait à risquer ses meilleurs hommes dans un tel casse-cou. On dit que ce fut Tallien qui saisit avidement ce moyen d'abréger. Il était fort pressé. Compromis par les Espagnols, les royalistes, et près d'être accusé, il avait fait du zèle et avait obtenu d'être envoyé par la Convention, avec Blad, un solide patriote. Mais d'un moment à l'autre l'accusation pouvait s'élever dans l'Assemblée. Il avait peur de Paris, plus que de Quiberon. Un bon coup sur les émigrés pouvait seul le tirer d'affaire.

Comment serait la nuit, claire ou obscure? C'était la question. La soirée n'était que trop belle. Hoche monta sur un pic assez élevé qu'on appelle la Roche-aux-Fées, et observa. Les troupes répandues tout autour le virent là, reconnurent cette haute figure, fine et délicate, héroïque, qui se détachait fièrement dans un dernier rayon de soleil. Un cri immense s'éleva, une chaleureuse acclamation. (20 juillet, 2 thermidor.)

Tout alla bien. La soirée devint sombre. Vauban alla au fort, inquiet. Il trouva qu'on se gardait mal. Sombreuil y alla tard, crut que tout était bien. En retournant il le dit à Puisaye, puis s'en alla coucher chez lui à deux lieues. Tous s'endorment avec confiance.

Hoche ne s'endormait pas. Il forme une colonne de grenadiers d'élite sous l'adjudant Ménage, un homme sûr, qui ira par la droite, montera conduit par David, fera l'exécution. Une autre colonne de front doit attaquer, tandis que, sur la gauche, Humbert tournera le fort et le long de la mer.

Ménage et sa colonne devaient marcher une lieue et demie dans les ténèbres, ayant sur eux l'artillerie des forts, de plus, sur les deux flancs, celle des bâtiments anglais, qui eût tiré de droite et de gauche si elle les avait découverts. Le temps, qu'on désirait mauvais, le fut bien plus qu'on ne voulait. Ce fut un froid orage, qui, venant avec la marée, poussait la vague contre le chemin qu'on suivait, la lançait au visage. On marchait en pleine eau et jusqu'à la ceinture. Les fusils se mouillaient, et l'on ne pouvait plus compter que sur les baïonnettes. Le chemin devint si étroit, qu'on ne marchait plus qu'à la file, le long de cette mer terrible.

Une ombre suivait, allait, venait, reconnaissait les chefs, les nommait, les encourageait. Il était là, le bien-aimé et l'intrépide, les réchauffait de son grand cœur.

Mais la montée commence. On n'y voit goutte. On suit David. Ces gradins de cinq ou six pieds, qu'il faut souvent escalader, ce fin petit chemin de dix-huit pouces qui en fait le rebord, tout cela étonne un peu nos jeunes soldats sans parler de l'abîme noir qu'on a dessous, l'aboiement de la folle mer. Plusieurs, à ce moment (Moreau de Jonnès l'avoue) se ressouvinrent de leur enfance et se mirent à dire leurs prières.

Au haut, sur la plate-forme, la garde s'abritait

de la tempête, du vent furieux. Le petit mur est sauté au cri de : « Vive la République[1] ! » Tout est tué. On se précipite en bas, dans le retranchement où étaient les batteries. Il était temps. Elles tonnaient déjà. A la première lueur de l'aube, on avait distingué une longue ligne noire, la colonne d'Humbert qui s'avançait. On tirait, quand les canonniers furent pris, assommés sur leurs pièces. Cependant, avertie par le bruit, une chaloupe canonnière des Anglais fit feu sur cette colonne, qui fut un moment ébranlée. Rouget de Lisle qui y était, dit l'effet surprenant qu'eut, pour la rallier, la vue du drapeau tricolore qu'on leur montra flottant sur le fort et vainqueur. Ils reviennent, se précipitent, s'emparent des batteries, tuent les premiers qui venaient au secours. D'autres viennent, mais des déserteurs, qui crient : « Vive la République ! »

Tout avait réussi. — Hoche, ravi du fait d'armes de Ménage et de ses jeunes grenadiers, les récompense à l'instant même. Il savait comment pour ces choses veulent être payés des Français. Il dit simplement : « Mes enfants ! j'ai été bien inquiet de vous ! » et quelque autre parole de chaleur paternelle. Les voilà tous qui ont la larme à l'œil (dit Moreau de Jonnès).

1. Récit très vraisemblable et bien moins romanesque que ceux de Vauban et Puisaye, qui voudraient nous faire croire que les royalistes furent pris par une ruse très grossière, « que chaque patrouille qui sortait du fort rentrait doublée de républicains déguisés, *sans que l'on s'aperçût de rien !* »

Du reste, aucun avancement. Hoche établit par là qu'un service si grand ne pouvait se payer[1].

La presqu'île n'offrait nulle position vraiment militaire, et (le pis) nul lieu d'où l'on pût commodément se rembarquer. Le poste principal, à une lieue du fort, n'avait qu'un mauvais mur en pierres sèches. De là, il y avait encore une lieue vers Saint-Julien. Puisaye, éveillé brusquement, avait fui vers Sombreuil qui l'occupait. Celui-ci, tout troublé, prit les armes et s'avança. Il n'était pas sans forces.

Mais ce qui eut un fâcheux effet sur les siens, ce fut l'arrivée des fuyards, des centaines d'hommes effarés et sanglants. Nombre de femmes qui étaient encore dans la presqu'île, voyant ces défigurés, poussant de lamentables cris, fuient en emportant leurs enfants. Leurs maris, aux premiers républicains qu'ils voient, prennent la panique, fuient avec elles, jetant le maudit habit rouge, jetant même leurs fusils.

Sombreuil faisait retraite vers le port Aliguen, inquiet, étonné de ne pas voir les chaloupes anglaises pour défendre ou pour rembarquer. La mer était mauvaise, le vent violent. Quelque ordre que donnât Waren, par des signaux, les siens hésitaient et traînaient. Puisaye assure que Sombreuil,

---

[1]. Je ne puis m'empêcher de comparer les temps. M. de Fourcy, capitaine d'artillerie dans la garde impériale, m'a conté qu'après une horrible bataille (Eylau?) Napoléon, recevant les officiers à sa table, avait fait mettre dans la serviette de chacun un billet de mille francs !

voyant les messages inutiles, le pria d'y aller lui-même. Il n'y était que trop disposé, pensant qu'en lui, en ses papiers, était tout le salut de la Bretagne royaliste, qu'il devait à tout prix se réserver, ne pas tomber vivant aux mains de ceux qui l'auraient fait parler, lui eussent arraché ses secrets. Il sauva tout, ne perdit que l'honneur.

D'Aliguen, Sombreuil recula toujours, gagna le fort Saint-Pierre sur un rocher. Au delà l'Océan. Il ne pouvait plus reculer. On croit qu'il avait trois mille hommes. Hoche, le poursuivant en personne, quand il arriva là, n'avait que sept cents grenadiers. Ajoutez que le feu des canonnières anglaises tonnait sur lui. Il dit à Tallien et Blad, qui marchaient avec lui, de s'abriter derrière un tertre. — Pour sommer l'ennemi, il envoya Ménage, le vaillant de la nuit. Ce brave homme, la tête enveloppée d'un mouchoir blanc, alla à eux, et dit aux effrayés qui couraient à la mer, un mot selon son cœur, qui semblait leur ouvrir une voie de salut : « Quoi ! est-ce qu'il n'y a plus de Français ? Est-ce que vous êtes tous *émigrés* ? » C'était donner l'espoir qu'en déclinant ce nom d'*émigrés*, ils seraient sauvés. Plusieurs revinrent, se mirent autour de lui.

Beaucoup des nôtres, par bon cœur, criaient : « Venez ! vous serez bien traités. » — Pourtant, un émigré, Chalus, avoue qu'un officier républicain les avertit, leur dit : « Sauvez-vous !... Si vous vous rendez, vous serez fusillés. » (Papiers Puisaye.)

Se sauver était difficile. Les barques ne pouvaient

approcher. Les Anglais tiraient à la fois sur les uns et les autres. Selon Rouget de Lisle, Hoche dit qu'il tuerait tout, si Sombreuil n'empêchait les Anglais de tirer. Pas un mot de cela dans Moreau de Jonnès. Et Tallien dit, dans son rapport, que deux pièces de canon qui suivaient Hoche écartèrent les Anglais en tirant sur eux à mitraille.

Les émigrés prétendent qu'Humbert promit une capitulation. « Mais, dit Hoche, ce ne fut pas Humbert qui les prit. Ce fut moi-même, à la tête de sept cents grenadiers. (Lettre du 3 août 1795.) Aucun soldat ne cria qu'ils seraient traités comme prisonniers de guerre, ce que j'aurais démenti [1]. »

M. Moreau de Jonnès, qui était un des sept cents, dit que pas un n'osa promettre rien de tel.

Vauban prétend que Sombreuil n'avait pas de cartouches.

Hoche dit : « Ils en manquaient si peu que nos grenadiers jetèrent les leurs avariées, pour prendre celles que les émigrés avaient, et qu'ils jetaient sur le rocher, au pied duquel six ou sept cents se noyèrent. »

Il n'y eut jamais scène plus terrible de désespoir. Plusieurs officiers se jetèrent sur la pointe de leurs

1. Comment les émigrés vainqueurs auraient-ils traité les nôtres? Dans les papiers de Puisaye, que Louis Blanc a très utilement consultés au Musée britannique, une lettre du 8 juillet s'est trouvée, terrible contre eux. Puisaye fait prier le ministre anglais d'être impitoyable « pour les officiers prisonniers qui ont refusé de jurer fidélité au roi (il veut dire de s'engager et de servir contre la France); *il exige* de sa justice qu'il les confonde dans les prisons avec les scélérats dans les excès ont prononcé l'arrêt ». Mot vague. Veut-il dire qu'on les tue, ou qu'ils soient forçats?

épées. Dix-huit cents personnes environ, officiers, femmes, soldats, paysans étaient entrés dans la mer jusqu'aux épaules. Mais la marée, le vent repoussaient les embarcations. Celles qu'on atteignait étaient chargées outre mesure. Et, pour ne pas sombrer, ceux qui y étaient déjà repoussaient même les survenants.

Nos soldats furent très bien pour cette masse lamentable qu'ils ramenaient. On les croyait féroces, d'après leurs violences dans les campagnes. Ils furent, devant ce grand désastre, saisis, touchés d'humanité. Les femmes et les enfants furent délivrés d'abord. Puis, quand ils mirent la main sur cette élite militaire (toute d'hommes mûrs et de vieillards, dit Moreau de Jonnès), sur tant d'officiers du génie, de l'artillerie, de la marine, ils témoignèrent certain respect. Rouget de Lisle les vit soutenir de vieux chevaliers de Saint-Louis, les aider à marcher, couvrir de leurs shakos ces têtes chauves, exposées aux injures de l'air.

La difficulté était grande entre Hoche et Tallien. Hoche prétendait qu'on ne pouvait punir que les chefs. Tallien, si compromis et craignant les accusations, disait que la terrible loi contre les émigrés les frappait tous. On imagina de les garder le plus mal que l'on put, de leur donner une trop faible escorte, six cents soldats pour trois mille prisonniers. Pour mener ce monde à Auray, on traversait de petites chênaies, une route bordée de haies et de fossés. La seconde colonne, n'arrivant à Auray que vers neuf heures du soir, chemina quelque temps nuit close. Les soldats étaient décidés à ne rien voir. Même quelques-uns dirent : « Sauvez-vous ! » — Certaines choses arrachaient le cœur. Plusieurs avaient leurs femmes, qui s'étaient obstinées à les suivre. Moreau de Jonnès, qui était de l'escorte, prit sur ses bras et porta un enfant. « Mais, dans cette situation terrible, dit-il, leur infatuation était la même. Ils se sentaient tout le pays pour eux, et s'obstinaient à croire qu'à Auray ou à Vannes ils seraient délivrés. »

Les royalistes ont fort travaillé la légende de Sombreuil, pour faire suite à celle de sa sœur. Ils la chargent de maint ornement mélodramatique. Et les nôtres copient tout cela, sans voir combien légères, même suspectes, sont les sources où ils puisent. Tel détail n'est donné que *par la copie* d'une lettre, qu'écrit une femme dont on ne sait pas même le nom ; on dit une certaine Sophie.

Il paraît assez sûr que Hoche voulut sauver Sombreuil, dont la jeunesse l'intéressait. Mais celui-ci se fût déshonoré s'il eût échappé seul. Il n'était nullement innocent de la catastrophe, ayant par légèreté fermé les yeux sur ce que vit Vauban, que le fort se gardait si mal dans la fameuse nuit ; ayant désespéré trop vite et s'étant laissé prendre avec trois mille hommes par sept cents grenadiers. Voilà ce qui sans doute lui resta très amer, et lui fit écrire une lettre furieuse et folle contre celui dont personne n'avait voulu suivre les avis ou les ordres, contre Puisaye. Si celui-ci eut tort de s'en aller trop vite, de ne pas se faire tuer, il faut avouer aussi qu'en restant il n'eût sauvé rien. Le chef réel était Sombreuil.

Ce qui forçait Tallien et la Convention à une sévérité extrême, c'est que Puisaye et autres royalistes se vantaient d'avoir pour eux certains représentants, d'avoir des royalistes jusque dans la Convention. Ceux-ci (Delahaye, Larivière, etc.) furent foudroyés par ce grand coup de Quiberon. Ils se gardèrent de souffler mot. Il y eut une surprenante unanimité pour l'application de la loi.

Hoche, n'y pouvant rien faire, était parti pour Saint-Malo et Rennes, qu'il voulait raffermir. Mais il écrivit fortement pour cinq mille chouans prisonniers qui risquaient de périr avec les émigrés. Le Comité (en tête le très fin légiste Merlin) trouva un *distinguo*, une fiction heureuse : « qu'ils avaient été engagés *malgré eux* ». Ainsi on éluda la loi. Mais elle était précise contre les émigrés, bien jeunes, qui ayant eu seize ans en 89, en avaient vingt et un en 95. — On eut beau faire, on ne put les sauver.

Il ne faut pas oublier la terrible situation où l'on était. Le Midi nageait dans le sang. Comme on a vu, les royalistes y tuaient même les modérés. Dans le Morbihan, les chouans étaient si peu abattus, si opiniâtres, qu'autour de Vannes ils continuaient de fusiller les paysans qui portaient leurs denrées au marché (Sav., VI, 355).

A Auray, l'entrée aux flambeaux que firent les prisonniers, toutes les femmes étant aux fenêtres et en larmes, fut une grande scène royaliste. Nos officiers obsédés, circonvenus, et sur lesquels les dames et les notables agissaient, ne pouvaient se décider à former les commissions militaires. Elles furent d'abord molles et lentes. Si le général Lemoine ne les eût recréées, on aurait eu le temps de délivrer les prisonniers. Les royalistes eussent fait (et non manqué) leur Vendémiaire; les assassinats, les massacres, eussent redoublé dans le Midi.

Ce fut à Vannes même, dans la grande ville centrale, qu'on fusilla Sombreuil, l'évêque de Dol et cent quatre-vingt-sept des plus importants. Huit cents autres le furent à Auray.

CHAPITRE XI

Rentrée des royalistes. — Leurs masques divers.

Tallien revint effaré, et dit à sa femme dans ce salon plein de royalistes : « Tout est fini. » Elle fondit en larmes. Cela finissait leur royauté de Thermidor.

Plus d'équivoque dès lors. On se réveilla du songe où la société, le monde, la facilité des mœurs, l'amabilité des dames semblaient avoir rapproché, mêlé presque les partis. A cette vive lueur sanglante, les deux partis se reconnurent, se virent dans leur vérité.

L'Assemblée se ressouvint qu'elle était *la Convention*, et que les royalistes, si aimables à Paris, n'en étaient pas moins les amis des assassins de l'Ouest et des massacreurs du Midi.

Les royalistes avaient cru d'après quelques vaines paroles avoir pour eux bien des membres, surtout dans les Comités du gouvernement. Et personne dans l'Assemblée, personne dans les Comités n'avait osé parler pour les prisonniers de Quiberon. La loi était précise ; elle les condamnait à mort. Les Boissy, les Larivière, déjà suspects pour n'avoir dit un seul mot des massacres royalistes, de Tarascon, de Marseille, craignirent, s'ils parlaient ici, que la cocarde blanche, qu'ils avaient déjà au cœur, ne leur apparût au front.

Ils se vengèrent de leur silence en exigeant qu'on arrêtât dix montagnards, accusés déjà depuis Prairial (entre autres Lequinio, Fouché). Par une misérable bascule, les Thermidoriens, qui alors s'éloignaient du côté droit, lui firent cette concession (8-9 août).

Mais la grande majorité, malgré cela, ouvrait les yeux. Elle savait que l'Assemblée était condamnée tout entière. Les fureurs des royalistes l'éclairaient. Quand Richer de Sérizy, dans son journal l'*Accusateur public*, disait que le centre même, le Marais, le muet Sieyès « avait du sang jusqu'au genou », qui pouvait se rassurer ? Les Girondins ? les non-votants pour la mort de Louis XVI ? Non. Ils avaient renversé le trône et amené le 10 août. La Gironde avait appelé les bataillons marseillais qui prirent le palais, le roi. En remontant, point d'innocents dans toute la Révolution. Antraigues réimprimait sa folle brochure où il juge pêle-mêle avec Carrier les Constituants, guillotine Mirabeau, Bailly, avec Robespierre. Tout cela écrit à Vérone, à côté du nouveau roi.

Le 10 août (23 thermidor), l'Assemblée fêta, fit fêter dans toutes les communes de France et dans toutes les armées le renversement de la royauté et la prise des Tuileries. Les représentants royalistes, les administrations douteuses prirent part à cette fête et firent acte d'hypocrisie.

Le 4 août Louvet, le 20 août Legendre, se posèrent fort nettement du côté de la Montagne, loin des Girondins trop muets. Ils dirent que, si les émigrés, qui rentraient en foule, ne trouvaient leur tombeau en France, elle deviendrait elle-même le tombeau de la République. Toute l'Assemblée les applaudit et se leva en criant : « Elle sera le tombeau des émigrés ! »

La Convention réfléchissait, et sentait que, contre ces furieux revenants, elle n'avait d'appui, de refuge, que la révolution même, les montagnards si maltraités en prairial, et même les jacobins, les patriotes de toute nuance. Ceux qu'on avait incarcérés, dans leur immuable foi révolutionnaire, pouvaient oublier, devenir pour l'Assemblée une réserve énergique.

En un mois la Convention prit sous ce rapport une couleur plus nette. Le 29 juillet, une section royaliste étant venu isolement l'accuser à ce sujet, et les Comités se taisant, Legendre éclata, demanda si ces Comités étaient *une baie de Quiberon*, pleine d'ennemis de l'Assemblée. Dubois-Crancé, avec une violence militaire, foudroya les pétitionnaires de tout le poids de la victoire de Quiberon, qu'on apprenait à l'heure même, et les appela : « Brigands ! »

Le 29 août (12 fructidor), l'Assemblée accorde aux patriotes incarcérés un décret qui les dispense d'être jugés par leurs voisins (c'est-à-dire par leurs ennemis). Ils peuvent, s'ils le préfèrent, être jugés par le tribunal d'un des départements limitrophes.

Disposition humaine et juste. Mais la même humanité empêchait la Convention d'agir dans son intérêt contre le flot menaçant de la rentrée des émigrés. Ils se moquent du décret qui, leur interdisant Paris, croyait les tenir à dix lieues. Même ce violent Legendre (souvent faible et mou au fond) veut qu'on ne les raye de la liste qu'*après la constitution établie*. Ainsi ils rentreront bientôt. La porte n'est plus fermée. Ils vont passer tous sans attendre [1].

Ces vieux enfants, qu'on eût crus sensibles et qui, en effet, furent souvent faciles aux larmes, n'en étaient pas moins cruels. Jugeons-en par leurs tentatives pour tuer Puisaye, l'homme le plus intelligent de leur parti, et pour assassiner Hoche. Leur rage alla contre lui jusqu'à crever les yeux de ses chevaux

---

1. Dans un joli tableau du Louvre, la *Cour des diligences*, je vois un de ces retours, une touchante scène de famille. La dame, devenue presque mûre, l'enfant grandi en cinq ans, se précipitent pour recevoir ce voyageur tant attendu, qui se jette dans leurs bras. Qu'il est changé! qu'il est usé, maigre dans son habit vert! comme il a peu de cheveux! Que de souffrances on devine!... Enfin la famille est réunie. « Puisse la famille française se réunir tout entière par le rapprochement des partis! »

Ce sentiment était celui de bien des hommes, même les plus révolutionnaires, des Duroy, des Duquesnoy! (Voir plus haut.) Hélas! cela est-il possible?

Cet émigré auquel j'allais m'intéresser, quel uniforme porte-t-il? Celui des chouans. Il dit par son habit vert : « Je suis le chouan, l'émigré, l'allié de l'ennemi. »

Qu'il est peu capable d'apprendre, de s'ouvrir à l'idée nouvelle, cet homme

dans ses écuries. Leurs règlements de Vendée sont étrangement sanguinaires. *La mort! la mort!* Rien de plus.

Quelle discorde, quel esprit de haine et de vengeance nous rapporte l'émigré!

Quelles disputes! que de duels! Il ne prendra pas sa ruine comme expiation de son pacte avec l'ennemi. Ainsi, voilà donc en France, voilà deux nations en lutte, l'acquéreur et l'émigré.

Quiberon, loin d'enrayer la rentrée, la précipita. La plupart espérèrent moins le retour en conquérants, mais dès lors profitèrent en foule des moyens humbles et sûrs que leur offrait la simplicité peu défiante de la République, la mollesse, la connivence des municipalités girondines, établies depuis Thermidor. En août-septembre 95, l'émigré ne rentrerait pas encore sous son vrai costume, l'habit vert du chouan-*émigré*. Il ne l'est pas. On lui donne certificat qu'il n'est jamais sorti de France. Ou bien, s'il en est sorti, c'est comme victime girondine du 31 mai, ou bien il est un de ces ouvriers que les Anglo-Espagnols ont malgré eux enlevés de Toulon:

---

usé et séché! Celui qui combattit la France, se croit la France légitime. Plus je le regarde de près ce grand sec, à front fuyant (crédule et don quichottique), plus je reconnais ce genre d'hommes qui, même avant 89, sans fonds, frivole et galantin, n'avait rien dans le cerveau.

Même, parmi les émigrés, ceux qui eurent un vrai talent n'en furent pas moins des esprits faux, écrivains souvent baroques. Les fictions les plus absurdes étaient prises d'eux avidement par une crédulité vieillotte qui ressemble au radotage. Pour n'en citer qu'un exemple, parlons *des onze cent mille bœufs que*, selon eux, *les terroristes ont brûlés vifs en Vendée*, sans s'aviser de les manger! (Beaulieu).

faux ouvriers à mains blanches; on n'y regarde pas de près.

Il rentre. La sympathie l'accueille. Toute maison est ouverte à un homme de bonnes manières qui a eu tant de malheurs. Sa femme fort aisément lui donnera des relations, les amis qu'en l'attendant elle a pu lui faire déjà dans les gens riches, influents.

Réal, dans son récit de *Vendémiaire,* nous donne un mot remarquable, qui date bien de 95, et montre combien on est loin déjà de 94. Après Thermidor, on l'a vu, on s'était marié en foule. En 95, au contraire, nous voyons nombre de divorces. La société ancienne qui rentre, change les idées. Plus d'une se repent d'avoir fait, sous l'aveugle inspiration de la nécessité, de la passion, un mariage inférieur, et maintenant vise plus haut. Elle épousa un menuisier, et elle vise un agioteur.

Souvent aussi le mari, noble ruiné, trouve fort avantageux de laisser convoler sa femme à un mariage d'argent. Elle le protégera. La mobilité libertine demande un nouveau mariage, et, dans le désordre même, on veut l'intérieur, le foyer. Mœurs nouvelles, fort différentes de celles d'avant 89.

Réal, en deux mots, nous fait un tableau frappant de Paris : « Jamais il n'y a eu tant d'étrangers. Les hôtels garnis sont remplis jusqu'aux combles. Et le faubourg Saint-Germain, *si désert il y a six mois,* ces vastes hôtels solitaires se sont trouvés pleins tout à coup. » On obtenait sans peine de loger provisoirement dans ces hôtels non vendus. Ils se trouvèrent pleins d'étrangers, de chouans, d'émigrés, de prêtres, de riches jeunes gens qui s'engageaient dans les charrois, et de femmes divorcées. » (Réal, page 7.)

Tout ce monde pouvait agir d'autant plus efficacement que la gamme du royalisme, infiniment variée, favorisait l'équivoque. La plupart niaient hardiment qu'ils fussent royalistes. Longtemps encore après, l'un d'eux disait à Carnot : « Celui qui songerait à rétablir la royauté mériterait les petites-maisons. » A l'abri de telles paroles, on s'avançait à couvert. Tous parlaient comme Girondins, comme bons républicains, zélés pour la liberté, la souveraineté du peuple. Le procédé de Cormatin, ce chouan qui ne parlait que *du peuple souverain*, fut suivi ici en grand, devint général. Des Girondins détrempés aux royalistes constitutionnels (Lacretelle, Bertin), aux royalistes violents (comme Richer de Sérizy), aux agents idiots de Vérone (les Brotier, etc.), aux plus féroces chouans, le langage devenait le même : « Attester la liberté, la souveraineté du peuple, au besoin la République, afin de mieux l'étouffer. »

La Convention leur fournit un prétexte magnifique, quand elle décida, sur la proposition de Baudin, des Ardennes, « qu'*un tiers seulement des représentants sortirait*, et que les assemblées primaires rééliraient les deux tiers de la Convention (13 fructidor, 30 août) ».

Quelle occasion de l'accuser, de dire qu'elle voulait s'éterniser, qu'elle dépassait son droit ! Eh bien, disons-le, la situation commandait ; on ne pouvait faire autre chose.

Est-ce au nom de la politique que nous la justifions ? C'est au nom de l'humanité, c'est au nom du sang humain.

S'il coulait dans le Midi, dans l'Ouest, malgré la Convention, que serait-il arrivé, si sa disparition totale, si la réaction subite d'une nouvelle Assemblée, novice, molle, rétrograde, eût ôté les dernières barrières, un moment supprimé l'autorité publique ! La Convention, telle quelle, *in extremis*, provoqua une réaction favorable qui arrêta ce flot de sang. D'une part, Fréron, envoyé au Midi, comprima les assassins. Et, d'autre part, à l'Ouest, la mort de Stofflet, de Charette, le désarmement des communes, rétablirent un peu de sécurité.

On ne comprend pas comment les écrivains et les journalistes de Paris, qui réellement étaient en tête du mouvement contre la Convention, pouvaient ne pas voir que sa disparition totale eût, dans l'Ouest et le Midi, doublé les forces des brigands, aurait fait des Saint-Barthélemy, renouvelé les faits horribles de Lyon, Marseille et Tarascon. Lacretelle dit, et je le crois, qu'il avait « horreur des Compagnons de Jésus ». Ses amis, les gens de lettres, les Salverte, les Dupont de Nemours, les Morellet, les Fiévée, les Cadet-Gassicourt, les Dureau-Delamalle, les Quatremère de Quincy n'étaient pas des hommes inhumains. Par quelle étrange aberration avaient-ils hâte de détruire l'Assemblée, qui pouvait seule arrêter, briser les poignards de leurs alliés étranges, dont ils disent avoir horreur?

Madame de Staël les avertit avec beaucoup de force : « Craignez de vaincre. Vous ne pourrez contenir votre minorité royaliste. Vous avez été victimes des terroristes, vous le seriez maintenant de vos sanguinaires amis. » (Lacretelle, *Dix Ans*, 253.)

Ce parti inconséquent, grisé de son parlage de salons, de dîners, où l'on croyait conspirer, n'en alla pas moins à l'aveugle. Lacretelle, qui perdait peu d'occasions de montrer sa belle tête, solennelle et un peu vide, lut à la Convention une pétition arrogante contre la question des donations et la formation d'un camp à Paris. Chénier lui répondit de haut. Mais un membre girondin qui tournait au royaliste, Saladin, se déclara hardiment contre l'Assemblée, et répandit dans toute la France un appel au peuple qui devint le manifeste de tout ennemi du peuple.

La question était de savoir si ce parti des grands parleurs, de la jeune littérature, du journalisme, de la banque, enfin de l'éternel Paris qui parade et se promène au boulevard des Italiens, s'allierait décidément aux royalistes d'action, aux hommes noirs qui voulaient les actes. Plusieurs de ceux-ci se mêlaient à la masse joyeuse et légère des sections Lepelletier et de la Butte-des-Moulins. Mais ils les connaissaient si bien, que jamais ils n'osaient dire que la moitié de leur pensée. S'ils l'avaient dite, en un moment ils auraient été tout seuls. La banque et le haut commerce, liés aux intérêts nouveaux, étaient à cent lieues des rêves d'absolu retour au passé où s'égaraient les demi-fous de l'Agence royaliste et de l'émigration. Ceux-ci voulaient des vengeances, des suplices, la cassation des ventes des biens nationaux. Ils se gardaient bien de dire ce mot, qui leur aurait mis à dos tous les nouveaux riches. Aussi, quoique les papiers de l'Agence royaliste, qu'on surprit, indiquassent qu'elle comptait profiter du mouvement, la masse des deux sections qui le faisaient était très loin d'elle, ne la connaissait même pas. (Beaulieu.) Même lorsque les sections en vinrent à l'idée d'un combat contre l'Assemblée, elles ne profitèrent pas des offres que les chefs des chouans leur firent de les commander. Elles repoussèrent ces mains sanglantes et le drapeau royaliste, qui eût sur-le-champ révélé la dissonance intérieure du parti[1].

Le violent royaliste Richer de Sérizy, et Lacre-

---

1. Assez, trop de Convention. Enfin, POINT DE CONVENTION, c'est la pensée du moment. Et c'est ce qu'on lit aussi sous une admirable gravure (de Boilly, gravée par Tresca; voy. Hennin, 1795, à la Bibliothèque). Elle précède les caricatures (*les Incroyables*, de C. Vernet, *les Croyables*, de Boilly, etc.). Un grand muscadin se fait décrotter par un petit Savoyard; il a déjà le costume connu de l'époque, mais sans exagération. Il est bel homme et joli homme, nullement accentué (dans l'atroce, ou la ganache, le sans-dents de l'émigré, qu'ils ont si fortement saisi); il a de beaux petits traits, le profil mou et mouton des élégants de Coblentz, de la Butte-des-Moulins. Sans quitter cette sellette où il est tenu par le pied, il se tourne, il fait un signe à

telle, qui eût gardé la Constitution républicaine (deux conseils et le directoire), s'en expliquèrent et se dirent : « Nous ne marcherons ensemble que quatre ou cinq jours encore. » Mais Richer marqua très bien la niaiserie de l'autre nuance : « Alors, pourquoi combattre, voulant au fond ne rien changer? »

Que désirait réellement la grande majorité de ceux qui armèrent alors? « Des places », dit Madame de Staël. C'est vrai pour les journalistes; mais tous les autres, en agissant, représentaient un sentiment plus général, fort général à Paris. C'est qu'on voulait en finir avec la Convention, qui avait duré trois ans, trois siècles! On était las, excédé de cette tragique Assemblée, si orageuse, liée à tant de funèbres souvenirs. Le monde voulait du nouveau[1].

Mais, tout odieuse qu'elle fût, cette Assemblée, sa victoire du 13 vendémiaire fut, en ce moment, le salut de la France dans le Midi, dans l'Ouest. Au Midi, elle arrêta les torrents de sang qui coulaient, à l'Ouest, l'avortement de l'expédition anglaise du

---

une fort belle fille qui passe. Du doigt, elle *lui en ratisse*, et dit : « *Point de Convention.* » Ce n'est pas une fille publique. Cette belle et forte personne, d'un équilibre admirable, dans sa simple robe collante, sans ornements que ses beaux bras, est une demoiselle du peuple. Elle refuse, sans mépris. La pièce d'or que montre le jeune homme, avec une telle demoiselle, n'est point le salaire d'une nuit. Ce sont évidemment des arrhes. Veut-elle être entretenue? veut-elle être épousée même? Non, « *Point de Convention.* » Elle le juge parfaitement, croit qu'avec son profil mouton il ne fera pas grand'chose, qu'il manquera son Vendémiaire.

1. C'est ce qui va faire la fortune et la force de Bonaparte.

comte d'Artois aux côtes de la Vendée, amena la fin des brigandages, prépara la ruine, la mort de Stofflet et de Charette.

Par malheur, cet événement, qui semblait briser l'épée des royalistes, ne les désarmait pas du vote. Avant le 13 vendémiaire, avaient eu lieu les assemblées primaires pour nommer les électeurs (conformément à la Convention nouvelle). Ces assemblées s'étaient senties (surtout dans le Midi) sous la pression meurtrière des Compagnons de Jésus. « Nul patriote n'osait voter. » (M. Goupilleau, *Coll. Dugast*, V, XIII.) La tourbe effarée des campagnes fit électeurs qui l'on voulut, et ces élections détestables portèrent à l'Assemblée nouvelle les chefs, ou les complices, les compères des assassins.

La férocité de ceux-ci avait été toujours croissant jusqu'au 13 vendémiaire. Ils tuèrent d'abord des jacobins, puis tuèrent des Thermidoriens. Enfin, ce besoin croissant de tuer les avait conduits à faire périr les Girondins ; on guillotinait à Marseille les amis de Barbaroux !

Les jugements étaient une farce. A Aix, les patriotes étaient jugés par les émigrés, par nos traîtres de Toulon devenus officiers anglais ; mais on ne prenait pas la peine, le plus souvent, de juger : on assassinait en plein jour, avec des circonstances atroces. A Valéas, Mme Mauriquet « fut crevée à coups de pieds ». A Marseille, l'assassin Beausset disait au détenu Fassi : « Veux-tu voir dans cette boîte une oreille de ta femme ? Je m'en vais te la montrer. » Sept ou huit femmes, mises nues, par une cruauté exécrable, eurent le bas-ventre flambé.

Au moment de Vendémiaire même, les manifestes de Charette circulaient dans le Midi. Précy, le Charette de Lyon, était venu près d'Avignon. Après les assassinats commençait la guerre civile, en grand, une vraie Vendée. A Avignon, l'on sonnait le tocsin pour livrer bataille aux troupes. Le représentant Boursault, avili par sa patience, fut obligé d'appeler ceux de Nîmes à son secours. Le 8, enfin, il eut des forces et trois pièces de canon. Le 12 vendémiaire seulement, il rentra à Avignon et put désarmer la ville. Mais *les honnêtes gens* avaient fait évader des assassins.

A Montélimart, Job Aimé, leur chef, avait quelque temps fasciné, trompé le représentant Jean Debry. Et, pendant ce temps, il organisait des bandes pour marcher contre la Convention (vers le 13 vendémiaire). La nouvelle de Paris vint, comme une masse de plomb, tomber sur ces mouches atroces, affamées, altérées de sang. Elles étaient si acharnées que, même après, on assassinait encore.

Cependant, les royalistes, ayant fait avant Vendémiaire des assemblées primaires à eux, et faisant après Vendémiaire des élections à eux (jusqu'à nommer Job Aimé! illustre comme homme de sang!) les royalistes, dis-je, avaient moins besoin de tuer. Le représentant Goupilleau entra presque seul à Saint-Paul-Trois-Châteaux, centre de leur rassemblement, et fit sans contradiction désarmer la ville (4 brumaire). Un commissaire général fut envoyé dans le Midi pour la Provence et pour le Gard. Ce fut Fréron; mais un Fréron converti. Ce violent étourdi, qui avait si aveuglément lancé la réaction, regrettait amèrement d'avoir si bien réussi. Il montra un grand courage en acceptant cette dictature du Midi, se jetant, pour ainsi dire, à la nage dans ces mares de sang. La veille de son arrivée à Marseille (9 brumaire), on avait encore tué deux hommes en plein jour. Son entrée dans le Midi fut un coup de théâtre. Dès Tarascon, les victimes se précipitèrent à lui, une foule de veuves en larmes. Sous ses yeux, les assassins hurlaient contre ces pauvres femmes, et telle, dit-on, fut frappée. L'indignation anima son courage : en entrant à Arles (ce centre de l'association royaliste), il organisa contre elle des bataillons de bonnets rouges. Il entra en force à Marseille, et posa la question sur un terrain alarmant pour les royalistes. La plupart de ceux qui se disaient tels et infestaient les campagnes étaient, non pas des fanatiques, mais de jeunes paresseux qui aimaient mieux brigander que de répondre à la réquisition et d'aller à l'armée d'Italie. Fréron se mit en rapport avec ses chefs, Schérer, Masséna. On voulait la réduire à rien, cette armée. Les prêtres surtout prêchaient la désertion. Fréron se fit demander par l'armée d'enlever tous ces lâches. Elle-même menaçait de venir les chercher. Cela troubla les royalistes. Les émigrés se cachèrent.

La garde nationale fut réorganisée dans les six départements de la Provence et dans le Gard. Fréron contint assez bien les violents patriotes, les empêcha de se venger. Il ne fit mourir personne, pas même le chef de bande Lestang, qu'il prit et voulait faire juger. Mais lui-même fut rappelé, après huit mois de dictature qui avaient été un repos relatif pour ces contrées.

J'ai anticipé un peu pour caractériser le 13 vendémiaire par ses effets dans le Midi. J'en ferai autant pour l'Ouest, où il amena réellement la dissolution de la Vendée.

La Vendée avait deux espèces d'hommes en opposition parfaite : l'*émigré* et le *chouan*. Cela éclate à chaque instant, nulle part mieux que dans le récit que Vauban a fait de l'expédition où Pitt essaya enfin son comte d'Artois. Celui-ci, vrai tardigrade, dans cet immortel récit est peint au vif avec sa petite cour de vieux émigrés, avançant d'un pas, reculant de deux. Ils lui donnaient les conseils de la parfaite prudence : « Pourquoi risquer ce cher prince dans cette guerre de sauvages, au fond des bois ? Ne valait-il pas mieux attendre les mouvements de Paris, une restauration si facile, qui déjà était au cœur des Français et allait se faire d'elle-même ? » Ils sauvèrent ainsi à leur prince l'aventure de Quiberon, en juillet. Ils lui firent manquer aussi celle de Noirmoutiers et l'Ile-Dieu, en octobre-novembre, et attendre que la mer mauvaise rendît la côte intenable. On ne put pas trouver Charette ;

on ne put se joindre à lui. D'autre part, cette cour du prince attisait les haines entre Rennes (Puisaye) et le Morbihan (Cadoudal). Elle parvint à rendre suspect, inutile, l'homme intelligent, Puisaye, qui tenait les fils de toute la chouannerie. Homme, il est vrai, terriblement antipathique aux émigrés. Il immolait leurs intérêts aux chouans, donnait à ses assignats, puis à son emprunt anglais, *pour gage et pour garantie les propriétés d'émigrés*[1]. (Sav., VI, 163, 29 janvier 96.)

Telle est donc la grandeur de la Convention qui finit :

Elle comprime le Midi par la mission de Fréron.

Elle dissout la Vendée par l'adresse, le génie pacificateur de Hoche.

Elle ajoute (le 1er octobre) *neuf départements à*

---

[1]. Le retour des émigrés, qui se faisait partout, marquait leur opposition au vieux parti fanatique, le parti prêtre et paysan des primitifs Vendéens (Bernier, Stofflet, etc.). Le 11 août, au château de Bourmont, M. de Châtillon, homme de grande naissance, avec un conseil de seigneurs, fit une sortie terrible contre les prêtres qui, au lieu de patienter, d'attendre les élections, avaient fait faire mille crimes sur les grandes routes. Il leur défendit de se mêler de rien, et, séance tenante, les chassa de sa présence. (Sav., V. 321.) Châtillon ajouta encore : « *Il nous faut des chefs instruits* », notant ainsi durement Stofflet et le meunier Cadoudal. Ce vaillant Stofflet recevait à ce moment du roi même et de son ministre à Londres une bien sotte rebuffade : « On ne peut le décorer de la croix de Saint-Louis, *car il n'est pas gentilhomme.* » Le roi en nommant Charette généralissime, avait exaspéré la haine que Bernier et Stofflet avaient contre lui. Bernier, dans un mémoire terrible adressé au comte d'Artois, résume les crimes de Charette, en fait un portrait atroce. Ainsi, de toutes parts, la Vendée tombait en dissolution. Hoche réussissait partout par le plus simple moyen : il saisissait les bestiaux du paysan jusqu'à ce que celui-ci remît son fusil. Et il le remettait avec d'autant moins de regret que le retour de son seigneur l'émigré, qui revenait pour demander ses fermages, refroidissait son royalisme et le dégoûtait de la guerre civile.

la République, annexant à la France la Belgique.

Sans annexer la Hollande, elle en dispose désormais, l'entraîne dans le mouvement de la France.

Elle avait traité avec la Prusse, avec l'Espagne détachée de la coalition. En septembre, elle ordonna à Jourdan de passer le Rhin, d'attaquer l'armée de l'Autriche. Le succès était certain, sans l'inaction calculée, perfide de Pichegru.

Jamais, depuis Louis XIV, la France ne fut plus haut. Mais entre le grand roi et la Convention il y avait cette différence que, la Convention, forçant les rois à traiter avec la République, imposait, faisait accepter à l'Europe le principe nouveau.

Ce principe que l'Europe était forcée de reconnaître, il était attesté en France par les ennemis mêmes de la Convention. Dans Paris, les royalistes, aussi bien que les Girondins et les constitutionnels, ne parlaient que de République, ils n'attestaient que le Peuple, *le Souverain,* comme on disait; ils ne citaient que le *Contrat social.* Et ceux qui prétendaient (contre la Convention) que, devant le peuple assemblé pour les élections, toute autorité doit cesser, les apôtres de ce dogme révolutionnaire, c'étaient des hommes connus pour leurs précédents royalistes, le garde du corps Lafond, le jeune imprimeur Lenormand, le violent rédacteur de l'*Accusateur public,* le pâle Richer de Sérizy. Quand cet homme blême, aux yeux caves, qu'on eût dit le juge des morts, présidait la section mondaine du boulevard Italien, on devinait trop ce qui se cachait sous ces vains appels à la liberté.

Tout en parlant si haut, et toujours, du *Souverain*, ils crurent devoir l'épurer. Armés de courts bâtons, noueux, ils coururent les sections pour en chasser violemment leurs nombreux contradicteurs.

Des royalistes de Chartres et de Dreux étant venus tâter Paris, on les promena, on fraternisa avec divers quartiers, spécialement celui des Halles, où il y avait toujours eu un fond royaliste. On les encouragea si bien que ceux-ci, revenus chez eux, prêchèrent, répandirent dans le peuple que la cherté, la disette, venaient de la Convention; qu'un représentant, Letellier, qu'on y envoya, était un accapareur. Une horrible émeute de femmes se fit; on força Letellier de taxer le pain, de le mettre à bas prix. Il le fait (le sang eût coulé), mais il dit : « Il n'y aura de sang répandu que le mien. » Et il se brûla la cervelle.

Dans maint autre lieu voisin, il y eut de graves désordres. On coupa les arbres de la Liberté. On cria : « Vive le roi ! » On traîna la statue de la Liberté dans la boue. Des patriotes furent assassinés en plein jour. Bourdon, de l'Oise, fut envoyé avec des forces pour étouffer le mouvement. A Nonancourt, où il trouva les royalistes en défense, le soldat frappa vivement et la répression fut sanglante.

Ainsi les deux sections (Lepelletier, Butte-des-Moulins) se trouvèrent comme convaincues d'être amies des royalistes, et fort compromises devant le peuple de Paris, qu'elles auraient voulu entraîner. Ayant, au Palais-Royal, tiré sur des grenadiers de la Convention, elles allèrent criant aux faubourgs qu'on avait tiré sur elles. Mais le faubourg Saint-Antoine en rit, et dit : « Si l'on a tiré, sans doute, c'est sur les royalistes, et nous allons en faire autant. »

Le parti de la révolte, ne pouvant entraîner les faubourgs, projetait de former dans les quarante-huit sections (dominées ou épurées) un comité central qui figurerait Paris. Ainsi ils auraient posé Assemblée contre Assemblée, une Convention au petit pied. Ils comptaient sur la mollesse, l'indécision de la majorité. Les Soixante-treize se taisaient, et les laissaient avancer. Mais il y avait de fermes et honnêtes Girondins, comme Daunou, comme Louvet, qui se rattachèrent aux Thermidoriens, aux restes de la Montagne, et qui mirent la masse indécise en demeure de marcher droit, lui posèrent le *oui* et le *non*, l'obligèrent de s'éveiller ou de se déshonorer. Daunou parla avec vigueur contre le prétendu Comité central, accusa et fit condamner « cet acte d'anarchie ». Louvet allait jusqu'à proposer de refaire les Jacobins, de les armer, voulant sauver la République à tout prix, même en relevant ceux qui l'avaient proscrit lui-même.

Enfin, la voix de la France vint au secours de l'Assemblée. En réalité, quel que fût le sentiment de Paris, la Convention avait une haute légitimité dans l'appui d'un très grand peuple des départements. Sa Constitution de l'an III eut pour elle près d'un *million d'hommes* (neuf cent mille votants) et n'eut contre elle que quarante mille. Le décret qui la perpétuait en partie fut accepté de cent soixante-sept mille voix, repoussé de quatre-vingt-quinze mille deux voix (1ᵉʳ vend. — 23 septembre).

La liberté, l'égalité républicaines étaient-elles assez respectées dans la Constitution que l'Assemblée laissait à la France en se retirant? C'est ce que l'on peut discuter.

La commission qui la fit comptait dans son sein d'honnêtes et solides républicains, Daunou, Louvet, La Révellière-Lepeaux, mais plusieurs hommes douteux, plusieurs notoirement rétrogrades. Cependant, cette Constitution est, au total, bien supérieure à toutes celles qui ont suivi.

La Constitution de 93 avait donné une Déclaration des droits. Celle de 95 donna aussi une *Déclaration des devoirs*. Elle écartait ainsi l'idée absurde, trop souvent reproduite, que le Souverain, le peuple, est au-dessus de tout, sans responsabilité, *a des droits, point de devoirs*.

Un membre avait fort sagement proposé de ne donner le droit de voter qu'à ceux qui savaient lire et écrire. C'était écarter des élections les chouans, les Vendéens, les tourbes aveugles qu'à ce moment les factions poussaient, dans tout le Midi, au désordre, à la guerre civile.

Dans presque toute la France, le patronage des

gros propriétaires subsistait, et si le suffrage universel ouvrait ses urnes à leurs gens (comme dans la Constitution de 93), on allait voir, aux grandes fermes, par exemple, de la Manche, de la basse Normandie, etc., des centaines de valets, garçons de charrue ou meneurs de bêtes, aller au scrutin sous *mon maître* (comme ils disent), et voter comme un seul homme. C'est le dégoûtant spectacle qu'on a vu en mai 1870.

Que faire, pour éliminer ces troupeaux, ces masses moutonnières? On exigeait du citoyen qui voterait aux assemblées primaires qu'il payât une bien faible contribution. On exigeait de l'électeur qu'il fût propriétaire ou LOCATAIRE.

Par ce dernier mot, *locataire*, on était sûr d'avoir pour électeurs tous les ouvriers des villes, population bien plus révolutionnaire que les paysans.

La propriété ou la *location* devait avoir la valeur de cent journées de travail dans les petites localités, de deux cents dans les grandes villes. Dans celles-ci, certainement, il n'est point de locataire qui ne pût être électeur pour un si petit loyer.

En pratique, tout ouvrier, tout paysan quelque peu indépendant, pouvait devenir électeur. La Constitution de l'an III appelait aux urnes *le peuple*, ne repoussait guère que la masse des classes les plus dépendantes, les plus dociles à l'aristocratie.

CHAPITRE XII

Vendémiaire. — Bonaparte[1].

Grand coup ! Se voyant réduits à une telle minorité, les royalistes soutinrent des choses contraires. Les uns dirent que le chiffre était faux, et *la majorité fausse*. D'autres dirent qu'il n'importait qu'elle fût vraie, *que la majorité ne devait pas faire la loi ; qu'il n'y avait de loi « que la conscience »*.

Les députations insultantes qu'on faisait à l'Assemblée la trouvaient d'une douceur, d'une patience qui encourageait l'outrage. On alla jusqu'à lui dire de se décimer, de se mutiler, d'arrêter tel nombre de ses Comités. On proposait d'arrêter la Convention tout entière. A tant de paroles emportées elle

---

1. Sur les origines de Bonaparte, sur son enfance, sa jeunesse, les irrégularités de sa conduite, les bizarreries de son caractère, il faut consulter l'ouvrage — désormais indispensable — du lieutenant colonel Th. Jung : *Bonaparte et son temps*. Ce livre très modéré — décisif par sa modération même — prouve à quel point le génie instinctif de M. Michelet avait rencontré juste, à quelle profondeur il avait atteint la vérité. — A. M.

répondait par des actes. Elle réfuta le reproche qu'on lui faisait de vouloir s'éterniser en avançant de dix jours l'ouverture du prochain Corps législatif.

Le même jour, sans en tenir compte, la section Lepelletier accusa encore follement la Convention de traîner, d'affamer le peuple pour l'exaspérer. Maîtresse dans les sections qu'elle avait épurées (et rendues presque désertes), la section Lepelletier y fit passer que, le soir, on s'assemblerait au Théâtre-Français (Odéon).

Cette assemblée, fort peu nombreuse, montra bien que Paris n'avait pas répondu à son appel et n'était pas avec elle.

Ce même soir, la Convention vit, au contraire, un peuple nouveau affluer dans ses tribunes. Les patriotes qu'on disait de 89 (mais qui étaient réellement de toute nuance) vinrent se grouper autour d'elle. Pour unifier l'action, les Comités la remirent toute à cinq membres : Barras, Daunou, Colombel, Letourneur, Merlin de Douai. Sur la terrasse des Feuillants, on distribua des armes au bataillon des patriotes de 89. Remarquable revue de tous les âges de la Révolution, les vainqueurs de la Bastille avec les vainqueurs du 10 août, des officiers à la réforme (de Jemmapes et de Fleurus). « Ce moment où ils reçurent les fusils, dit Réal, ne sortira jamais de ma mémoire. J'ai toujours devant les yeux un vieillard qui, prenant le sien, le pressa contre ses lèvres. Et il pleurait, disant : « Je suis libre encore ! »

La section Lepelletier en poussa d'horribles cris, dit : « On va tout égorger, livrer Paris au pillage. » L'Assemblée pourtant, avant tout, avait fait jurer aux patriotes de 89 le respect des personnes et des propriétés. Elle ne répondait à l'insurrection, à l'appel aux armes que par une proclamation paternelle (4 octobre, 12 vendémiaire).

Des deux côtés, il y avait une indécision remarquable[1]. Les Cinq, dès le matin du 12, avaient ordonné d'arrêter les président et secrétaire de la section Lepelletier. Mais personne n'exécuta l'ordre. Personne ne voulait se compromettre pour une Assemblée contre un parti qui peut-être se trouverait maître demain. Le général qui reçut l'ordre allégua qu'il avait la fièvre et se mit au lit. Menou, qu'on nomma ensuite, eut une conduite déplorable, timide devant la révolte, insolent pour la Convention.

Parti à huit heures du soir des Tuileries, il n'arrive qu'à dix heures à la section Lepelletier (place actuelle de la Bourse). Avançant sur trois colonnes, il pouvait sans difficulté envelopper les sept ou huit cents hommes qu'avait la section. Il se met à parlementer. Un petit garçon de vingt ans, Delalot (de la section) avance et pérore à merveille. Les

---

1. Bonaparte confirme cette *indécision* : J'étais au spectacle. C'était le 12 vendémiaire. J'entendis dire qu'on attendait du train pour le lendemain, que l'Assemblée était en permanence. J'y courus, je ne vis que du trouble et de l'hésitation. (*Mémoires* de Mme de Rémusat, t. I, p. 269.) — Bonaparte est moins exact lorsqu'il ajoute que, nommé général, *il balaya en un instant la conspiration;* on peut voir par le récit de cette journée que l'action fut beaucoup moins prompte, qu'il y eut là encore, des deux côtés, de l'indécision, des lenteurs, de l'imprévoyance. — A. M.

grenadiers de Menou sont indignés. Il les fait taire, les menace de leur passer son épée au travers du corps, « s'ils insultent *ces messieurs* ».

Il est convenu que des deux côtés on va se retirer. Menou, en effet, se retire. Le section rit du traité. Elle reste maîtresse du terrain. Et l'on pourra dire dans Paris : « La section a résisté, la Convention a reculé. »

Menou fit alors une chose pour laquelle il eût pu être fusillé. Il se fit le parlementaire de l'ennemi. Il crut intimider les Cinq (Barras, Colombel, Daunou, Letourneur, Merlin) en leur disant arrogamment : « Je ne veux pas sous moi des bandits de 89. » On lui répondit : « Ils ne seront pas sous vous, mais sous un général républicain. » La question était d'obtenir ce choix de la Convention. Qui croirait qu'il fallut cinq heures de disputes, de onze heures du soir à quatre heures et demie du matin, pour en venir là? Ce ne fut qu'à la longue que Chénier, Poultier, Bentabole firent nommer Barras commandant de la force armée.

Qui commanderait la section Lepelletier? se déclarerait-elle royaliste en acceptant les offres des chefs vendéens? C'était pour cette section l'heure de la suprême tentation. Elle n'était nullement ennemie des royalistes, en général; quelqu'un, le 10 ou le 11, y avait proposé d'appeler au commandement un officier de l'Ancien-Régime, qui refusa. Le 12, la section, exaspérée, semblait bien près d'écarter tout scrupule, d'accepter les Vendéens. Il y avait justement ici Colbert de Maulevrier, d'autant plus haut dans le parti que Stofflet, le fameux chef, avait été son garde-chasse. Il y avait, disait-on, quarante chefs chouans à Paris. Ces hommes, de valeur éprouvée, c'était, selon toute apparence, la victoire pour le lendemain. Seulement, la majorité immense des sections (même les plus aristocratiques) eût eu horreur de l'habit vert, autant que du drapeau blanc. Après les crimes de l'Ouest et du Midi, ces couleurs odieuses semblaient celles de l'assassinat. Les modérés auraient certainement désarmé. Les violents se seraient trouvés dans une étrange solitude. Eux-mêmes calculèrent sans nul doute qu'il ne fallait pas sortir de la favorable équivoque qui leur permettait d'avancer en dessous, avec ce mensonge hardi : *Il n'y a pas de royalistes.*

Dans la nuit du 12 au 13, c'est à la Convention une aigre et longue dispute avant de nommer Barras. A la section Lepelletier, c'est le refus qu'on fait des chouans, c'est l'effort pour réveiller et armer Paris. Des tambours sont envoyés pour battre la générale. Grand émoi. On se rhabille. On ne se décide à rien. Les femmes retiennent leurs maris : « Tu n'iras pas. Le temps est affreux. Il pleut. »

Ainsi, au moment du combat, les deux partis se trouvaient faibles. La Convention n'avait que cinq mille hommes, mais la plupart vrais militaires, anciens soldats. Les deux sections aristocratiques pouvaient avoir vingt mille hommes, mais fort hétérogènes, et la plupart simples gardes nationaux, des jeunes gens fort peu aguerris.

Ce parti employa la nuit mieux que la Convention. Il prit l'argent, s'empara de la Trésorerie, intercepta des envois d'armes et de subsistances. Il mit hors la loi les Comités gouvernants de l'Assemblée. Il poussa la prévoyance jusqu'à créer une commission militaire pour juger les prisonniers après la victoire. Comment n'essaya-t-il pas de s'emparer de l'artillerie qui était au camp des Sablons? On le devine. Les jeunes soldats de ce camp étaient d'ardents patriotes. La tentative qu'on eût faite près d'eux eût probablement mal réussi, et cet échec eût tout perdu.

Quel serait le général du parti de la Convention? Hoche s'était offert, et la seule présence du vainqueur de Quiberon eût garanti la défaite des royalistes. Mais on avait peur de lui. On craignait que cette victoire ne le fît trop grand. Il y avait à Paris deux militaires moins éclatants, mais de grand mérite : l'intrépide Loison et Brune, l'ami de Danton.

On ne prit ni l'un ni l'autre. Du bureau topographique, qui était dans les entre-sols des Tuileries, surgit un homme inconnu. Hoche était, comme on l'a vu, *la bête noire* de ces bureaux. Carnot ne les dirigeait plus, mais y avait certainement la principale influence. Parmi ces officiers qu'il avait placés, le bureau topographique venait de s'enrichir d'un nouvel employé, le jeune Corse Bonaparte. Barras, sous qui il dirigea l'artillerie au siège de Toulon en 93, l'avait fait nommer général de brigade. En 94, sous le Corse Salicetti et sous Robespierre jeune, il avait fait une campagne à la guerre d'Italie. Puis, ayant refusé d'aller en Vendée, il fut destitué et resta à Paris dans une grande misère. Sous le prétexte d'une mission qu'il demandait pour la Turquie, il s'insinua au bureau topographique. C'était un homme très fin, mais outrecuidant sans mesure, au point qu'il écrit à son frère Joseph *qu'il tient dans ce bureau la place de Carnot!* (Voy. *Corresp.*, 20 août.)

Bonaparte dit dans ses *Mémoires* militaires qu'on lui donna par hasard cette grande mission de confiance de défendre la Convention ; qu'il était au théâtre Feydeau quand il apprit le danger, la perplexité de l'Assemblée. Mais, dans sa *Correspondance* (29 fruct. — 15 septembre), il avoue avec quelle dextérité il s'était désigné d'avance au choix de la Convention. Les insolents de la jeunesse dorée assiégeaient avec leurs gourdins la porte de l'Assemblée, hurlant telle ou telle injure, lorsque tel député entrait. Un jour, ils entourèrent Cambon, l'homme le plus respecté de la Convention. Il raconta la chose en y entrant, avec l'exagération colérique qui était dans son caractère. « Nous étions, dit-il, dans ces imminents dangers, lorsque le vertueux et brave général d'artillerie Buonaparte nous ouvrit le passage en se mettant à la tête de cinquante grenadiers » (*de la garde de l'Assemblée*).

Puissante recommandation, qui fit connaître à la Convention le nom de cet étranger. A cette époque soupçonneuse, son air mesquin, sa piètre et triste mine, le recommandaient aussi ; on était sûr que cette modeste figure avec son jargon italien n'abuserait pas de la victoire et resterait soumise à ses chefs. Les modérés des Comités gouvernants, qui suivaient volontiers Cambon, se rappelèrent ses éloges, et nommèrent Bonaparte général sous Barras.

Les sectionnaires, si divisés, avaient hésité deux jours sur le choix d'un général. Les modérés l'emportèrent et firent choisir un homme peu prononcé, fort suspect aux royalistes, qui, même un moment, le crurent traître. « Cet officier, Danican, était un très mauvais sujet (dit Hoche) qui avait fait du girondinisme et du royalisme à Rouen. Enfin, il avait servi en Vendée dans l'armée républicaine. Là, il avait vu les Vendéens à l'œuvre, appris d'eux-mêmes, disait-il, le secret de leurs victoires : « Quoi de plus simple ! Entre deux décharges vous courez aux canons, les prenez... Cela finit tout. »

En réalité, il comptait sur la mollesse de la Convention, sur la répugnance qu'elle aurait à livrer bataille.

Elle se tenait sur la défensive. Rien de moins agressif que le plan de ses défenseurs. On avait mis d'abord une batterie au Pont-Neuf, dans la supposition que Fréron y amènerait l'armée du faubourg Saint-Antoine qu'il était allé chercher, mais qui ne vint pas. Cette batterie, exposée de trois côtés, et prise un moment par Danican, fut lâchée par lui, dans la crainte, disait-il, d'humilier trop les soldats et d'empêcher de parlementer.

Dès lors la situation était toute simple. La Convention, aux Tuileries, avait à se défendre et par le Pont-Royal, et par la petite rue Saint-Roch. On y mit deux batteries. Mais le canon, devant Saint-Roch, fut un moment abandonné de ses canonniers, et eût pu être fort aisément enlevé, comme on va voir.

Ni l'un ni l'autre parti n'avait voulu commencer. Danican d'un côté, et de l'autre côté les Comités de l'Assemblée, disaient : « Ne tirez pas ! » Une lettre de Danican, apportée dans l'Assemblée, l'invitait fraternellement à désarmer, à renvoyer le bataillon des patriotes de 89. Boissy d'Anglas et d'autres y auraient consenti, et donnaient le triste conseil d'accorder une entrevue au général de la révolte. Par bonheur, une fusillade s'entendit. Puis le canon.

Qui fit tirer ? Bonaparte, disent les uns. Mais jamais, sans l'aveu des représentants, ce courtisan de la fortune n'aurait pris une telle initiative. D'autres disent que les Girondins, Louvet, Chénier, firent tirer, ce qui n'est pas plus vraisemblable. La version de Lacretelle semble la meilleure. Il dit que Dubois-Crancé, militaire, et violent patriote, perdit patience, vit que l'on mollissait, et par les fenêtres du restaurateur Venua fit tirer un coup de fusil.

Lacretelle rectifie aussi le récit de Bonaparte et des autres, qui prétendent que le combat de Saint-Roch et l'attaque par les quais furent simultanés, que la Convention fut menacée des deux côtés à la fois. Il établit que les deux attaques ne furent que successives.

Le canon de la rue du Dauphin tirait dans la rue Saint-Roch et la rue Saint-Honoré ; mais la plupart des sectionnaires s'étaient logés aux fenêtres et dans l'église, dont les boulets n'atteignaient que le coin. Dans l'intervalle des décharges (on tirait alors si lentement), ils sortaient du portail, descendaient sur les marches, tiraient, tuaient à leur aise. Cavaignac, Rouget de Lisle, le vieux général Berruyer conduisaient les conventionnels. Les deux derniers furent blessés. Trois fois le canon fut seul et abandonné, ce qui ne fait pas honneur à la prévoyance de Bonaparte. Mais il fut reconquis par les patriotes de 89. On voit que le jeune général n'avait pas pris la plus simple précaution militaire, *celle de s'emparer des fenêtres* d'où l'on dominait et le portail, et les rues Saint-Roch et Saint-Honoré.

Les canons repris tiraient avec plus de bruit que d'effet. Cependant ce bruit redoublé fit croire que le danger approchait. L'Assemblée voulut s'armer elle-même, et on lui apporta sept cents fusils, des cartouches. Spectacle bizarre et lamentable ! cette redoutable Convention, l'effroi de l'Europe, dont les armées passaient le Rhin, cette Assemblée, légitimée encore récemment par le vote de la France, et qui pouvait l'opposer à ces vingt-cinq mille bourgeois, elle sembla seule à cette heure. On eût cru qu'il ne lui restait qu'à dire, comme la Médée de Corneille :

> Que me reste-t-il ? Moi.

Les sectionnaires, par trois fois, avaient pu sans

danger traverser la rue, prendre les canons. Ils ne le firent pas. Enfin on s'avisa contre eux de ce qu'on eût dû faire d'abord, de ce que les hommes les moins militaires eussent imaginé sans peine : on s'empara des fenêtres et de là on put tirer sur les tirailleurs de Saint-Roch.

Avant que l'affaire de Saint-Roch ne finît, Lacretelle dit que plusieurs (lui entre autres) allèrent demander à la section ce qu'il fallait faire, et qu'alors on s'avisa d'employer les colonnes de sectionnaires qu'on laissait inactives au Pont-Neuf, aux Quatre-Nations, et de les mener, par le quai Voltaire, à l'attaque du Pont-Royal où était une batterie de la Convention.

Marcher droit à cette batterie par ce quai tout ouvert, c'était chose hardie. Les sectionnaires ne refusèrent plus l'assistance des chouans. Aux premiers rangs de ceux-ci on voyait Colbert de Maulevrier, qui essaya même de se mettre en avant *pour fraterniser*, c'est-à-dire désarmer les républicains. « Danican, dit Lacretelle, avec son état-major, s'était mis à couvert dans la rue de Beaune, qui aboutit au quai. Nous nous demandâmes, dit-il, si c'était là la méthode qu'il recommandait, celle des Bonchamp, des La Rochejaquelein, qui ce semble, en telle aventure, ne se laissaient précéder de personne. Quand nous sommes à cinquante pas, le canon tonne... C'est bien là le moment de nous élancer... Mais où est le général ?... Nous tenons ferme (?) ; nous faisons deux décharges... Derrière nous, le quai est désert. L'avant-garde reste à peine ; notre armée a disparu ; nous faisons comme elle, et, sans être poursuivis, nous passons par la rue de Beaune. »

Voilà le 13 vendémiaire, petite bataille où il n'y eut que deux cents morts, mais qui fut remarquable par l'inhabileté que montrèrent les deux partis. Barras fit un rapport emphatique à la Convention, où il faisait valoir les talents de son protégé.

Je dis *son*, non sans raison. Il fit sur-le-champ sa fortune, lui accordant ce que les plus illustres auraient ambitionné, demandant et obtenant pour lui ce titre : *Général de Paris* en second; et bientôt il lui laissa la place entière.

Quel est donc cet étranger ? se demandait-on dans Paris. Quel nom singulier, bizarre, *Buonaparté !*

— Madame, dites *Bonaparte*. Car, sachez-le, la Corse fait maintenant partie de la France.

Voilà quelles étaient les conversations le lendemain de Vendémiaire. Personne ne parlait de l'intrépide Brune, qui avait eu un cheval tué sous lui ; personne du pauvre vieux général Berruyer, qui avait montré beaucoup de courage et avait été blessé. Hoche était absent, et l'on ne savait pas que, depuis plusieurs jours, il avait offert de venir à Paris.

« Ce jeune Buonaparté est donc un bien grand jacobin ? — Au contraire. Il a été élevé avec une pension du roi, à Brienne et à l'École militaire. —

Il faut donc qu'il soit gentilhomme. — Aussi, des jeunes gens comme il faut ne font pas difficulté de servir sous lui. Le petit Muiron, par exemple, le fils d'une famille émigrée, a résisté aux instances de ses camarades, est resté avec Bonaparte et ne s'est pas réuni à ceux de la Butte-des-Moulins. »

Remarquez ici la sagesse de Barras et des Comités. En choisissant celui-ci, un noble, Barras, qui est noble lui-même, a montré qu'il était hors des partis, et que cette fois on n'a pas de grandes vengeances à craindre. Les chefs de sections, même les contumaces, comme Castellane, rôdent partout dans Paris, se montrent partout, au théâtre même. Le gouvernement a peur de ce procès. Le malheur, c'est ce garde du corps endiablé, Lafond, qui veut être condamné à mort. Les juges ont beau faire; ils seront obligés de lui faire ce plaisir, malgré la Convention.

Mais qu'il est noir, ce Bonaparte! — C'est lui qui faisait si bien, chez Mᵐᵉ Tallien, le petit sorcier. — Il est noir, mais quelles dents blanches!...

Mon père a connu une dame qui disait avoir été éprise (après Marengo) de cette noire et jaune figure uniquement à cause de ses dents.

Sous une négligence apparente, il avait extrêmement soin de ses dents et de ses cheveux. Ils les avait châtains; mais, comme depuis que la poudre avait cessé on s'inondait de pommade, ses cheveux, tellement lustrés, paraissaient noirs, et donnaient ainsi plus d'effet à son pâle visage, qui semblait fantasmagorique.

Il était assez bien à cheval, mal à pied, ayant l'échine longue, les cuisses courtes.

Le voilà tel que le vit le public curieux de Paris après le 13 vendémiaire [1].

Mon père, d'abord employé à l'imprimerie des Sourds-et-Muets, était devenu imprimeur lui-même après Thermidor. Il commençait à publier des journaux, et il était bien placé pour écouter, apprécier l'opinion de Paris. Je tiens de lui tout ce que je viens de raconter. Il assista bientôt à l'étonnant crescendo d'un certain bruit qui était dans l'air, bruit très faible d'abord, mais tout à coup retentissant, éclatant, foudroyant, plus que le tonnerre. Phénomène singulier, qui renversa bien des esprits. Ce nom, ignoré tout à l'heure, se trouva dans toutes les bouches. Tout le monde alors le connaissait, chacun se disait ami du général de Paris. Les spéculateurs de l'époque, les Ouvrard, Séguin et autres qui, en 94, l'avaient aidé dans sa misère, ne voulurent pas se souvenir des petits écus que souvent il leur empruntait pour dîner, et pensèrent qu'avec un tel homme, qui se ménageait ainsi entre les partis (n'étant *ni chair ni poisson*), on avait chance de faire prochainement de grandes affaires.

L'histoire, ici, semble tombée dans un gouffre.

1. Le portrait que M⁽ᵐᵉ⁾ de Rémusat nous donne de Bonaparte est de tous points identique à celui-ci. — A. M.

Des grands sujets généraux, collectifs, des idées, des masses populaires, elle tombe à l'individu, à la pure biographie.

Sous Robespierre, sous la Montagne, la Gironde, la Convention, et en remontant, sous la Constituante, enfin sous le règne des philosophes, et en général au dix-huitième siècle, — *l'idée* primait tout, et si *l'individu* arrivait, c'était à l'occasion de l'idée. Il avait souvent grande place, mais à proportion de l'idée qu'il semblait représenter. C'est pour cela que Hegel, avec autant de profondeur que de vérité, appelle ce grand siècle *le règne* de l'idée ou de *l'esprit*. (Geist Reich.)

Ici, cette belle glace d'idée et d'abstraction, affaissée tout à coup, s'abaisse, comme dans un abîme immense de matérialité. L'esprit humain semble avoir désappris toute notion, toute théorie, toute langue. Un seul mot a remplacé tout dans les pauvres cervelles, un seul mot qu'on estropie, et qui n'est pas même français : *Buonaparté*.

Dans l'année qui va venir, 1796, ce mot tout à coup est tout et répond à tout. Un bouleversement singulier existe dans les esprits. Cela tient à plusieurs choses, à une surtout, qui seule suffirait à rendre fou.

Kant a très bien dit que certaines notions, *l'espace* et *le temps*, sont mêlées à toutes nos idées et en sont le *substratum*. Si la notion de l'espace nous échappait, par exemple, nous serions aliénés. Nous sommes obligés, pour tout être, tout acte et tout mouvement, de supposer que tout cela existe ou se passe *en un lieu.*

Quant au *temps*, il en est de même. Eh bien, supposez qu'on nous dise le lendemain de la Terreur, et quand nous en sommes encore abasourdis : « Savez-vous ? le *temps* est mort ! il a péri ! »

En voulez-vous une preuve ? Voyez comme maintenant les événements, étant affranchis de cette loi, vont et se précipitent ! le train des choses humaines a pris les allures de la foudre... Et comment s'appelle cette foudre ? La réponse ne sera pas longue. Il n'y a plus qu'un mot dans la langue, qui suffit à tout : *Bonaparte.*

Il a remplacé toute idée, toute science même. Si Lagrange parle de mathématiques, ou Geoffroy-Saint-Hilaire d'histoire naturelle, on ne lui répond qu'un mot : *Bonaparte.*

De même après l'ère chrétienne, quand les philosophes grecs ou les juristes romains osaient encore ouvrir la bouche, on haussait les épaules, l'on répondait : *Jésus !*

Le grand peintre de l'époque (Gros), l'un de ceux qui peignirent les miracles de cette nouvelle église (de la mort et des batailles), a fort bien compris ces analogies, quand il a peint son nouveau Christ qui guérit la peste rien qu'en la touchant.

Mais, s'il est curieux de voir la chute d'intelligence où tomba le monde, il ne l'est pas moins d'observer comment le grand thaumaturge, l'habile prestidigitateur qui fit ces miracles d'illusion et d'aveuglement, fut préparé à son étonnante carrière. — Adieu science, idées, nation, adieu Patrie!... tout cela est ajourné. Je vais m'occuper... d'un homme.

TROISIÈME PARTIE

ORIGINE ET COMMENCEMENT DE BONAPARTE.

CHAPITRE PREMIER

Madame Lætitia. — La Corse. — Paoli.

Je ne connais que deux portraits fidèles de Napoléon. L'un est le petit buste d'Houdon (1800), sauvage, obscur et ténébreux, qui semble une sinistre énigme. L'autre est un tableau qui le représente en pied dans son cabinet (1810?). C'est une œuvre de David qui, dit-on, y mit deux ans, et s'y montra consciencieux, courageux, sans souci de plaire, ne songeant qu'à la vérité. Tellement que le graveur (Grignon) n'a pas osé le suivre en certains détails, où la vérité contrarierait la tradition. David l'a fait comme il fut toujours, sans cils, ni sourcils ; peu de cheveux, d'un châtain douteux qui, dans sa jeunesse, paraissaient noirs, à force de pommade. Les yeux gris, comme une vitre de verre où l'on ne voit rien. Enfin une impersonnalité complète, obscure, et qui semble fantasmagorique.

Il est gras, et cependant on distingue le trait qu'il eut en naissant, et qu'il tenait de sa mère, les pommettes des joues très saillantes, comme ont les Corses et les Sardes. Il dit lui-même qu'en tout il lui ressemblait, et tenait tout d'elle. Dans sa jeunesse, il en était l'image amoindrie, rétrécie. Si l'on met celle de sa mère à côté, il en semble une contrefaçon desséchée, comme si la maladie héréditaire de la famille, le cancer de l'estomac, l'eût déjà rongé en dedans.

Au contraire, Madame Lætitia, dans ses portraits italiens, comme celui que j'ai sous les yeux, est une beauté grandiose. Elle est d'un tragique mystérieux, indéfinissable. On n'en peut détacher ses yeux. La bouche est dédaigneuse, haineuse, toute pleine du miel amer que l'on ne trouve qu'en Corse. Les yeux noirs et fixes, tout grands ouverts, n'en sont pas moins énigmatiques. S'ils regardent, c'est en dedans, leur rêve ou leur passion. Cela lui donne l'air bizarre d'une diseuse de bonne aventure, ou d'une sibylle mauresque, descendue des Carthaginois ou Sarrasins, dont les tombes se trouvent près d'Ajaccio, et dont la postérité existe dans le Niolo. Elle a l'air sombre d'une prophétesse de malheurs, ou de ces *voceratrices* qui suivent les enterrements, non pas avec des pleurs, mais plutôt avec des accès de vengeance.

La *vendetta* est la religion du pays, sa grande

pensée. C'est chose originale, unique, qu'il existe un peuple qui ait mis là son âme, qui n'ait d'autre poésie que la mort. Dans les recueils de Fée et de Tomaseo, on peut voir ces chants de pleureuses, moins lugubres que menaçants, et qui, le plus souvent, dénoncent la vengeance, vengeance implacable, éternelle. Les femmes sont les gardiennes fidèles de cette pensée, qu'on cultive comme un trésor de famille. Elles serrent les vêtements sanglants de l'assassiné. Souvent l'homme s'en va, fuit au désert, couche sur une pierre, pour saisir l'occasion. L'attrait de cette chasse à l'homme, d'une vie de surprises et d'embûches, est tel que la Corse ne peut s'en guérir. (Voy. Mérimée, Fée, 1845, etc.)

Du reste, si les Corses sont insociables, la faute en est surtout à la nature, aux gorges profondes qui divisent leurs montagnes neigeuses sans communication pendant une partie de l'année. Élevez-vous au centre, au Monte-Rotundo, vous voyez un théâtre immense où les autres montagnes forment autour des chaînes circulaires, unies entre elles par des branches transversales qui constituent un réseau continu (voy. Miot, Fée, etc.). Les cours d'eau sont ailleurs des communications, et ici des obstacles, roulant, en été même, par la fonte des neiges, de sauvages torrents. Ce n'est pas l'eau qui manque, mais la terre, qu'ils ont souvent emportée. Beaucoup de montagnes sont absolument chauves. Ajoutez à cela des vents terribles, qui, comme sur le Rhône, troublent souvent l'esprit.

Le Corse cultive peu. Retiré aux hauteurs sous ses châtaigniers, il vit solitaire, et, s'il pouvait, vivrait caché. La campagne, le jour, semble déserte. Le soir, les hauteurs s'illuminent, et l'on voit les villages peu accessibles qui surplombent. Vie furtive d'oiseaux de nuit. Des incendies fortuits mettent le feu à leurs bois résineux. Ainsi alternent les ravages de la flamme et des torrents sur cette terre souvent dévastée.

Le Corse est un être nocturne. Les voyageurs sont souvent frappés, comme M. Fée et autres, de voir leurs guides s'éveiller, se lever à minuit.

Toute l'histoire du pays est une nuit entremêlée d'éclairs, d'assassinats et de faits héroïques. Les peuples mercantiles, Carthaginois, Génois, qui l'ont cruellement torturé, arrachant ses vignes, ses oliviers, lui défendant le commerce, l'ont maintenu à un état qui fait et horreur et admiration. Cette barbarie, loin de diminuer, augmenta dans les temps modernes, lorsque la grande Gênes n'eut plus son empire maritime d'Orient, fut refoulée sur elle-même et sur la nudité de ses montagnes chauves. Sa maigreur retomba sur la Corse plus maigre. Ce fut l'histoire d'Ugolin, l'infernal supplice où ce damné use ses dents sur un crâne. La Corse ne donnait rien, sauf un fruit atroce, la vengeance et l'assassinat. Les juges étiques et ruinés qu'on envoyait en Corse apprirent à exploiter ce fruit, vendant l'impunité autorisant le crime.

Ainsi quand toute l'Europe s'adoucissait, la Corse,

aigrie, reculait dans les âges et se faisait barbare. Ses maîtres, les Génois, habitués aux guerres turques, l'obligèrent par le désespoir d'égaler l'héroïsme des Klephtes, ou même, remontant plus haut, de nous représenter l'histoire terrible des juges d'Israël, des vengeurs du peuple de Dieu. Rien n'y ressemble plus que l'histoire de Sampieri et d'autres défenseurs de la liberté corse.

Une chose remarquable, c'est que la Corse, africaine comme Malte, n'appela jamais à son secours les Italiens, mais toujours la France (sous Charles VI, Henri II, Louis XV). La France eut sa garde corse, et souvent éleva certains Corses très haut, mais ne fit rien pour le peuple lui-même, qui toujours criait. Je ne connais en aucune langue rien de plus touchant que l'appel de ses magistrats républicains à l'égoïste Louis XV, et rien de plus sèchement prêtre, indifférent et froidement atroce que les réponses du cardinal Fleury.

Délaissés par nous, ils imaginèrent de se donner un sauveur français. Ils nommèrent roi un certain Théodore, par sa mère Liégeois, donc Français ; il avait été page de la duchesse d'Orléans. Il échoua, et, poursuivi, réfugié à Londres, il vendit aux Anglais sa couronne idéale.

Alors ce peuple infortuné, remontant toujours aux âges lointains, eut l'idée religieuse, mythologique, d'avoir de son sein un messie. De ses deux magistrats, le brave Giafferi, le doux et éloquent Hippolyte Paoli, — le second avait deux enfants :

l'aîné, vaillant, sauvage, illuminé. De bonne heure, cet aîné dit à son père, à tous : « L'Élu sera mon frère Pascal. C'est un ange de Dieu ! »

Le père bénit l'enfant. Dans les vicissitudes de sa vie orageuse, il le tenait à Naples et le faisait étudier. Dans cette grande Grèce d'autrefois, il y avait alors une jeunesse admirable, éprise de la France, de lumière et de liberté. Plusieurs vécurent assez pour être des martyrs de 99. Mais ce qui soutenait encore plus cet enfant, ce qui le maintint haut, c'étaient sans doute les lettres de son père, les sanglantes nouvelles qu'il recevait de la Corse, tant de malheurs que le futur libérateur apprenait, voyait presque du rivage italien. A l'âge de trente ans, il fut appelé par son frère, élu, proclamé le premier magistrat de l'île (1755). Mais comment ces barbares verraient-ils cet homme de paix ? Ce qui montre combien ce peuple valait mieux que ses actes mêmes, c'est qu'il sentit ce doux génie. Et il n'y eut pas besoin pour cela de l'appareil des machines religieuses. Paoli, ému d'un si grand rôle, Paoli eut parfois des songes et rêva l'avenir. Mais jamais il ne parla à ses croyants d'autre langage que celui de la raison. Il était plein de bon sens, et ne proposait rien que des choses possibles. Il n'essaya pas de supprimer la *vendetta*, mais l'adoucit, la limita. Sa conduite avec le clergé fut un miracle d'habileté, et les Corses eurent la sagesse de lui obéir en tout. Il se servit de Rome pour chasser les évêques (Génois de cœur). Puis se brouilla avec Rome en voulant soumettre à la loi les justices ecclésiastiques. Le peuple le soutint contre l'excommunication même.

C'est vers ce temps que Rousseau eut connaissance de Paoli, et dit (au *Contrat social*) : « Il est encore en Europe un peuple capable de législation, l'île de Corse. J'ai quelque pressentiment qu'un jour cette petite île étonnera l'Europe. »

Prophétie qui saisit les imaginations, les cœurs, Mais, peu après, Louis XV l'acheta des Génois, trahit un peuple confiant qui l'avait cru son protecteur et espérait en lui.

Paoli osa résister ; il eut quelques succès, mais ne fut pas aidé, comme il le croyait, des Anglais. Le singulier, c'est que l'armée française, ses officiers étaient eux-mêmes pour la Corse. Marbeuf, Dumouriez, Mirabeau, l'aimaient, admiraient Paoli; Dumouriez fit un plan pour délivrer l'île.

Cependant Paoli, réfugié à Londres, semblait déchu de son grand rôle de rédempteur, qui oserait le prendre ? La prophétie restait et devait s'accomplir.

Les Bonaparte semblent l'avoir placée sur l'avenir d'un enfant conçu et né justement à l'époque où la Corse parut pour toujours soumise à la France[1].

---

[1]. De tous les livres que j'ai lus sur la Corse, le plus curieux certainement est celui de l'Écossais Boswell. Il déclare que la vue de ce peuple et de son héros Paoli produisit en lui une révolution morale, lui donna une plus haute idée de la nature humaine et lui inspira les plus nobles résolutions. Cet Écossais, que les highlands rendaient d'avance sympathique à ces montagnards insulaires, prit la résolution d'aller voir Rousseau et la Corse. Fut-il appuyé dans ce voyage par le ministère anglais, qui eut toujours quelque vue sur

cette île? Cela se peut. Mais qui lira son livre intéressant, ne doutera pas qu'il n'ait porté dans ce voyage une spontanéité sincère et très vive. Il fut saisi et subjugué par Paoli, le héros de la Corse. Il en parle avec vénération, avec amour, si naïvement et si bien, qu'il fait passer son impression dans l'âme du lecteur. Non, on n'invente pas ainsi. C'est une harmonie si conséquente et si naturelle, que ce portrait doit ressembler. Washington, tout au plus, put donner l'idée d'un tel équilibre. Boswell vit un homme grand, bien fait, dont tous les mouvements étaient nobles, d'une physionomie douce et ouverte, grand observateur, mais poli et réservé. Dans sa simplicité on sentait le héros, et on le croyait volontiers, quand il disait : « Je n'ai jamais eu un moment de défiance, de découragement. » Et encore : « J'ai toujours ferme devant les yeux une grande pensée. » Cette élévation, cette douceur inaltérable au milieu de tant de passions, d'une si grande barbarie, sur la terre de l'assassinat, était un vrai miracle. L'Écossais fut terrassé d'admiration. Toute passion humaine (même l'amour individuel) semblait être retirée de cette grande âme devant l'amour du bien public. Il disait : « J'ai trouvé la petite morte, comme l'enfant de l'histoire du prophète Élie, et je me suis étendu dessus pour la ranimer. » Sa douceur magnanime était incroyable, jusqu'à parler équitablement des tyrans même de la Corse, de la gloire des anciens Génois.

CHAPITRE II

Les Bonaparte. — Leur position double. — L'enfant de la prophétie.

La passion italienne, en tous les temps, c'est l'inconnu du sort, la loterie, les chances de la Bonne Aventure (*Bonus Eventus*). Tout l'Olympe romain peut se réduire à cette divinité, qui eut des milliers de temples : *Sors, Fors, Fortuna*. Il en fut de même au Moyen-âge, lorsque la ruine du parti impérial ou gibelin remit tout au hasard, et qu'enfin pour deux siècles dominèrent partout les soldats de louage, ces bandes de *condottieri* où l'on pouvait s'engager pour un mois seulement, et qui pourtant parvinrent à d'étranges fortunes, plus que royales, comme celles des Sforza. Ces noms de *sforza, braccio, forte braccio*, caractérisent l'époque. Mais les variétés du sort firent souvent préférer le nom même de la réussite et du sort triomphant (*Bonus Eventus*), du gros lot, de la Bonne Part, *Buona Parte*.

Ce nom du joueur heureux, de l'*enfant gâté de*

la fortune, est souvent donné d'avance à celui qui naît, comme augure d'avenir, bonne chance qui l'accompagnera dans la vie. La mère qui le lui donne y ajoute souvent des sobriquets flatteurs : bonaparte, *de bon sembiante*, d'heureuse figure. Ou de grand espoir, *Boni sperio*; ou de bon partage, *Boni spartio*. Ce sera le favori de la fortune. Qu'il le mérite ou non, il aura le gros lot.

Les sobriquets sont communs en Italie, et remplacent les noms de famille. Ce qui augmentait souvent la confusion, c'est que, si on avait épousé une fille d'une famille riche, illustre, on donnait souvent à l'enfant le nom de sa mère, dans l'espoir qu'un jour il pourrait hériter de quelque parent maternel.

A ces confusions ajoutez celles que permettaient l'orthographe et l'écriture italienne d'alors. L'auteur anonyme de la généalogie de San Miniato avoue qu'au treizième, quatorzième siècle, on confond un inconnu, Jérôme Bonaparte, avec un homme qui marqua fort, Gioviani Bonapace, qui, vers 1300, fut garant de la paix entre les guelfes et les gibelins.

On voit que, dans cette écriture, *parte* et *pace* s'échangeaient l'un pour l'autre. On disait indifféremment *bona pace* et *bona parte*.

Ces confusions diminuèrent au seizième siècle, lorsque le chaos des condottieri passa, et que le monde se fixa. *Bonaparte*, nom alors plus rare, *devient le nom propre* de quelques familles obscures.

Mais cette obscurité n'embarrasse pas les généalogistes. Leurs Bonapartes étaient modestes, disent-ils, s'éloignaient de la guerre, et préféraient les professions de scribes (prêtres, notaires, petits juges ou podestats). Professions où l'on peut s'enrichir, ayant la connaissance des affaires, des familles et des fortunes. Ils allèrent à Gênes, et en Corse, où ils n'occupèrent que des charges fort secondaires. Mais dans cette île sauvage personne ne pouvait les contredire, s'ils disaient qu'ils étaient parents de tant d'autres Bonapartes, plus distingués, de l'Italie (de Sarzana, Trévise ou Florence).

Le père de Napoléon, venu de Corse pour étudier le droit à l'université de Pise, odorait ces Bonaparte pour s'en faire honneur (ou profit?). Il apprit qu'à San Miniato, près de Florence, il y en avait un, assez riche, un vieux chanoine, crédule, et fort pieux.

Ce bonhomme avait la marotte de se croire petit neveu d'un saint. Et il l'était réellement d'un capucin, mort en 1600. Mais il s'efforçait de confondre ce capucin avec un saint du Moyen-âge, un moine célèbre de Bologne (mort en 1300). Le jeune Corse n'avait point de papiers (ils avaient tous péri dans les incendies de l'île). Mais, avec une mémoire heureuse, il pouvait les refaire. Et il trouva, en effet, que sa famille apparentée à une foule de Bonapartes, du Moyen-âge, l'était aussi du saint Bolonais, et que par conséquent il était cousin du vieux chanoine.

Celui-ci fut ravi de ces nouvelles preuves qui lui venaient à l'appui de son système.

Il goûta si bien le bon jeune homme qui les lui apportait, qu'il le fit reconnaître comme parent à un avocat de sa ville, qui s'appelait aussi Buona Parte, et qui n'avait pas d'héritier. Le chanoine vécut longtemps, et ne donna rien aux Bonaparte que des certificats qui les firent nobles et originaires de Florence.

Charles Bonaparte végéta toute sa vie. Fils, petit-fils de notaires et petits employés de Gênes, très variables de partis, il avait une belle maison et du goût pour le faste. Nulle fortune. Il écrivait volontiers, comme font tant d'avocats sans cause en Italie. Tous les Bonaparte ont été d'infatigables scribes. Ce qui probablement l'aidait à vivre, c'est qu'il avait des oncles, assez bien dotés dans l'Église. Tout cela éblouit la belle des belles ; Lætitia Ramolino, originaire de la pauvre ville de Sartène, fut sans doute charmée de s'établir dans la grande ville d'Ajaccio, qui avait alors déjà quatre mille âmes. Elle était ambitieuse. Sa mère, très belle aussi, avait eu l'adresse de se faire épouser en secondes noces par un Suisse, Fesch, banquier de Bâle, le frère du cardinal, de sorte que, des deux côtés, le jeune ménage avait des oncles prêtres, était apparenté, patronné dans l'Église.

Ajaccio était le Versailles de la Corse. Il y avait là une espèce de cour, celle du commandant français, fort aimable, M. de Marbeuf. M. de Choiseul, voulant amadouer les Corses, les éloigner de Paoli, avait nommé commandant cet homme agréable, ce gentilhomme qui, comme franc Breton, inspirait confiance. Il était fort poli, et d'une politesse affectueuse, nous dit Boswell, qu'il reçut à merveille et qu'il soigna malade. Il était philanthrope, et comme tel s'occupait de la nourriture des pauvres. On commençait à propager la pomme de terre, alors fort à la mode, ainsi que les livres de Rousseau, qui parurent tous à ce moment. Il arriva à M. de Marbeuf ce que plusieurs de nos officiers français avaient éprouvé; c'est qu'oubliant son rôle, il fut pris à son propre piège, devint Corse lui-même, amoureux du peuple et de l'île.

Il n'était pas marié, mais fort sensible aux femmes, galant à plus de cinquante ans. Il accueillait à merveille la belle société de la ville, dans ses jolis jardins, dont la création l'occupait fort. C'était une mode anglaise. Et plus tard, il fit à Paris un jardin qui est resté célèbre, et qui portait son nom (dans les Champs-Élysées). La perle de cette société était Lætitia, Mme Bonaparte. Marbeuf était devenu l'ami, le protecteur de son mari. En cela il s'était souvenu de M. de Maillebois, le premier conquérant de l'île. Maillebois avait dû aux femmes une partie de son succès. Il s'était logé à Ajaccio, chez une dame dont la famille était à Sartène, et par elle il savait tout ce qui se passait dans les cantons les plus sauvages. Or, il se trouvait justement que Mme Bonaparte venait des Ramolino de Sartène.

Marbeuf imita Maillebois, fut assidu chez elle. Il est certain que les femmes corses, sérieuses autant qu'ambitieuses et vindicatives, sont les vraies reines du pays. Celle-ci accepta volontiers un courtisan si mûr qui eût pu être le père de son mari.

Les choses allaient ainsi, lorsqu'un matin Marbeuf et tous apprennent la grande trahison : *la Corse achetée par Versailles*, la fourberie par laquelle jusqu'à ce jour Choiseul a tranquillisé Paoli.

Coup accablant. Et cependant les liens étaient si forts que nos soldats et les Corses s'avertissaient avant de s'attaquer. Les Corses, au lieu de tirer, souvent se contentaient d'incendier les maquis.

Les Bonaparte, si bien avec Marbeuf, n'avaient nulle raison de s'enfuir. Au contraire, quand il eut, dit-on, une légère blessure, il se fit soigner dans leur maison.

Mais lorsqu'un moment Paoli eut le dessus sur les nôtres, et que les patriotes corses partaient pour aller le rejoindre, les Bonaparte ne voulurent pas rester seuls et se désigner aux *vendette* comme amis de la France. Ils partirent. Mme Bonaparte, outre son petit Joseph, qu'elle traînait, était enceinte depuis le mois d'octobre 68, et devait accoucher au milieu d'août 69 (de Napoléon). Que de cruelles alternatives ! En neuf mois, la fortune changea trois fois ! Ajoutez de romanesques accidents. Traversant à cheval un torrent, elle faillit se noyer. De là sans doute l'agitation convulsive de l'enfant si différent de tous ses frères.

Beaucoup de gens en Corse, zélés bonapartistes, veulent le faire Français et fils de M. Marbeuf. Mais rien en lui, ni le caractère, ni la figure n'autorise à le croire. Il fut tout de sa mère, qui l'éleva et semble avoir en lui incarné tous ses songes.

Il naquit dans des circonstances cruelles, et violemment contradictoires, dans les orages de sa mère. M. de Marbeuf, cet hôte et cet ami, était obligé de poursuivre et de fusiller les amis de son père, les meilleurs patriotes. Et il était difficile aux Bonaparte de rompre avec Marbeuf ; car lui-même était malheureux, une des victimes de Versailles. A soixante ans, après tant de services, on lui refusait la place de gouverneur de l'île, et on le laissait simple commandant militaire. Mais comme commandant, le ministre le trouvait peut-être trop débonnaire et trop lié avec les Corses. Il allait souvent à Versailles, n'y trouvait que refus. Il était mieux à Ajaccio, où il avait des consolations dans la maison Bonaparte. Il traîna ainsi sa vieillesse sans récompense, ni fortune, jusqu'à ce que le roi lui constituât en Corse un marquisat.

Son chagrin, en attendant, était probablement de voir ses amis pauvres. Il parvint à la longue à obtenir une pension pour Charles Bonaparte, comme partisan de la France, pension reversible à l'enfant né à point comme pour sceller l'union de la Corse au royaume. Napoléon avait encore cette pension en 1791 (Libri). Comment Madame Lætitia, si fière, reçut-elle ce don du roi, qui faisait mourir leurs amis ? Cet argent ignominieux lui fit sans doute horreur comme maculé de leur sang. Plus tard, elle devint avare[1]; mais alors, jeune et fière, elle en dut haïr son mari! De là peut-être l'expression de sauvage dédain que montrent ses portraits.

Marbeuf, qui, plus tard, dans son extrême vieillesse, fut le constant protecteur de l'enfant, alors vers soixante ans, restait-il étranger à son éducation? Je ne puis le croire. C'était le seul moyen qu'il eût d'apaiser quelque peu la mère. Elle avait mille rêves sur cet enfant, rêves bizarres et romanesques. Elle avait voulu accoucher sur une tapisserie de l'Iliade. On donna à ce futur Achille une éducation singulière pour le fils d'un procureur. Pour jouet on lui fit présent d'un petit canon. Avec les enfants de la ville, il donnait des batailles à ceux de la campagne. Mais sans se servir du canon. Marbeuf y avait l'œil sans doute. En même temps, par l'habitude qu'il garda assez tard, on peut croire que sa mère le rendait assidu aux exercices religieux.

Comment un enfant d'ailleurs *précoce*, qui ne quitta la maison qu'à dix ans, put-il ne pas s'apercevoir du profond désaccord qui régnait entre les caractères opposés de son père et de sa mère? Lui, vain, futile; elle sombre, tragique, amère, hautaine. Dans une situation assez fausse, nullement humiliée, mais orgueilleuse et chimérique. Des visées par-dessus les

---

1. Avare, jusqu'à compter les morceaux de sucre; elle ne prenait des livres que dans les cabinets de lecture et fort sales. Si l'on se permettait quelque observation, elle répondait : « Mon fils a une *bonne* place; mais cela peut ne pas toujours durer. » Conté à mon père par une dame de la cour. — A. M.

monts. Reine par sa parenté avec les Ornano, quasi rois dans l'occident de l'île, elle semblait tenir de cet Ornano, gouverneur de Gaston, qui, en assassinant Richelieu, Louis XIII, fut au moment de se faire roi de France.

En voyant l'effigie de la mère et du fils enfant, on est consterné de ce que le monde devait attendre de ces désespérés.

CHAPITRE III

Bonaparte séminariste.

A l'avénement de Louis XVI, Marbeuf, accusé par ses ennemis, attesta le parti français et fit venir en France son fidèle Charles Bonaparte, qui le justifia d'indulgence pour les paolistes. Il ne parvint pas à se faire nommer gouverneur de l'île; mais on ne put lui refuser la grâce qu'il demandait pour son zélé défenseur, de faire élever ses enfants aux dépens du roi.

Donc, le petit Napoléon, comme son aîné Joseph, amené au séminaire d'Autun, puis à la maison royale de Brienne (1779), tenue également par des prêtres, reçut d'eux l'éducation qu'on donnait aux jeunes nobles dans les écoles militaires.

Depuis l'expulsion des Jésuites, elles étaient dirigées par des prêtres et religieux de tout ordre. L'enfant, en arrivant là, et connaissant la règle pour la première fois, se montra tel qu'il était, avec la sauvage royauté qu'il avait dans la famille. Il fit la grimace au portrait de Choiseul qu'il aperçut, et grava sur un cœur de plomb qu'il avait : « Gênes ni la France n'y entreront jamais. » Il fallut qu'on lui apprît ce que c'était qu'un boursier, mis là par le bienfait du roi.

Ces prêtres appliquèrent au nouveau venu la seule méthode d'éducation qu'ils connaissent et qu'on appelle jésuitique, et que pratique toute l'Église. C'est celle qui brise le mieux les âmes, fait des hommes souples et faux. Elle consiste en deux mots : *châtier* et dompter d'abord, puis *flatter*, amadouer. C'est cette méthode que Bonaparte lui-même dit employer dès sa campagne d'Italie, et que, devenu tout-puissant, dans les échappées mêmes de ses colères, il garda, comme secret de l'art des tyrans.

Les premières punitions qu'on appliqua à cet enfant si fier lui parurent si humiliantes que ce fut l'effet d'un fer rouge. Il eut des convulsions et parut épileptique, accident qui se renouvela quelquefois dans sa vie. Il était à craindre qu'il ne haït ses maîtres pour toujours. Il se rapprocha d'eux, au contraire, devint l'élève favori. On s'aperçut alors qu'il était inutile de le châtier. Il l'était par ses camarades, qui n'aimaient pas cette petite figure noire, muette (il ne parlait que l'Italien). On singeait son attitude bizarre, son air rêveur, où il semblait voir quelque chose d'étrange. Par un détestable calembour, au lieu de *Napoléoné*, on l'appelait *Paille au nez*, c'est-à-dire visionnaire.

Il suivait à l'italienne ses pratiques religieuses.

Ce qui semblait hypocrisie à ces petits philosophes. Cela achevait de le faire pour tous *la bête noire*, mais, en revanche, le mit si bien avec ses maîtres qu'il faisait tout ce qu'il voulait. Le sous-principal, un minime, l'abbé Dupuy, l'avait pris en affection et ne craignit pas d'ouvrir la bibliothèque à un si sage écolier. Là, le petit solitaire put faire tout son saoul des lectures brouillées, indigestes. Ces vastes lavages d'esprit seraient bien propres à faire des fous. Mais, généralement, même en tirant des notes et en quelque sorte des extraits, comme faisait celui-ci, ils passent par un crible, laissant subsister seulement le fonds des traditions d'enfance. On peut lire les philosophes : on reste superstitieux. Il pouvait extraire Rousseau (dont il réfuta un ouvrage), Mably, Raynal, etc. Il n'en resta pas moins un Corse, catholique et fataliste, l'image de sa mère, et eut toujours pour fonds du fonds, Madame Lætitia.

Ce qui montre assez le bon sens qu'il portait dans tout cela, c'est qu'en faisant des extraits de l'*Histoire de la Chine*, et de l'*Histoire de l'Église gallicane*, il en fit un de l'Arioste.

Chose plus remarquable : il écrivait tout, non seulement ses lectures, mais ses petits événements, tout ce qui lui arrivait, jugeant, d'après l'adoration de sa famille et la haute faveur de ses maîtres, que rien de lui ne serait indifférent à la postérité.

Augmentait-il réellement ses connaissances positives ? On peut en douter. Ces professeurs religieux, et le minime Dupuy, ne pouvaient le mener loin.

« Dans la science qu'il affectait le plus, en mathématiques, dit M. Libri, le point le plus élevé qu'il atteignit est relatif à la cycloïde. » En géographie, il resta dans une étonnante ignorance, croyant à trente ans que l'Égypte était tout près des Indes. Cependant, comme on le destinait à la marine, on lui avait fait lire de bonne heure une *Histoire de l'Inde,* théâtre des exploits tout récents de Suffren, de plus (dans Diodore) la description des merveilles de l'Égypte.

Au reste, ce qu'il apprit le mieux de ces Pères, ce fut leur grand art de conduite : dissimuler, patienter, et refouler son cœur. Il n'avait d'autre protecteur que M. de Marbeuf, tant accusé des Corses, comme le traître dont l'amitié fallacieuse avait surpris et livré leur pays. Il avait pu voir de bonne heure chez son père et sa mère le double jeu qui leur faisait si bien accueillir le tyran.

A quatorze ans, selon l'usage, il passa de Brienne à Paris, à l'École militaire. Mais en restant toujours fidèle au Père Dupuy. Ce fut peut-être par ses sages conseils qu'il laissa là les brillantes perspectives de la marine et se rabattit sur l'artillerie. La marine était alors le roman de tous. Non seulement on parlait des fortunes incroyables des Clive et des Hastings, mais on savait qu'en France un officier de marine, l'ami de la Polignac, gouvernait la reine et le roi, les assujettissant à ses caprices colériques. Ce favori était l'idéal de nos officiers de marine, et de ceux qui prétendaient l'être. Plusieurs étaient de vrai mérite, comme ce Phelippeaux qui arrêta Bonaparte à Saint-Jean-d'Acre, et lui fit manquer et l'Égypte et tous ses rêves d'Orient.

Au milieu de ces jeunes nobles, altiers et insolents, l'élève du minime, avec sa douteuse noblesse italienne, dut avoir beaucoup à souffrir. N'importe! tout en dissimulant, il les admirait malgré lui, et en garda quelque chose d'aigre et de cassant, de sauvage, qu'il porta aux armées, et qui, avant lui, y était ignoré.

Pour revenir, sa plus grande souffrance à l'École militaire, c'était qu'il était pauvre au milieu de camarades riches. Il empruntait, ne pouvait rendre. M. de Marbeuf, qui ne venait jamais en France sans le voir, l'aidait un peu sans doute. Cette situation le rendit fin, habile à capter la bienveillance de son protecteur. Un jour, un camarade lui annonce une visite : M. de Marbeuf monte l'escalier. Au lieu d'aller à sa rencontre, Bonaparte reste à sa table, collé sur sa géométrie, ne voit rien, n'entend rien. Marbeuf entre, charmé de le voir si studieux, et bien près d'en pleurer de joie.

Il n'était pas toujours aussi sage. Se souvenant qu'à Brienne il avait réussi par son opposition à ses camarades, il fit un coup d'audace imprudent, dangereux. En les voyant se plaindre, selon l'usage des collèges, d'être mal nourris, mal soignés, il hasarde un mémoire où il dit que l'on est trop bien. Ce jeune Caton écrit et offre aux directeurs un plan de réforme pour réduire le luxe et ramener l'établissement à de sages habitudes, plus convenables à la future vie militaire. C'était un tour à se faire étrangler ou bien jeter à l'eau, comme firent plus tard ses camarades officiers, bons nageurs, qui le repêchèrent, mais évanoui dans une convulsion.

L'imprudence du dangereux mémoire le servit toutefois. Ses maîtres, qui l'aimaient comme bon élève, voulurent éviter les querelles et le chassèrent honorablement en l'envoyant, avant l'âge, à l'École d'artillerie et au régiment de La Fère.

Ses biographes ici ne disent rien. Mais, par le peu qu'on sait, on voit qu'il restait bon sujet. C'est sans doute à Auxonne, à la mort de son père, qu'il hérita de sa pension (jusqu'en 1791, jusqu'à la chute de la monarchie). Pour alléger sa mère, il avait pris son jeune frère Louis et le logeait dans un petit cabinet. Un jour, il apprend que les prêtres effrayés veulent cacher leurs ornements d'église. Il leur offre le cabinet de Louis. Quelqu'un dit en riant : « Vous direz donc la messe ? — Pourquoi pas ? Je puis vous la dire tout entière. »

Il resta toute sa vie attaché au catholicisme, comme religion de l'autorité[1]. Il y avait du goût. Il disait à Erfurth que, jeune officier, il avait étudié l'*Histoire de l'Église galicane*, y puisant les principe de tyrannie royale qui soumettaient au trône

---

1. « Il savait à quel point la religion soutient la royauté », dit Mme de Rémusat. J'aurai plus d'une occasion de montrer combien ses jugements sur Bonaparte concordent avec ceux de M. Michelet, qui n'a point connu son livre. Mais tous deux ont vécu dans ce temps, et dans des situations différentes ont pu le bien connaître. — A. M.

l'autel même, et qui firent enfermer le pape par cet excellent catholique.

En même temps, comme tous les jeunes gens d'alors, il lisait fort Rousseau. Étrange pêle-mêle, propre à mettre le chaos dans cet esprit désordonné. De là une torture morale, tant qu'il était sincère et voulait s'accorder avec lui-même. A quinze ans, il avait eu l'idée de se tuer, comme Rousseau « pour fuir ce monde méchant, pervers », qui n'était pas digne de lui.

CHAPITRE IV

De royaliste il devient maratiste.

Les biographes de Napoléon, les compilateurs de ses lettres, nous le cachent soigneusement de seize ans à vingt-quatre. On parle un peu de son enfance, mais point de son adolescence. Cet âge le plus libre et le plus franc de l'homme où l'élan des passions empêche le plus dissimulé de tromper et de se cacher, on croit prudent de le laisser dans l'ombre. Le peu que nous en savons, c'est par voie indirecte, et d'ailleurs tellement scindé, que ces faits isolés par cela même restent obscurs. Eh bien, moi, au total, dans cette divination, je crois voir que ce jeune homme orageux, volcanique d'apparence, fut au total ce qu'on appelle *un excellent sujet*, c'est-à-dire de bonne heure nullement obstiné dans les principes, mais sagement mobile, élastique, déterminé à monter à tout prix. Jamais homme de son âge n'eût, en si peu d'années, de tels changements, si subits et à vue, qui étonnent. Cette mobilité de mouvement ajoute à l'obscurité. A l'œil qui le suit de près, il va, vient sous la terre, il reparaît glissant et déroute l'observateur.

Cela est d'autant plus facile que de 89 à 91, les nuances les plus générales, celle des constitutionnels, Feuillants, Fayettistes, étaient assez indécises pour que l'on pût éluder et ruser, et se faire tour à tour de différents partis. La pension qu'il tenait du roi, l'accueil de la société noble de Valence, où il était en garnison, ne l'empêchèrent pas de se faire du Club des *Amis de la Constitution* (plus tard les Jacobins). Cependant la Cour, qui le favorisait comme *bon Corse* et loyal sujet, l'avait nommé capitaine en second. Il ne l'apprit qu'en Corse, où il était allé voir sa famille. A ce moment, comme partout, on y créait des *gardes constitutionnelles* que la Cour recrutait, de Vendéens, (comme La Rochejaquelein), ou de *bravi*, comme Murat, etc. Pour s'assurer la place de commandant qui vaquait, il eut l'audace d'enlever et de mettre chez lui le commissaire envoyé par l'Assemblée pour surveiller l'élection. Par cette place, il sacrifiait son grade en France, mais se désignait fortement aux faveurs de la Cour. Louis XVI, en effet, fut si content de lui que, non seulement il lui rendit son grade (voy. Libri); mais il le nomma un an d'avance capitaine d'artillerie (pour le mois d'août 93 que le roi ne devait pas voir, puisqu'il périt le 21 janvier). Nul doute qu'alors il ne fût un chaud royaliste, car se trouvant à Paris chez son camarade Bourrienne et regardant par la fenêtre le peuple qui se portait chez le roi, Bonaparte fut ému de la Passion de Louis XVI, et dit à peu près comme Clovis pour la Passion de Jésus : « Oh! si j'étais là avec les miens pour mettre en fuite cette canaille ! »

C'était en juin 92. On n'était pas loin du 10 août. Bonaparte, malgré ses démonstrations royalistes, sagement retourna à Valence attendre les événements. S'il revint à Paris, ce ne fut qu'en hiver pour voir la nouvelle Assemblée, qui comptait parmi ses membres le Corse Salicetti, bon jacobin.

Pendant ce temps, ses biographes nous le montrent à Valence étudiant l'histoire des conciles, ou faisant avec la fille d'une dame noble une plate idylle qui rappelle les *Confessions* et la jolie scène du cerisier. Par bonheur, nous avons d'autres documents ; nous allons aider leur mémoire.

Revenu à Paris, quel changement! Il se retourna vers Salicetti, lui rappela que lui aussi était jacobin. Mais peut-être, par malheur, au 10 août, on avait trouvé aux Tuileries la fatale nomination par laquelle le roi, qui lui payait pension, l'avait nommé d'avance capitaine. Il était en danger : on allait voir son rôle double. Donc, il s'accrocha fortement à Salicetti et à sa femme, qui dut être touchée de sa situation. Salicetti, qui, plus tard, fut jaloux, ne l'était pas alors. Il comprit que ce jeune homme, qui avait de l'esprit, du feu, serait une admirable recrue pour Robespierre. Il se mit en avant, le rassura.

Le 9 janvier, il lui écrivit ce qu'on préparait (la mort de Louis XVI pour le 21), en ajoutant : « Vous pouvez ici compter entièrement sur moi ; et peut-être ne vous serai-je pas entièrement inutile. » (Voy. Libri, *Revue des Deux Mondes*.)

Cela était affreux pour un homme tellement favorisé du roi, qui l'avait élevé lui et les siens, pensionné lui-même, et qui, dans ses derniers actes, l'avait gradé encore. Il fallait tout d'un coup s'endurcir cruellement le cœur. Peut-être la passion fit ce miracle, et l'influence de Mme Salicetti. Sans doute aussi le danger et la peur. Salicetti fut admirable pour lui. Non seulement on lui conserva le bienfait de Louis XVI, le grade de capitaine, mais on le mit en activité. L'homme de Robespierre, Couthon, allait faire le siège de Lyon, avec des foules populaires. On avait peu de militaires, surtout pour l'artillerie. On envoya le nouveau capitaine, qui, pour son coup d'essai, dut tirer sur les royalistes avec qui il était la veille.

Jamais les bonapartistes, dans leurs innombrables livres, n'ont parlé de cela. Et c'est lui, c'est Bonaparte qui, dans ses *Mémoires militaires* dit : « J'étais au siège de Lyon. »

Ce siège commencé par Couthon, c'est-à-dire par Robespierre même, lui fut ôté par l'Assemblée, et confié à Collot d'Herbois. Robespierre y gardait Salicetti, son homme, qui, suspecté à son tour, se fit envoyer avec Bonaparte au siège de Toulon.

Bonaparte avait eu l'avantage de voir au siège de

Lyon les deux partis, robespierriste et maratiste. Il sut que les deux députés principaux qui étaient à Toulon, Fréron, Barras, étaient, comme l'Assemblée même, peu favorables à Robespierre. Ils s'intitulaient maratistes, nom sous lequel se cachaient alors les amis de Danton. Cela le décida. Sans se souvenir des robespierristes, qui l'avaient sauvé, il s'intitula maratiste, et s'arrêta en route pour faire une brochure qui lui conciliât ses nouveaux protecteurs, Barras, Fréron. Comme leur saint était Marat, dans la brochure, Marat est l'homme raisonnable, l'homme sensible. Cela le présenta très bien à Barras, qui dit dans ses *Mémoires* l'effet favorable qu'eut sur lui cette petite figure jaune et convulsive. Il crut voir Marat même. « Comment, dit-il, n'aurais-je pas aimé Bonaparte ? Il ressemblait tant à Marat, que j'avais adoré [1] ! »

Dans les *Mémoires militaires*, et dans les lettres (la plupart suspectes que l'on trouve en tête du recueil officiel de la correspondance), beaucoup d'événements du siège sont omis ou défigurés. Il y prend par inadvertance un ton absolu, impératif, qu'un si petit garçon ne pouvait avoir alors. Il tait parfaitement la grande part qu'y eut Masséna. Il se moque des représentants ses patrons et protecteurs. Il fait

---

1. Cette ressemblance de Bonaparte jeune avec Marat, et le caractère mauresque de sa physionomie d'alors, s'expliqueraient fort bien si, comme le croit G. Sand (*Voyage à Majorque*) les Bonaparte étaient originairement de cette île. Le père de Marat, ou *Mara*, était un Espagnol, longtemps réfugié en Sardaigne, qui alla s'établir en Suisse, épousa une Neuchâteloise, dont il eut le célèbre Marat.

dire au vieux Dugommier, le vieillard héroïque, ce mot ridicule : « Je suis perdu! » Enfin il cache la vraie cause du succès. On manquait de canons à longue portée. Lui qui venait du siège de Lyon, dit qu'on en avait laissé devant cette ville qui pouvaient descendre le Rhône. De là le succès.

Après Toulon, on l'envoya avec Salicetti en Corse, contre son maître Paoli et les Anglais. Mais il n'y put rien faire et se réfugia à l'armée d'Italie. Les maratistes ou dantonistes, Fréron, Barras, n'y étaient plus. Elle était sous Robespierre jeune. Bonaparte, sans hésiter, se fit robespierriste et jacobin.

L'homme principal de l'armée était l'illustre Masséna[2]. Ce grand soldat, le premier du monde pour cette guerre des montagnes où il était né, n'avait pourtant pas les arts de ruse que voulait la situation. La difficulté qui arrêtait était la neutralité de Gênes et la crainte de la violer en passant sur son territoire pour joindre l'armée ennemie. Ni les représentants ni le Comité de salut public ne savaient comment s'y prendre. Le banquier Haller, qui devint un ami de Bonaparte et plus tard son homme en Italie pour la spoliation de Rome en 99, donna un expédient : ce fut de proposer la fourniture des vivres de l'armée aux négociants même de Gênes : cette spéculation lucrative tenta les Génois et leur fit fermer les yeux sur la violation de leur territoire. Bonaparte,

---

1. Napoléon ne le compte pas; il dit : « Tout était à faire dans cette armée, les choses et les hommes. » *Mémoires* de Mme de Rémusat, t. I, p. 271). — A. M.

ainsi piloté par Haller et Salicetti, plut à Robespierre jeune autant qu'il avait plu l'autre année à Barras.

Il ne travaillait qu'avec lui, et le jeune homme se trouvait, en réalité, général en chef ; l'idée fort simple qui venait à tout le monde, c'était de quitter ces montagnes pelées de Gênes, d'entrer dans la riche Italie et de s'y faire nourrir. Mais pour cela il eût fallu réunir deux armées. Robespierre s'en faisait scrupule, et, loin de là, il affaiblit encore l'armée d'Italie de dix mille hommes, qu'il envoya au Rhin. Donc, on dut se borner. On attaqua Oneille sur la côte, entreprise facile dont on chargea le favori Bonaparte, tandis que, à travers les neiges (au 10 mars), on envoyait Masséna aux montagnes.

Masséna échoua, n'étant pas appuyé par ses colonnes latérales, qui ne purent le rejoindre. Bonaparte, au contraire, en plaine eut un succès facile qu'on fit beaucoup valoir. Ainsi tout allait bien pour lui, et il était dans une telle faveur, que le frère de Robespierre lui proposait, dit-on, la place du commandant de Paris, Henriot, qu'on pouvait appeler général de la guillotine.

Cette si grande faveur l'affranchissait du patronage de son ami Salicetti, qui s'avisait aussi, dit-on, d'être enfin jaloux des bontés de sa femme pour Bonaparte. Il appuya un moment une dénonciation de Marseille contre lui, mais n'insista pas pour qu'il fût envoyé à Paris. Bonaparte resta à l'armée, et dans le bon renom d'être un excellent jacobin.

Titre fort dangeureux dans le cataclysme du 9 thermidor. Mais de même qu'il s'était lavé en 93 de la protection du roi, il renia fort et ferme en 94 ses protecteurs, les Robespierre, s'excusa de cette amitié.

CHAPITRE V

Misères. — Intrigues avant et après Vendémiaire.

Il revint à Paris, mais aux premiers six mois il dut faire la taupe, se laisser oublier, ne pas trop montrer un protégé des Robespierre. Alors il ne voyait que des artistes bienveillants, bienfaisants, comme Talma, qui l'aidaient quelque peu. Il jetait un œil d'envie sur l'heureuse situation de son frère Joseph, bien marié, et qu'il voulut attirer à Paris avec ses capitaux. Souvent il lui propose de lui acheter une terre, ou bien de spéculer ensemble, comme beaucoup faisaient, au moins comme principaux locataires pour sous-louer des hôtels, des maisons.

A cette époque, ne pouvant jouer un rôle public, il commençait à se faufiler chez certains financiers, aimables et charitables, qui ont été plus tard les principaux instruments de sa fortune.

En 95, plus hardi, il commença d'assiéger les

bureaux. M. de Reinhard m'a conté qu'étant alors chef de bureau au Comité de salut public, il vit parmi la foule des solliciteurs cette figure fantasmagorique. Il y fit d'abord peu d'attention, mais elle lui revint, et lui resta trois jours devant les yeux.

La guerre était alors aux mains du girondin Aubry, qui se défiait, non sans raison, de l'ami des Robespierre; il lui offrit de le placer en Vendée sous la main du général Hoche, qui eût pu contenir un si dangereux intrigant. (Voy. Savary, t. V, p. 227, août 95.)

Il refusa, ne voulant pas faire la guerre aux royalistes, qui peu à peu revenaient sur l'eau.

La manière cynique dont il entra chez Mme Tallien, indique assez l'effronterie et l'adresse italiennes du personnage. Il se présenta comme un officier destitué, déguenillé, qui même, disait-il, n'avait pas de culotte. La loi avait accordé du drap pour en faire, mais seulement aux officiers en activité, et nullement aux officiers réformés comme Bonaparte. Mme Tallien rit, appuya la demande.

Bonaparte, ayant des culottes, se faufila dans les salons, surtout chez Mme Tallien, salon mixte, où peu à peu dominaient les aristocrates. L'ex-jacobin s'y faisait souffrir par certaines bouffonneries auxquelles son air lugubre, avec son baragouinage italien, donnait un effet irrésistible. Cela lui permettait de jouer encore un double jeu. Dans telle lettre, il est patriote et parle de *la belle victoire de Quiberon*. Mais chez Mme Tallien il joue un autre personnage. Un jour qu'il y faisait le sorcier et disait à chacun sa bonne aventure sur l'inspection des mains, il voit entrer le vainqueur même de Quiberon, Hoche, qui ne savait pas combien ce salon était changé, et qui, à l'étourdie, se trouva fourvoyé parmi ces royalistes. Le sorcier vit la situation et le succès qu'il pouvait avoir s'il usait de son rôle pour insulter Hoche sans qu'il pût se fâcher. Il dit en lui regardant les mains : « Pour vous, général, vous mourrez dans votre lit. » Parole à deux tranchants : *insultante* pour le militaire, mais à qui la ténébreuse figure du bouffon donnait un sens *sinistre*. Les royalistes rirent, espérant dans la prophétie ; on sait que quatre fois ils tentèrent de l'assassiner.

Le succès fut complet. Le jacobin fut réhabilité. Et, dès lors, comme homme modéré, ou plutôt incolore, il rentra dans le monde des *honnêtes gens*, put parvenir à tout.

Il s'était déjà glissé « à quatre pattes » au bureau topographique du Comité de salut public, dans la section des plans, où le mit un officier girondin, Doulcet de Pontécoulant. Il s'y introduisit par un roman qui n'inquiétait personne : il offrait de s'éloigner, d'aller à Constantinople pour former l'artillerie des Turcs. Une fois au bureau, il ne parla plus des Turcs, mais de l'Italie ; apporta coup sur coup des plans de campagne merveilleux. Il y parle comme d'une chose simple, non seulement de prendre le Piémont, le Milanais, mais toute l'Italie, y compris Rome et Naples, et plus que l'Italie, de passer les

Alpes, d'aller à Vienne. Ces romans plurent fort à Carnot, qui, comme on sait, était poète, crédule, et, sous forme mathématique, homme d'imagination. Bonaparte qui, comme on verra, dans la campagne de 95, n'alla ni à Rome ni à Vienne, le leurra avec ces grands mots. Il en abuse par des menteries grotesques jusqu'à parler d'un équipage de ponts qu'il aurait commandé en 94, dans sa petite campagne de Gênes, pour passer le Pô, le Mincio, etc. Mais il allait si vite dans sa pétulante ambition qu'écrivant à son frère, au lieu de dire qu'il est protégé de Carnot, il dit : « Ils ne veulent plus me laisser aller en Turquie. Je suis attaché à ce bureau, *à la place de Carnot.* » (Voy. sa *Corresp.*, 4 fructidor an III, et les *Mémoires* de Pontécoulant.)

Sorcier, prophète, visionnaire, nullement pris encore au sérieux, il agissait, sans qu'on s'en défiât, par certaines adresses sur le terrain des intérêts présents.

La Convention finissait. Les cinq Directeurs qui arrivaient étaient gens de mérite, mais la plupart étrangers aux affaires. On les a cruellement maltraités dans l'histoire, quoique (dit Madame de Staël), dans la première année, ils relevèrent fort la France. Et dans la dernière, ils eurent le succès de repousser de l'Europe Souwarow, les armées du Danube et de la Russie (la Russie fanatique d'alors, cruellement ensauvagée par les massacres récents de Pologne et de Turquie). Si la France n'eût été occupée de la vaine expédition d'Égypte, elle aurait vu que, par cette victoire de Zurich qui ferma l'Occident aux Barbares, Masséna fit autant peut-être que Thémistocle à Salamine.

N'importe! le Directoire était né pour la mort, étant sorti de la défunte Convention. Il naissait désarmé, n'ayant ni le fer ni l'argent. Le glaive était usé, la justice impossible. On n'osa fusiller, même le traître Pichegru.

Le vide du Trésor imposait cette chose effroyable de renvoyer d'un coup trois cent mille soldats, et vingt-trois mille officiers (*Mém. de Carnot*) avec une demi-solde qu'on ne pouvait payer.

Le gouvernement révolutionnaire avait supprimé les impôts les plus productifs, ceux de consommation, qui seuls atteignent le grand nombre. Et l'on ne pouvait les rétablir sans affronter d'immenses révoltes, qu'on n'eût su réprimer.

A nos vingt milliards d'assignats la contrefaçon anglaise (au rapport de Puisaye qui la dirigeait) ajouta vingt autres milliards. Donc, le Directoire marchait à une immense banqueroute, dont il n'était nullement coupable. Il est ridicule de compter parmi les causes sérieuses de ruine les prodigalités du gouvernement (le moins coûteux qui fut jamais). Quatre des cinq directeurs vivaient comme des anachorètes, comme les saints de la Thébaïde. Pour Barras dont on parle tant, son luxe aurait été la plus mesquine simplicité de ce temps-ci. Ce qui est seulement probable, c'est que ses maîtresses recevaient des pots-de-vin, des épingles, de certains fournisseurs.

Le vrai mal, la grande cause de l'indigence publique, non seulement ici, mais partout, c'était l'effroyable appétit de ce grand monstre : *la guerre*. Si l'Angleterre, reine des mers, reine des Indes, et d'une industrie qui allait centupler ses richesses, se plaignait tant et recourait à ce misérable expédient de la fausse monnaie, qu'était-ce donc de la France? A tout cela qu'opposait-elle? Une seule chose : la propagande républicaine, les promesses de la liberté et de l'égalité civile. C'était son seul trésor, son espoir d'avenir. Tout esprit judicieux le sentait. Les vrais politiques, comme Hoche en Allemagne, dans leurs plus pressants besoins, forcés de lever des contributions, les levaient par des magistrats du pays, les faisant ainsi juges eux-mêmes et de la nécessité, et de la juste mesure où ces contributions de guerre remplaçaient les anciens impôts, en laissant un grand bienfait, la justice égale, la suppression des privilèges. Ainsi firent Kléber, Marceau, Desaix, cette grande armée du Rhin, l'honneur éternel de la France. Privée de tout en 93, l'hiver, et mourant de faim, on a vu qu'elle fusilla un soldat qui avait pillé. (*Papiers du général Morcaux.*)

Cet esprit d'abstinence et de ménagement pour les peuples avait souvent fait adorer les nôtres. Exemples : Marceau, Desaix, Championnet, libérateur de Naples.

Excepté Pichegru en Hollande, tous furent fidèles à cet esprit, surtout par zèle de la propagande républicaine, considérant la guerre comme un apostolat de la liberté. Dugommier dans l'aride dénuement des Pyrénées, Masséna et Schérer dans les Apennins décharnés de Gênes, subirent d'affreuses privations pour ne pas changer de système, pour ne pas décourager l'éveil de la pensée républicaine qui se faisait en Italie. Ils ne demandaient qu'à la France. Schérer, par ses sollicitations incessantes, était l'horreur des bureaux. Il donna sa démission, et l'on chercha un général au rabais qui s'engageât à vivre sur l'Italie.

Quand on songe que le Directoire ne put trouver deux cent mille francs qu'il fallait pour passer le Rhin, on conçoit son embarras pour l'Italie. Où trouver des spéculateurs assez hardis pour s'engager à nourrir dans les commencements du moins notre armée, même celle des Pyrénées que la paix avec l'Espagne permettait d'y joindre ? En ce moment l'Angleterre faisait un effort immense d'argent pour nous lancer l'invasion de deux cent mille Autrichiens. Rien n'était plus propre à affaiblir, détourner ce torrent, que d'inquiéter l'Autriche pour son Milanais, pour son allié le Piémont. C'était œuvre patriotique que d'opérer cette diversion.

Je dirai tout à l'heure le nom des banquiers audacieux qui ne craignirent pas de faire de telles avances à un gouvernement insolvable. J'ai connu un de ces héros, et la correspondance officielle de

Napoléon nous donne le nom de tous, qu'on verra tout à l'heure.

Pour la plupart, cela paraissait téméraire ; c'était un pont de Lodi en finances. Mais les banquiers de ce temps étaient hommes d'imagination, vrais poètes en affaires ; et ils aimaient les grandes choses.

Ils réfléchirent que l'Italie était une mine non exploitée, plus intacte que l'Allemagne. Outre ses richesses agricoles et de tout genre, elle avait de grandes réserves métalliques dans les Trésors de ses églises, dans ses vieux monts-de-piété, de plus, des galeries sans prix et d'inestimables tableaux, d'anciens et curieux bijoux dont l'art charmant décuplait la valeur.

Le moment leur semblait venu de mettre la main là-dessus. La guerre d'Espagne finie, on pouvait renforcer l'armée des Alpes par celle des Pyrénées. Avec cette adjonction, la victoire était certaine. Ces Pyrénéens qui venaient, et qui la plupart avaient été formés dans les huit mille grenadiers de La Tour d'Auvergne, comme le colonel Rampon, le chef de bataillon Lannes, etc., étaient les hommes les plus militaires qui furent et seront jamais.

La difficulté était celle-ci. Ces héros n'étaient point administrateurs. Sauraient-ils recueillir, exploiter les fruits de la victoire ? sauraient-ils continuer cette grande spoliation ? Il y fallait une bonne tête, et un militaire financier.

Les banquiers songèrent à leur ami, le général de

Paris. Il était visiblement l'homme qu'il leur fallait. Sa correspondance le montre, en ces sortes d'affaires, aussi entendu qu'il était ambitieux. Si ce maigre visage corse fuyait l'argent et refusait de se faire part, c'est qu'il aimait mieux prendre tout.

Ce qui le favorisait fort, surtout auprès du simple et honnête Carnot, c'était la modération qui l'éloignait des Jacobins. Carnot, qui les avait tant servis, en avait maintenant horreur, et voyait partout le visage de Robespierre. Les Jacobins ressuscités rouvraient alors leur club et parlaient d'impôt progressif, qui eût atteint les riches. Plusieurs d'entre eux se rapprochaient de leur ancien ennemi Babeuf. Les théories de celui-ci, son partage égal des terres effrayaient tout le monde, et cela bien à tort, dans un temps et dans un pays qui avait tellement étendu la propriété, tellement multiplié ses défenseurs. Au milieu de cette panique, on sut gré au général de Paris de fermer le nouveau club des Jacobins.

Dès lors, toute la réaction vint assiéger Carnot pour que cette épée tutélaire, ce sauveur de la société, eût l'armée d'Italie. Carnot dut hésiter. On avait fait en Espagne un passe-droit étrange à la mort de Dugommier, en lui donnant pour successeur, non Augereau, brave et bouillant jacobin, mais le sage et froid Pérignon. Augereau ne réclama pas; il passa sans murmurer à l'armée d'Italie sous le grand Masséna, et ils gagnèrent ensemble la belle bataille de Loano. Masséna était l'homme et du pays et de l'armée, et le premier de tous pour la guerre des montagnes. En revanche très patriote. On le dit jacobin. Cela détermina Carnot. Il crut Barras, et préféra ce bon jeune homme qui n'avait de fait d'armes que Vendémiaire, mais qui avait fermé les Jacobins. Bonaparte lui sembla son élève et son fils, le fils de la famille. Dans ses lettres, nous le verrons se recommander à Mme Carnot.

CHAPITRE VI

Joséphine. — Organisation de la publicité pour la campagne d'Italie.

Carnot était très fin, et comme tel, il s'était toujours défié du général Hoche et de son air royal. Mais il se fiait parfaitement à ce jeune et simple Bonaparte. Barras, le véritable auteur et créateur de celui-ci, crut volontiers Carnot, lui et tout son public, ses amis, un monde de femmes. Ce monde fut travaillé dès la naissance du Directoire, car il fallait du temps pour faire de tels préparatifs, les fournitures immenses de cette armée par laquelle les banquiers allaient conquérir l'Italie.

Quelle femme régnait alors ? Toujours Mme Tallien, qui paraît, depuis Quiberon, avoir disgracié son mari. Celui-ci, redevenu (comme Fréron) ardent républicain, était déplacé, odieux dans le salon de sa femme, qui, plus belle que jamais, à vingt-cinq ans, était entourée de royalistes, et continuait son rôle d'*ange sauveur* auprès de Barras.

Le second ange sauveur, l'intime amie de Mme Tallien, et l'ex-amie de Barras, était Joséphine Beauharnais, âgée de trente-trois ans, bonne et douce et un peu fanée. Elle logeait à la Chaussée-d'Antin, près de la jolie maison que Bonaparte venait d'acheter. Elle vivait fort simplement, m'a souvent dit Lemercier le tragique, et par des moyens fortuits. Elle s'entremettait surtout des trocs que faisaient les femmes d'alors pour changer leurs châles et leurs bijoux. L'industrieuse Joséphine passait pour arbitre du goût. Cela l'aidait un peu à vivre, et la mêlait constamment aux deux sociétés d'alors, celle des agioteurs et celle des émigrés. Elle vivait un peu du Perron, un peu de Coblentz[1].

Son cœur était aux émigrés. Mais pour rester bien avec les puissances révolutionnaires, elle élevait son fils à la Rousseau, l'avait mis chez un menuisier. Elle envoya cet enfant, Eugène Beauharnais, chez son voisin Bonaparte, « pour qu'on lui rendît l'épée de son père ».

Malgré cette démarche, de peur de mécontenter ses amis royalistes, elle faisait la difficile, et disait à Lemercier : « Croiriez-vous bien, mon ami, qu'ils veulent me faire épouser... *Vendémiaire !* »

Lui, de son côté, on voit par ses lettres qu'il n'aurait voulu faire qu'un riche mariage. Mais il voyait aussi très bien qu'une personne si répandue

---

« Mme de Beauharnais avait peu de fortune, et son goût pour la parure et le luxe la rendait dépendante de ceux qui pouvaient l'aider à la satisfaire. » *Mémoires* de Mme de Rémusat, t. I, p. 139. — A. M.

et si agréable à tous pourrait lui être bien utile. Elle était en relation avec les femmes et maîtresses de ses banquiers et de tous les gens influents. Elle était aimée des femmes pour son obligeance, et elle avait près des hommes un attrait qui n'est pas moins réel : c'est qu'elle donnait l'idée d'une personne si bonne, si bonne, que personne ne l'égalerait dans la complaisance. La Terreur l'avait pliée, ce semble, brisée en tout, rendue capable de descendre à des choses incroyables (voir l'histoire d'Hortense). Sa délicate santé et sa faiblesse d'estomac, qui se trahissait un peu par son haleine, dit-on, lui donnaient en revanche des grâces attendrissantes. Ses yeux de créole, doux et comme suppliants sous des sourcils surbaissés, la rendaient intéressante et presque irrésistible en tout ce qu'elle voulait auprès de ses nombreux amis.

Elle n'était pas sans mérite. Elle sentit l'une des premières le charmant génie du grand peintre du temps, Prudhon, ce qui était rare sous le règne de David. Elle avait des amitiés, d'aimables relations dans l'art et la littérature, dans la Presse et les journaux.

Depuis le 9 thermidor, la presse avait recouvré la voix, et peu à peu devenue moins violente, en apparence moins partiale, elle était plus influente que jamais. Elle seule avait hérité des clubs défunts; on lisait beaucoup plus. Les journaux, qui d'abord, en 94, par Babeuf, Fréron, Richer de Sérizy, avaient porté haut le drapeau d'une faction, en 95 baissèrent de ton, et n'en furent que plus écoutés, se donnant pour la plupart comme de simples organes de l'opinion publique. Leur prétendue modération faisait leur autorité. Soit qu'ils parlassent, soit qu'ils gardassent sur ceci et cela un silence prudent, ils influaient. Un sujet sur lequel la Presse, en général, était discrète et muette, était sûr d'être oublié. On n'a pas remarqué assez cette action de la Presse; elle que l'on croit à tort être simplement l'instrument du bruit, n'est pas moins bonne en certains cas pour organiser le silence, étouffer une chose, un homme.

Il faut pour cela un accord, une conspiration tacite, facile alors, les journaux étant moins nombreux. Les banquiers, patrons de Bonaparte, ses amis, ses frères s'en occupaient activement. Il fallait obtenir surtout qu'on ne parlât plus de la victoire de Masséna, qu'on laissât sans organe la voix des armées. Les frères de Bonaparte s'y montrèrent très actifs. Joseph était considéré ; Louis, jeune et innocent, plein de zèle pour son frère ; Lucien, vif et remuant, mais imprudent, retentissant. L'aimable et douce Joséphine était mieux écoutée quand elle disait à tel journaliste : « Mon ami, je vous en prie, laissez le Directoire parfaitement libre. Ne lui imposez pas le choix d'un homme dangereux, d'un jacobin, comme ce Masséna. Si la presse laisse libre le Directoire, il choisira le général que veulent les honnêtes gens. »

Une femme qui travaillait si ingénieusement la

publicité était inappréciable pour Bonaparte, au moment de la guerre d'Italie ; il était aussi, disait-on, sensible à l'horoscope de Joséphine. Une négresse lui avait prédit « qu'elle serait plus que reine ». Et on a vu que lui-même se croyait prédestiné dès sa naissance. Pour présent de noces, il lui donna une bague noire qui portait dessus : « Au Destin ! »

Il l'épousa le 9 mars, et s'en alla fort brusquement. Son mariage ne lui prit que trois jours. La guerre le pressait, disait-il. Il s'arrêta pourtant à Marseille, où il voulait voir sa famille, et aussi sans doute les Jacobins de cette ville, qui jadis l'avaient accusé et pouvaient l'accuser encore. A Gênes, sur sa route, était Salicetti, son ancien protecteur, puis son accusateur (soit comme mari jaloux, soit comme patriote qui devinait son dangereux génie). Bonaparte le craignait fort, et, avant Vendémiaire, il lui avait écrit des lettres amicales, quasi suppliantes. Le Directoire, les sachant ennemis, avait nommé Salicetti commissaire à l'armée, pour y surveiller Bonaparte. Celui-ci le capta, le ramena par la confiance. Il lui dit qu'au moment d'entrer dans la riche Italie, avec des employés peu sûrs, et des fournisseurs qui (au moins pour se payer) mettraient la main à tout, il avait besoin d'un ami intègre et patriote pour surveiller, garder, régler ces choses, auxquelles lui Bonaparte s'entendait peu. Cette dictature financière tenta Salicetti, et il retrouva pour Bonaparte son vieux fonds d'amitié. Il le suivit dès lors comme un témoin intéressé à sa gloire qui, à chaque affaire, enverrait au Directoire, au *Moniteur*, surtout aux Jacobins, des louanges de Bonaparte. Si bien que ces derniers ne pourraient dire grand'chose à l'encontre de si excellents certificats. Cela alla très bien pour les commencements. Nous verrons qu'en trois mois de succès, Bonaparte, n'ayant plus peur de rien, mit également à la porte ses créateurs, les fournisseurs, et son ami Salicetti.

Voilà comment, avant de commencer la campagne, il avait supérieurement préparé sa publicité. Pour travailler les journalistes, il avait et ses frères et les amis de ses banquiers, les hommes d'argent intéressés à l'entreprise. Auprès des femmes, de leurs entreteneurs et des salons, il avait Joséphine. De plus, il avait emmené pour rédiger ses bulletins des trompettes ronflantes (comme Champagny, etc.). Mais le meilleur de sa publicité était Salicetti, un témoin jacobin pour écraser, faire taire les accusations jacobines.

CHAPITRE VII

Victoire sur le Piémont. — Bonaparte traite avec le roi,
sans dire un mot pour l'Italie.

Les fournisseurs hardis qui rendirent cette guerre possible, et qui ouvrirent eux-mêmes la campagne d'Italie, méritent bien de figurer ici. Il en restait plusieurs dans ma jeunesse, et j'ai pu les connaître. M. Thiers aurait dû aussi, en 1826, se renseigner près d'eux. Mais sa jeune imagination a fait un chant de l'*Iliade*. Au reste, maintenant que la *Correspondance officielle* est imprimée, nous voyons défiler les acteurs un à un.

Dès le 4 avril, ils distribuèrent en un jour cinq cent mille rations d'eau-de-vie. Et peu après, autre distribution d'eau-de-vie et de paires de souliers, chose fort agréable dans ce pays de cailloux.

Nos affamés de l'armée d'Italie et de la maigre armée d'Espagne virent leur nouveau général entouré de ceux qui semblaient figurer l'abondance. Derrière M. Collot, grasse, aimable figure, marchaient de grands troupeaux. Collot était l'entrepreneur des *Vivres-viandes*. Il resta attaché à la fortune de Bonaparte et fit les grandes distributions d'argent qui opérèrent le 18 Brumaire. Je l'ai vu, fort bel homme encore, sous la Restauration, où il s'était fait nommer directeur de la Monnaie.

La grande entreprise des *Vivres-pain* était dans les mains de Flachat, qui venait escorté d'une armée de chariots de farine. Il fut l'exemple de l'ingrate inconstance de Bonaparte qui, après avoir loué d'abord sa loyauté, l'injurie ensuite cruellement dans sa Correspondance, puis se repent, varie sans cesse jusqu'à ce qu'il ait expulsé cet homme utile qui d'abord l'avait tant servi.

Les autres fournitures furent faites par différents banquiers qui, peu à peu, paraissent dans la Correspondance : le juif alsacien Cerfbeer, le Suisse Haller qui, comme Collot, resta attaché à Bonaparte, et qui, en 99, fit pour son expédition d'Égypte le grand encan des richesses de Rome (voy. Gouvion-Saint-Cyr), dont les bonapartistes accusèrent Masséna.

Le jeune général donnait beaucoup, promettait encore plus. Dans un ordre du jour, dicté, ce semble, par M. Collot même, il dit : « Bientôt vous aurez de la viande fraîche tous les jours. Et en attendant, on alternera entre la viande fraîche et la viande salée. » Quel cœur n'eût pas été sensible à une telle éloquence ?

Cependant la première proclamation de six lignes allait bien au delà. Sans dire un mot de gloire ou de patrie, elle semblait permettre tout excès, déchaînait la fureur des passions brutales :

« Vous allez entrer dans un riche pays, *où vous aurez tout pouvoir.* »

En effet, dès Oneille, et, avant la campagne, on imposa des contributions qui, avec tant de fournitures, devaient mettre l'armée fort à l'aise et de bonne humeur.

Chose curieuse, elle était sombre. La figure étrangère et mesquine de ce général inconnu ne plut pas fort. Pour ceux qui revenaient d'Espagne, ce visage mauresque ne rappelait que l'ennemi. Nos Pyrénéens revenus sous Augereau obéissaient fort bien à Masséna, qui venait de gagner la belle victoire de Loano. Mais Bonaparte, favori de Barras, et connu seulement par le petit combat de Vendémiaire, imposait peu. Il y eut même un bataillon qui, sans se révolter, faisait le sourd aux ordres, ne voulait pas marcher. On ferma les yeux, et, sans oser le punir, on le dispersa.

Bonaparte savait d'instinct cette vérité : que la haine est un grand élément d'amour. Pour se concilier le soldat, il organisa un terrorisme habile sur des gens détestés du soldat, les employés des vivres, les *riz-pain-sel*, comme on les appelait. Il se fit apporter devant l'armée de grandes balances, fit peser les bottes de foin qu'on donnait à la cavalerie, vit qu'elles étaient légères, ne pesaient pas le poids. Il fit des enquêtes sévères, et parla de fusiller des employés. En tout cela il se montra plus adroit que Masséna, qui était négligent, ne s'occupait pas assez de ces choses.

On voit, dans ses *Mémoires*, que Bonaparte lui dit son plan, fort simple, et qui différait peu des essais qu'on avait faits en 93 et 94 avec la petite armée d'alors. C'était de passer les montagnes au plus bas, et d'entrer par les jours que laissaient entre eux l'Autrichien et le Piémontais, entre Beaulieu, Colli. En réalité, l'Autrichien Beaulieu était tiraillé par son lieutenant Argenteau, un favori dont il se plaint très fort, et, d'autre part, par les Anglais qui, fournissant l'argent, le menaient (comme ils firent pour ses successeurs Wurmser et Alvinzi). Ces Anglais ne disaient qu'un mot : « Sauvez Gênes ! approchez-vous de la mer, où Nelson vous attend. » Ainsi on le menait à l'occident, à droite, et on l'éloignait de Colli et des Piémontais. Bonaparte voulait passer entre, et se jeter sur la route d'Alexandrie et de Milan. Manœuvre audacieuse, excellente après la victoire, mais imprudente avant. Masséna lui en fit remarquer les dangers, dit que d'abord il fallait être sûr du Piémont. Bonaparte comprit et suivit cela à la lettre, mais n'en répondit pas moins arrogamment des choses vagues que Masséna a conservées : « Tous moyens sont bons à la guerre. Surveillance et jactance ! c'est le cas. » (*Mém.* de Masséna.)

Cette jactance réussit fort mal. Il avait mis imprudemment dans une vieille redoute sur l'Apennin un simple bataillon de grenadiers sans vivres, ni presque de munitions. Les voilà assiégés par douze mille hommes. Ces grenadiers et leur colonel Rampon venaient d'Espagne, où ils avaient fait la guerre sous Dugommier. Ils sentirent l'importance de cette première action qui eût pu avoir des suites décisives.

Ils jurèrent dans la main de Rampon qu'ils mourraient plutôt là, et s'y défendirent tout le jour. La nuit, le chef des assaillants suspendit un moment le combat. Et Rampon trouva moyen d'avertir Masséna, qui monta avec deux pièces de canon. Derrière venait le général La Harpe, parti de Savone à deux heures avec Bonaparte. Masséna était déjà arrivé et suivait silencieux, sans tirer, la crête de l'Apennin. Tout à coup il détache, lance dans la vallée (Montenotte-Inférieur) une colonne qui enlève tout (quatre mille morts, deux mille cinq cents prisonniers).

Si la nouvelle arrivait à Paris dans sa simplicité, il était à craindre qu'on ne vît l'imprudence d'avoir mis là Rampon (mille hommes contre douze mille et presque sans munitions), imprudence réparée par l'arrivée de Masséna, qui battit l'ennemi. Mais tout fut heureusement arrangé pour le *Moniteur* par Salicetti ; il mit en dernier lieu Masséna et embrouilla tout, confirmant par là le rapport de Bonaparte, qui veut faire croire que Masséna arriva assez tard, n'étant parti qu'avec lui Bonaparte.

Après Montenotte éclatèrent les inconvénients du nouveau système qui lâchait le soldat. A Dego, les nôtres, éparpillés dans un désordre affreux, laissèrent un moment l'avantage aux Autrichiens. Masséna les raffermit, finit cette panique. Bonaparte et Victor survinrent, arrêtèrent l'ennemi, sur lequel Masséna, poussant à la baïonnette, fit cinq mille prisonniers, pendant qu'Augereau emportait les hauteurs.

Bonaparte écrit à Paris que le général en chef Beaulieu y était en personne. Chose fausse. Ces petits combats de Montenotte, Millesimo, enfin Dego, emporté par Masséna, La Harpe, ont eu lieu pendant son absence. Ne voulant pas perdre ses grands magasins, Beaulieu en plusieurs jours se retira à Acqui, puis à Alexandrie, tandis que l'armée piémontaise, avec Colli, évacuait le camp de Ceva.

C'est ici que tous les historiens placent, et que Bonaparte lui-même a répété dans ses *Mémoires militaires* la belle déclamation sur l'armée qui pour la première fois découvre au loin l'Italie. Champagny, bon élève du collège Louis-le-Grand, lui faisait ces discours de rhétorique. M. de Talleyrand l'a assuré à M. Villemain, qui me l'a redit.

Les nôtres, en effet, furent charmés et descendirent. Les Piémontais s'étaient retirés à Mondovi, qui capitula, fit aux Français l'accueil le plus fraternel, et dressa le premier arbre de Liberté qu'ait vu l'Italie. On trouva là de très beaux magasins en viande, vin (huit mille bouteilles). Et on n'en leva pas moins une contribution énorme.

Bonaparte, effrayé des pillages du soldat, intima à son ordonnateur d'*utiliser les ressources du pays*. Le général La Harpe, très honnête, faisait sans doute des représentations : car je vois Bonaparte, au 16 avril, l'autoriser à lever une contribution *sous forme d'em-*

prunt. Mais ces formes hypocrites ne convenaient pas à la situation.

Elle mettait en concurrence le soldat et les fournisseurs. Comment ceux-ci pourraient-ils se rembourser de leurs avances, si le pillage du soldat prenait tout? Bonaparte s'émut, fit le sévère, dit qu'on fusillerait les pillards. Puis, cela n'effrayant personne, il accorda des primes à ceux qui se contenteraient d'un pillage régulier. On donnera un louis à celui qui prendra un cheval (*Corresp.*, p. 174). Mais cela ne suffit pas. Je vois huit jours après : « Les chevaux de troupes à cheval appartiennent à qui les prendra. Les chevaux tenant aux pièces ou équipages sont à la brigade qui prendra cette artillerie; et elle en aura deux cents livres qui lui seront réparties (24 avril). » Le voilà donc commencé ce marchandage de l'armée qui alla toujours augmentant.

Dans une proclamation, il promet au soldat la conquête, aux Italiens la liberté, et dit à ceux-ci : « Nous venons pour rompre vos chaînes; venez avec confiance au-devant de nous. » Et, en même temps, il promet au soldat qu'une seule province donnera un million.

Il se trouvait près de Turin, et la monarchie de Savoie, encore intacte, assise sur tant de places fortes, inexpugnables, qui avaient arrêté si souvent nos aïeux, cette monarchie prenait peur, de quoi? Surtout des siens, de la propagande française, du souffle de liberté qui en dessous agitait l'Italie.

L'arbre planté à Mondovi par des mains italiennes

révélait clairement la pensée qui couvait dans toutes les villes. Le roi de Piémont sous ses pieds sentait cette agitation, cette sourde tempête, et il en était effrayé. L'armée qui arrivait n'avait point d'artillerie de siège. Mais si Turin se livrait elle-même? Le seul espoir du roi contre l'armée française était le général, le petit Corse, qui se disait issu d'une famille de Florence. Dans ses proclamations, pas un mot révolutionnaire. Qu'avait-il répondu au salut solennel de l'Italie, quand elle planta à Mondovi son premier arbre de liberté? Que cette ville et sa banlieue payeraient un million de contributions. Le roi jugea fort bien qu'un tel apôtre de la République, qui punissait ainsi les patriotes italiens, ne serait nullement insensible à ses avances. Il lui envoya d'abord son ministre, homme très délié, puis (comme marque d'honneur!) son propre fils, l'héritier de sa couronne, et qui devait bientôt lui succéder.

Ceux qui, dans Bonaparte, ne veulent voir que le politique, l'homme de fer et d'airain, l'admirent ici comme homme pratique. Mais ceux qui, comme nous, le jugent sur tout l'ensemble de sa vie, sur l'inquiétude qu'il montra plus tard de l'opinion du faubourg Saint-Germain, jugent qu'il fut très flatté de la soumission de cette cour, le centre de l'émigration, de cet accueil flatteur qui le lavait de Vendémiaire, et le réconciliait « avec les honnêtes gens ». Il fit ce qu'on voulut, flatta qui le flattait, signa un armistice, reçut trois grandes places avec leurs magasins, leur artillerie, de plus le chemin libre par le Piémont entre la France et l'Italie. Il fit entendre qu'il n'était ennemi que des Autrichiens, et sans doute insinua qu'en conquérant la Lombardie la France ferait part au Piémont.

Quoi! pas un mot pour l'Italie? rien pour ces populations qui se montraient amies enthousiastes de la France? Une seule parole qui eût imposé au roi des garanties pour ses sujets, aurait eu un effet incalculable (et bien au delà du Piémont). Toute l'Italie alors frémissait d'espérance. Toutes les villes, de la Sicile aux Alpes, écoutaient et croyaient l'entendre venir. Si ce grand peuple avait parlé, il aurait dit justement le contraire de la proclamation tant admirée où, des sommets des Alpes, il avait montré à l'armée toute l'Italie comme une proie. Milan, Bologne, toutes les villes, d'un même cœur lui auraient dit : « Venez! depuis 89, nous appelions la France! Nous n'attendions que vous pour lui ouvrir nos portes, nous précipiter dans ses bras! »

Chose curieuse! ce fut l'armée qui, malgré ses désordres, avait gardé le sens de la Révolution, et qui avait au cœur en lettres de feu son beau titre : « Libérateur du monde! » Ce fut l'armée qui réclama, qui ne voulut point de repos, point de traité. M. Thiers, si fanatique de Bonaparte, ne peut cacher cela. Il dit qu'en Augereau, le soldat jacobin, l'enfant du faubourg Saint-Marceau, le vaillant de Millesimo, fut l'âme, la voix de l'armée. Ce loustic soldat qui, sous formes vulgaires, pouvait tout, osa lui remontrer probablement ce que disait le bon sens même : « Ah ! je comprends, vous voulez repousser l'Italie ! fermer les portes de Milan qui s'ouvraient d'elles-mêmes, et celles de tant d'autres villes qui nous appelaient. Écoutez-moi, j'ai servi en Italie avant 89, et je la connais bien. Si par votre traité vous l'éteignez, vous manquez le moment. »

Pendant ce temps, Bonaparte écrivait intrépidement au Directoire : « J'ai consulté tout le monde, et tous étaient de mon avis. Si je n'avais rempli vos désirs, ce serait le plus grand malheur qui pût m'arriver... Si j'ai pris quelque chose sur moi, c'est avec la plus grande répugnance et persuadé que vous le vouliez. » (27 avril-6 mai.)

Mensonge hardi. Pour le faire croire, il envoya les drapeaux par Murat, un vrai acteur de Franconi, duelliste connu de la garde de Louis XVI, un vaurien adoré des femmes, qui imitait très bien la franchise militaire, avait l'air *bon enfant,* tel qu'il fallait enfin pour tromper le public. On en pleura de joie. Carnot fit instituer la Fête de la Victoire.

CHAPITRE VIII

Lodi (12 mai 96).

Bonaparte avait écrit au Directoire : « Je serre de près Beaulieu. Je ne le lâche pas. »

Chose fausse. Il le lâcha quinze jours (27 avril-12 mai) malgré l'armée impatiente. Ce retard eut des conséquences incalculables.

L'armée croyait passer le Pô à Valence. Bonaparte, tout exprès, avait compris Valence dans les places qu'il demandait. Beaulieu croyait à ce passage. Il avait fait des travaux, des redoutes, sur la rive gauche et en préparait la défense. Il fut bien étonné quand Bonaparte, ce foudre de rapidité, prit la rive droite et la descendit à loisir, lui donnant tout le temps de remplir les ordres de Vienne, d'armer le château de Milan et de ravitailler Mantoue, c'est-à-dire de nous préparer un an de guerre terrible.

Valence était un but marqué d'avance, et comme un rendez-vous d'honneur. Les historiens sont admirables ici. Ils supposent que ce grand détour et ce retard absurde et désastreux fut une ruse de Bonaparte. Belle ruse! laisser à Beaulieu le temps qui lui était nécessaire pour remplir ses instructions.

« Mais Bonaparte dit n'avoir que trente et un mille hommes. » En effet, il voulait faire croire qu'il n'avait que la petite armée de Schérer et de Masséna. Il ne compte jamais tout ce qu'y ajoutait l'armée des Pyrénées, un personnel d'officiers admirables. Dans la grande réforme que notre épuisement financier nous forçait de faire, on conserva soigneusement ces officiers. Voilà pourquoi, dans l'unique moment où l'on me permit d'ouvrir le manuscrit des *Mémoires* de Barras, j'ai lu ceci : « Nous laissâmes Bonaparte maître de prendre des officiers dans toutes les armées de la République. » Je m'explique. Il eut d'abord avec ceux d'Italie ceux de l'armée des Pyrénées. Plus tard, ceux de l'armée des Alpes. Enfin, Moreau, avec une abnégation admirable, lui choisit dix-huit mille hommes d'élite dans la grande armée du Rhin. De plus, il eut des Pyrénées Augereau, Lannes, Rampon, Victor, etc.; des Alpes, la perle de l'armée, Joubert et le solide bataillon helvétique. Enfin Bernadotte lui amena du Rhin les glorieux amis de Desaix et de Marceau, le colonel mulâtre, Alexandre Dumas, qui renouvela le trait d'Horatius Coclès, et l'audacieux Delmas, qui, de sa main, prit souvent des drapeaux dans les rangs ennemis.

Augereau certainement exprima la pensée de nos Pyrénéens, et celle de Masséna, de l'armée d'Italie, quand il dit qu'il ne fallait pas s'arrêter à Cherasco, mais fondre sur Beaulieu. « Il s'était retranché. » Qu'importe? Avec une telle élite on eût toujours passé. Je suis persuadé que ce rude soldat lui dit en souriant (comme la veille de Castiglione) : « Je suis soigneux de votre gloire. Marchons tout droit à l'ennemi ! »

L'armée ne demandait aucun repos. Elle s'était refaite en Piémont. Bonaparte écrivait : « Ce que nous avons pris à l'ennemi est incalculable. » Et on levait partout de fortes contributions. Au 3 mai encore, Bonaparte paraît avoir en vue le passage de Valence et l'assaut des retranchements de Beaulieu. Il dit à Masséna, La Harpe, Sérurier de faire un bataillon de trois mille six cents hommes d'élite, tiré des grenadiers et des carabiniers.

Les jours suivants, tout change ; il monte à cheval, descend par la rive droite du Pô jusqu'à Plaisance, pour imposer aux ducs de Parme et de Modène un lourd traité d'argent. Ces petits princes avaient paisiblement amassé des trésors. Il leur extorque *vingt millions*[1] ! En même temps, il dit qu'on peut en exiger quinze de Gênes. Il écrit à Carnot : « Je vais vous envoyer dix millions. Cela ne vous fera pas de mal pour l'armée du Rhin. »

---

1. Je suis ici Rapetti (*Biographie* Didot) qui, comme historien officiel et collecteur de la *Correspondance*, a eu sous la main toutes les sources, tous les papiers.

Ceci pour Carnot, l'honnête homme. Mais pour le grand public, pour les femmes et les mondains, les amateurs qui entouraient Barras, il promet des tableaux du Corrège, et plus tard des bijoux, etc. Dès le lendemain de Cherasco, 27 avril, il avait écrit à Faypoult, notre envoyé à Gênes : « Écrivez-moi ce que peuvent fournir de précieux Parme, Plaisance, Modène, Milan et Bologne. Donnez-moi la note des tableaux, statues, enfin des curiosités, galeries, cabinets, etc. »

Il était averti (probablement par Joséphine qui, de la Tallien, pouvait savoir les secrets de Barras) que Barras, La Révellière et autres directeurs, moins aveugles que Carnot sur Bonaparte, n'avaient pas digéré son traité de Cherasco ni tous les plans contraires à leurs instructions. Ils ne s'arrêtaient pas à ses vanteries d'aller à Vienne. Ne pouvant destituer un général victorieux, ils l'envoyèrent à Naples, à Rome, faire contre le pape la croisade républicaine. Pendant ce temps, Kellermann passait de l'armée des Alpes à celle d'Italie, prenait Milan, faisait la grande guerre de Lombardie.

Ce plan, sans doute, était poussé par les capitalistes qui avaient lancé Bonaparte, et qui maintenant le voyaient mettre la main sur tout et ne vouloir plus que ses employés militaires. On odorait déjà la royauté financière qu'il s'adjugeait sur l'Italie.

Bonaparte avait hâte de déjouer ce plan, en gorgeant de dépouilles un gouvernement famélique. De plus, de conquérir l'opinion de Paris, de se rendre pour ainsi dire présent par ces trophées, ces miracles des arts. On voit en tout ceci qu'il s'inquiétait peu d'aigrir, irriter l'Italie, qu'il faisait justement le contraire de la propagande républicaine qu'on lui avait recommandée.

Il arriva vers le 4 à Plaisance, y resta jusqu'au 11 mai, ce qui fit en tout quinze jours de retard avec le temps passé à Cherasco. (Voyez au *Moniteur*, le rapport de Salicetti). Plaisance, dit-il, assez naïvement, lui parut la plus agréable ville de l'Italie. C'est la première, en effet, où il jouit de cette dictature financière qui est le pouvoir même. Car, avec l'argent, on a tout.

Beaulieu employa bien ces quinze jours qu'on lui laissait. Ce général (octogénaire presque) montra une grande activité, ravitailla Mantoue, et par là nous créa pour un an de guerre. Pendant ce temps, Bonaparte, le héros, remuait des caisses et des sacs.

L'armée autrichienne était loin. Contre ses détachements qu'on rencontra, il suffit de deux petits combats. Lannes, sans grand obstacle, s'élança et passa le Pô.

J'admire ici la précision des informations que Bonaparte recevait de Paris. Il sut que la quasi destitution qui l'envoyait à Rome devait partir le 10 mai. Il la reçut le 14. Mais le 12 il l'avait prévenue et rendue impuissante en remportant l'éclatant succès de Lodi, qui porta l'enthousiasme au comble, paralysa le Directoire, éteignit dans sa main la foudre qu'il lançait.

Le tout à bon marché. Car il organisa la belle scène du pont de Lodi, mais lui-même n'y passa pas.

Pour répondre à ce qu'il craignait, il fallait cette affaire d'éclat.

Une chose remarquable dans une telle carrière militaire, c'est que Bonaparte ne fut jamais blessé, excepté une fois au pied, à Ratisbonne. Les gens de Sainte-Hélène prétendent l'avoir vu après sa mort tout couvert de blessures. Et pendant sa vie on disait : « Quand il est blessé, il le cache, croyant que ces choses d'humanité commune lui feraient tort, et l'empêcheraient de *passer* dieu. »

Dans la réalité, cette unique blessure (à la jambe) n'a d'autre garantie qu'une gravure où on le voit qui, pour monter à cheval, s'échappe des mains des chirurgiens.

A Paris, on croyait qu'un général si audacieux, qu'on supposait toujours en tête de l'armée, serait un jour ou l'autre blessé ou tué. Et on le craignait fort. Mon père m'a dit que les journaux, pour réveiller souvent l'intérêt du public, n'avaient qu'un sûr moyen : de faire faire une chute au héros, de lui casser un bras, une jambe. Ceux qui, depuis qu'il avait fermé les Jacobins, espéraient en lui le futur sauveur de la société, les femmes sensibles surtout, disaient : « Hélas ! il s'expose trop... Il nous sera enlevé quelque jour ! »

Mais l'armée ne s'y trompait pas. Tout en le croyant

brave, comme il était, elle s'étonnait de voir que, dans sa courte campagne du Piémont, il avait peu cherché les occasions. Personne ne lui eût demandé les qualités des officiers inférieurs, ni la furie guerrière de Lannes, ni l'impatience héroïque du jeune Joubert, mais on eût aimé à lui voir l'attitude des deux grandes figures de l'armée, de Masséna, qui s'illuminait sous le feu, ou d'Augereau souriant aux boulets. « Vous êtes trop nerveux », lui disait Augereau avant Castiglione. Tous révéraient en lui la grandeur des vues, et lui supposaient un génie profond de calcul, mais s'étonnaient qu'il dédaignât un peu les détails de l'exécution.

Le retard, le répit si long qu'il donna à Beaulieu, en restant à Plaisance, pouvait exciter la malice des impatients de l'armée. Il était temps d'être un héros.

Il fit partir en pleine nuit la fameuse colonne d'élite sous Masséna, qui fit dix lieues d'une traite (rapport de Bonaparte), et arriva le 12 mai à la ville de Lodi, qu'elle emporta sans peine. Beaulieu avait ce qu'il voulait, ayant eu le temps de garnir Milan, surtout Mantoue. Il était avec son armée un peu en arrière des rives de l'Adda et du pont de Lodi. Au pont, il avait laissé vingt pièces de canon et son avant-garde. Bonaparte dit à tort que Beaulieu était là avec *son armée*, que *son ordre de bataille* fut rompu, etc. Déjà Salicetti, son homme et son flatteur, ne peut aller si loin dans le mensonge, il dit seulement *dix mille* hommes. En réalité, Beaulieu était embarrassé. Comme l'Adda a une foule de gués assez faciles (quoi qu'en dise Bonaparte, qui prétend que sa cavalerie passa difficilement un peu plus haut), Beaulieu ne pouvait supposer qu'on choisirait juste le point le plus dangereux, en face de sa batterie. Au reste, beaucoup de soldats traversèrent l'Adda, en se moquant du pont, dont le passage n'avait de but que la réclame et son bon effet dans Paris.

Ce pont était fort long, par conséquent plus difficile à passer que ne fut plus tard le petit pont d'Arcole. Mais il faut considérer que l'artillerie d'alors était fort lente, surtout dans les mains autrichiennes. Bonaparte d'abord avait, en face, posé aussi sa batterie.

Masséna qui marchait en tête de la colonne d'attaque, prit avec lui Cervoni, voulant sans doute que ce premier fait de la conquête d'Italie fût conduit par deux Italiens. Ils avaient avec eux le Français Dallemagne, et l'impétueux Lannes, qui s'invita et vint comme volontaire à cette fête. Derrière, avant tout autre corps, venaient les Savoyards, qui ont mauvaise tête, et qui voulurent d'abord passer avec les deux généraux italiens.

Après eux, Rusca, Augereau et nos Pyrénéens, avertis un peu tard.

J'ai sous les yeux un rapport, d'un Suisse, nommé Bovet, qui était avec les Savoyards dans le bataillon dit Helvétique. Blessé et précipité presque, il s'accrocha au pont, vit tout.

Il y eut, dit-il, d'abord quelque indécision. Masséna força le passage. Mais si l'on en croyait Salicetti et Bonaparte, *ce fut Berthier...* qui se jeta à la tête, emporta tout, soutenu par Masséna. Version maladroite, qu'on croirait épigrammatique. Quoi! ce fut Berthier, le chef d'état-major, l'homme des cartes et plans, ce géographe militaire, qui, sortant de son rôle, se mêla dans cette bagarre, entraîna Masséna? Bonaparte, n'y étant pas, crut peut-être utile d'y envoyer Berthier, son homme, qui ne le quittait guère. Le soldat, en voyant Berthier, croyait voir Bonaparte même.

Celui-ci n'avait paru, dit mon témoin, qu'avant l'affaire pour établir sur le pont la batterie qui empêchait les Autrichiens de le couper, et cela, dit Salicetti, « sous une grêle de mitraille ». Heureusement le lit du fleuve (comme tous ces grands torrents des Alpes) est une plaine de cailloux, fort large à cet endroit. M. Thiers montre Bonaparte parcourant les bords de l'Adda, et *rentrant* dans la ville, « après avoir arrêté son plan! ». Quoi! il est venu là sans avoir un plan arrêté? « Il communique aux siens un courage extraordinaire. » C'est la scène de Louis XIV au passage du Rhin, où le *roi se plaint de sa grandeur qui l'attache au rivage.*

Il y eut dans cette petite affaire douze cents hommes de tués, dit Salicetti même. On se garda bien de poursuivre. Les soldats étaient *fatigués,* dit Bonaparte. Ajoutez que Beaulieu était à deux pas avec ses quarante ou cinquante mille hommes, non entamés.

Bonaparte est superbe ici d'effronterie. Il ose dire que « *l'armée ennemie* (qui n'y était pas) fut éparpillée. » Ce qui est sûr, c'est qu'elle se retira lentement, ayant parfaitement rempli l'ordre de Vienne : « Garnir Milan, ravitailler Mantoue. »

L'effet de l'affaire fut immense. Comme à ce moment on apprenait que nos armées du Rhin entraient en campagne, Beaulieu se réserva, et remonta vers le Tyrol. Bonaparte écrivit à Carnot : « Cette bataille nous *donne toute la Lombardie*. J'assiégerai Milan et Mantoue. Et si les armées du Rhin avancent, je remonte l'Adige, j'envahis le Tyrol, et leur donne la main. »

Le 14 mai, arriva la dépêche des Directeurs pour diviser l'armée d'Italie, appeler Kellermann. Mais tout était changé. Bonaparte, affermi et fier sur son pont de Lodi, ne les écoute pas, et leur lave plutôt la tête. Il parle royalement : « Il ne faut qu'un seul homme, et *que rien ne le gêne.* »

Dans ce moment de force où l'on n'oserait lui rien disputer, il jette par-dessus la muraille son surveillant, pourtant si complaisant, Salicetti. Il n'en a plus besoin auprès des Jacobins, après ce succès. Pour le récompenser de ce dernier bulletin, si partial, il dit brutalement : « S'il faut que je réfère de tous mes pas aux commissaires du gouvernement, n'attendez plus rien de bon. » (14 mai, *Corr.*, I, 334).

Le Directoire ne souffla mot.

Dès ce moment, Bonaparte s'adresse au public, et fait une publicité merveilleuse. Pour que ce grand coup de trompette remuât toute la France, il *envoya à chaque département* les noms de ses grenadiers qui avaient passé le pont de Lodi, de sorte que chaque localité eût intérêt à célébrer la chose.

Elle fut extraordinairement retentissante. Toutes les guerres de l'Empire ne l'ont point éclipsée. Dans mon enfance, et jusqu'en 1814, j'ai vu le long des boulevards et des quais, toujours, toujours le pont de Lodi. Et sur le pont, un drapeau à la main, *Bonaparte*, qui n'y était pas. Il n'avait pas eu jusque-là occasion de payer beaucoup de sa personne, et ne fut pas fâché de l'erreur populaire qui le mêlait à ce combat célèbre. Quel fut l'auteur de cette erreur ? Il faut le dire : *lui-même*. Un jeune graveur de Gênes lui avait offert des estampes qui représentaient nos faits d'armes. Bonaparte lui envoie vingt-cinq louis, et la recommandation : « Qu'il grave le pont de Lodi. » Le jeune homme reconnaissant ne pouvait manquer d'y représenter Bonaparte, dont l'image reste désormais sur ce pont pour l'immortalité.

C'est à partir de cet exploit et de cette tradition fausse que tous les arts ont menti pour la gloire de Bonaparte. Joséphine, aimée des artistes, bonne pour eux dans ce temps de pauvreté, obtenait ou par des dons, ou par de tendres flatteries qu'ils étendissent le nom, la popularité de son héros. A la Bibliothèque, les cartons Hénin en sont pleins. J'y vois, entre autres, une belle gravure qui le représente en Italie, près du tombeau, du laurier de Virgile. On commence dès lors à adopter pour lui le faux type qui a prévalu, dans lequel on dissimulait qu'il n'avait ni cils, ni sourcils. On déguisait sa figure toute mauresque, et on lui donnait une grandiose figure italienne qui peu à peu devint César.

En l'idéalisant, ces gravures sont quelquefois combinées pour faire tort à ses rivaux, et surtout pour enterrer Hoche. Le Cabinet des Estampes en possède une bien cruelle. Les cinq grands généraux du temps y sont, tenant à la main les cartes des pays qu'ils ont conquis. On voit Pichegru, long et plat, avec la Hollonde; Moreau, médiocre et vulgaire, avec les rives du Rhin. Mais le vrai but de l'estampe, c'est d'opposer Hoche et Bonaparte. Bonaparte, grand, fier, héroïque, par un geste dominateur, montre la carte de la belle Italie. Hoche, petit, fort trapu (ce qu'il n'était pas), mais triste, j'allais dire humble et repentant, montre honteusement la Vendée, le terrain de la guerre civile, la plage inexpiable de Quiberon, et visiblement demande pardon à l'avenir.

CHAPITRE IX

Bonaparte ne comprit rien à l'Italie.

Les historiens, copistes trop fidèles du lyrisme insensé des journaux de l'époque, parlent toujours de la *foudroyante* campagne d'Italie. Et ils ne s'aperçoivent pas qu'elle eut de longs intervalles de repos, trois mois d'abord de Lodi à la levée du siège de Mantoue (10 mai-31 juillet), puis deux ou trois mois, entre les défaites de Wurmser et celles d'Alvinzi (septembre-décembre).

Interruptions très favorables à Bonaparte; elles lui permettaient de s'organiser librement, et de voir quel parti il pouvait tirer de l'Italie, et pour la guerre, et pour l'Italie elle-même.

Un peuple de tant de millions d'âmes était pourtant une ressource et une arme pour la guerre prochaine qu'on ne pouvait pas négliger. Quand on voit que l'Autriche, pendant ce temps, fit un appel désespéré aux diverses populations de son empire, aux Allemands, Croates, Tyroliens, Hongrois, et, leur remettant son salut, amena une à une ces grandes tribus sur le champ de bataille, on se demande pourquoi Bonaparte ne fit pas un appel sérieux à l'Italie, qui (au moins dans toutes les villes) était pour nous.

Après Lodi, sauf un petit combat, il ne fit plus rien contre Beaulieu. Celui-ci, ayant accompli ses instructions (ravitailler Mantoue), s'en alla tranquillement. Bonaparte ne le poursuivit pas, comme il l'avait promis au Directoire : il se rendit droit à Milan, et trôna dans cette grande ville (dont le château tenait encore). Là (17 mai), il pose cette question au Directoire : « Si le peuple de Milan demande à s'organiser en république, faut-il le lui accorder ? » Par le peuple il entend les riches, les seigneurs libéraux et un club de huit cents des principaux négociants. Voilà les républiques, tout aristocratiques, qu'il va permettre à l'Italie. En se bornant ainsi à une élite des classes les plus riches, quelle faible et pauvre base on donnait à la renaissance italienne ! On ne pouvait sans doute se fier aux campagnes, mais dans les villes d'Italie il y avait déjà une classe moyenne, de bourgeois, de commerçants, d'étudiants fort patriotes, auxquels on devait s'adresser. Pourquoi ne le faisait-il pas, profitait-il si peu de leur enthousiasme ? C'est qu'en parlant de liberté il n'était ni sérieux ni sincère. Rendrait-on à l'Autriche la Lombardie (pour le Rhin ? la Belgique ?) ou céderait-on la Lombardie au Piémont ? ou ferait-on des échanges des pauvres républiques Cispadane, Transpadane, avec telle partie des possessions vénitiennes ?

Toutes ces questions flottaient dans son esprit. Il ne donnait rien à l'Italie ; pas une parole franche, ni même affirmative. « Mais, dira-t-on, il n'était pas maître, et ne voulait pas dire tel mot que le Directoire lui eût fait révoquer? » Voilà ce qu'on a dit. Et on a fort loué cette sagesse, cette prudence diplomatique. Cependant, à voir l'ascendant qu'il avait pris sur le Directoire, on sent bien qu'il eût emporté ses résolutions, s'il eût (suivant l'avis d'Augereau et de bien d'autres) pris au sérieux la révolution italienne, et vraiment entrepris de relever ce peuple. Il en était bien loin, et ne voulait certainement traiter qu'avec les rois, les gouvernements établis. Il semblait poursuivi par l'image des foules qui, allant aux Tuileries en juin 92, ne lui inspirèrent que de l'horreur. Les deux ans où il avait joué ses pantalonnades jacobines étaient sortis de son esprit. Et il était redevenu le gentilhomme de Brienne, le pensionnaire de Louis XVI.

Il méprisait le peuple en général, et surtout le peuple italien. Il n'a jamais perdu une occasion pour dire de sanglantes injures à l'Italie, qu'il connaissait fort mal. Il ne savait pas que ces anciens conquérants du monde ont encore, ont toujours (dans les Piémontais, Milanais, Romagnols, chez ceux de Brescia et autres) de très vaillants soldats. « Sans doute. Mais alors bien peu aguerris. » On ne sait pas combien ces populations électriques sont susceptibles d'héroïsme, de mouvements subits qui les mettent au-dessus d'elles-mêmes.

Il eût fallu surtout ne pas se défier de leur enthousiasme, ne pas les traiter comme des amis qui peut-être demain seront des ennemis. Il leur donna justement pour instructeurs des hommes de race antipathique et propres à les décourager. Pourquoi pas Murat, ou tel de nos brillants officiers du Midi? pourquoi pas nos Pyrénéens, qui, ayant fait la guerre d'Espagne, se seraient tout autrement entendus avec les Italiens, les eussent compris mieux que les instructeurs venus du Nord?

Ajoutez que souvent, même aux derniers moments, où il en sentait enfin le besoin, et eût voulu sérieusement les armer, il leur envoyait des agents suspects, comme tel dans les provinces vénitiennes qui y joua double rôle, et que plus tard il désavoua.

Voilà comme en tout genre il découragea l'Italie, au moment où elle venait à nous, pleine d'amour et d'enthousiasme. Il dit lui-même qu'à Bologne et dans les légions pontificales, nous étions incroyablement aimés, qu'on payait avec empressement les contributions énormes qu'il y avait mises. On peut juger de quel étonnement était frappé, glacé, ce peuple sympathique, quand on lui enlevait sans pitié ses tableaux, ses statues, ces chefs-d'œuvre au milieu

---

1. « Ce fut à la Malmaison que Mᵐᵉ Bonaparte nous montra cette prodigieuse quantité de perles, de diamants et de camées qui composait son écrin, digne déjà de figurer dans les contes des *Mille et une Nuits*. L'Italie envahie avait concouru à toutes ces richesses. Les salons étaient somptueusement décorés de tableaux, de statues, de mosaïques, dépouilles de l'Italie, et chacun des généraux qui figurèrent dans cette campagne pouvait étaler un pareil butin. » (*Mémoires* de Mᵐᵉ de Rémusat, t. I, p. 146). — A. M.

desquels chacun avait vécu, grandi, et qu'il contemplait avec amour depuis des siècles! Ces odieux enlèvements, et ce déménagement barbare, avaient encore ce sens qu'en Italie rien n'était sûr, que ces villes qui nous recevaient si bien seraient demain rendues à leur tyran, que la liberté, la république, y étaient choses provisoires.

Son gouvernement militaire, d'où il parvint à chasser tous les agents civils, eut son fruit naturel, la révolte. Les paysans ruinés, maltraités, de Pavie, se soulèvent autour et font prisonniers nos soldats.

Cette ville d'université, de savants à qui Bonaparte venait de donner les plus flatteuses assurances, fut au moment d'être brûlée. Pourtant les paysans, fort doux, n'avaient fait subir à leurs détenus aucun mauvais traitement. Bonaparte retrouva tous ses soldats. Il n'en fit pas moins fusiller les chefs des paysans et brûler le village de Binasco. « Spectacle horrible ! » dit-il lui-même, dans une lettre qu'il adresse à Paris, le 1er juin. Et, pour montrer sa bonté, il écrit en même temps l'histoire lamentable d'une jeune religieuse que l'on tenait, dit-il, aux fers et que les Français ont délivrée (8 juin). Ayant ainsi prouvé la sensibilité de son cœur, il gronde un de ses lieutenants qui n'a pas encore fait fusiller la municipalité de Pavie (10 juin). Et il ajoute cette parole sinistre : « Que, dans cinq jours, il n'y ait dans le Milanais aucun prisonnier pour conspiration. »

Cette extrême rudesse, peut-être nécessaire contre

les brigands de Novi et des routes de Gênes, fut étendue à certaines populations des Romagnes, en exceptant pourtant Faenza, qu'il dit ménager, comme ville papale. Ces gens qui croyaient, d'après tant d'exemples, être fusillés, l'adorèrent, et, renvoyés par lui, allèrent vanter partout son respect pour la sainte Église. Le légat qui avait provoqué l'insurrection, en fut quitte pour dire humblement : *Peccavi*.

Son respect affecté pour les prêtres tyrans de l'Italie fut peut-être ce qui indigna le plus les villes, et ce qui, sous cette brillante enveloppe de succès militaires, sous cette peau de lion, fit mieux entrevoir le renard. Il dit par exemple qu'en causant avec tels cardinaux, il s'est cru remonter « aux siècles de la primitive Église ». Et en même temps, pour plaire aux philosophes du Directoire et autres, il parle avec mépris « de cette prêtraille ».

Avec les prêtres, la classe qu'il courtisait aussi, c'étaient les savants, les académiciens, classe respectée en Italie. Pendant qu'il faisait fusiller les magistrats innocents de Pavie, il honorait ses professeurs, entre autres l'illustre astronome Oriani. Il se piquait fort de mathématiques (quoiqu'il en sût très peu, d'après Libri). Ainsi il s'amusa à étonner Lagrange, le Piémontais célèbre, en lui parlant d'un théorème tout nouveau et qu'il avait exprès étudié le matin même.

S'il avait eu en général plus de culture, il aurait davantage respecté l'Italie.

Il aurait su combien, au dix-huitième siècle même, elle avait été inventive non seulement dans les sciences naturelles (Volta, Morgagni); non seulement par des arts charmants (Canova, Cimarosa, et bientôt Rossini), mais dans la morale et l'histoire, par des choses d'originalité profonde, inconnues au Moyen-âge et à l'Antiquité.

Vico, pénétrant le génie italique et étrusque, venait de fonder la philosophie de l'histoire, l'*Umanita*, la science de ses résurrections. De là, dans les arts même, de tragiques éclairs, qui percent à une profondeur que n'eut jamais la Renaissance. Les génies du seizième siècle n'ont rien fait de plus mâle ni de si émouvant que les eaux-fortes de Piranesi, ses tombeaux et ses monuments, ses funèbres *Prisons*, où l'on sent tout ce qu'il y avait de douleur étouffée dans l'âme italienne remontée du sépulcre par un sublime jet.

CHAPITRE X

Bonaparte roi d'Italie.

« C'est depuis Lodi, dit-il lui-même, que j'entrai en malice contre le Directoire. »

La Correspondance officielle, mutilée ici, comme partout, montre pourtant très bien, dans le peu de faits qu'elle donne, ce que fit Bonaparte dans ses mois de repos.

A Paris et ailleurs on disait en riant : « Qui sait ? Il se fera duc de Milan. » Cela arriva, et bien plus, il fut roi d'Italie, dominant l'Italie centrale, de l'une à l'autre mer, à Bologne, Ancône et Livourne, épargnant soigneusement Rome, malgré le Directoire. Quant à Naples, il disait lui-même que, pour y aller, six mille grenadiers suffisaient.

Dans ces trois mois, *mai-juin-juillet* (avant Castiglione), et les trois mois qui suivent, il dévoile hardiment toute sa politique. Il chasse tous les agents civils et reste seul avec l'armée. Il chasse :

1° Les fournisseurs qui l'avaient amené en Italie,

et qui pouvaient tenir des comptes, une balance, dans la recette et la dépense;

2° Il chasse outrageusement les surveillants directs, les commissaires du Directoire, les appelant d'abord jacobins, puis voleurs, leur faisant entre autres reproches celui d'indemniser les Italiens pour les vivres qu'ils fournissaient.

3° Malgré le Directoire, il évite d'aller à Rome, en exige seulement de l'argent, mais respecte et fait respecter les terres, les biens immeubles de l'Église, s'assurant ainsi du clergé pour ses grands projets d'avenir.

4° En cela, il était l'adversaire déclaré des vrais patriotes italiens, qui ne croyaient fonder leur révolution que sur la vente des biens de l'Église. Aussi, ce zélé défenseur du clergé contre l'Italie n'arma-t-il jamais celle-ci sérieusement, ne confiant les armes qu'à des gardes nationaux triés et de simple police, jamais aux étudiants, aux ardents patriotes, qu'il flétrissait du nom de jacobins.

Par une confusion étrange, les jacobins, en France, quoique devenus acquéreurs de propriétés nationales, passaient pour ennemis de la propriété. Les relations de quelques-uns d'entre eux avec Babeuf faisaient sottement croire que tous voulaient le partage des terres. De là un étrange vertige, dont Carnot n'était pas exempt. De là, une grande facilité pour Bonaparte d'amuser les simples. Pour les aveugler, les effarer contre quelqu'un, il lui suffisait de faire comme on fait aux taureaux, de leur secouer aux yeux cette loque rouge. C'est par là qu'il neutralisait et ses propres surveillants français et les patriotes italiens.

Le plus facile pour lui fut de chasser les fournisseurs qui avaient intérêt à regarder de trop près. Le 8 juin, en envoyant dix millions à Paris et promettant dix autres millions, il dit au ministre : « Je pense que vous avez cessé de donner aux fournisseurs. Ils ne fournissent rien. Nous sommes obligés de leur fournir tout. » Dès ce moment, il les poursuit d'injures, surtout Flachat, qui tenait bon, se mêlait encore des affaires, voulait apparemment se rembourser de ses avances.

Dès son arrivée, il frappa sur Milan et le Milanais une contribution énorme d'objets divers : « On fournira dans huit jours cent mille chemises, vingt mille chapeaux, du drap pour quinze mille habits, cinquante mille vestes et culottes, enfin deux mille chevaux de trait (21 mai). L'ordonnateur en chef se concertant avec les agents MILITAIRES, ceux-ci prescriront soit *à leurs subordonnés*, soit aux communes, les moyens d'exécution.

Tout se passait entre ces communes tremblantes et ignorantes qui ne savaient écrire, et leurs tyrans, les agents militaires, sous un voile très épais que les commissaires du Directoire pouvaient vouloir percer pour en tirer contre lui quelque accusation jacobine. Il chercha dès lors occasion de noircir et de renvoyer ces commissaires, même son trop facile ami et complaisant Salicetti.

Les grands pillages de Toscane en furent l'occasion. Notre allié, le grand-duc, espérait être ménagé. On lui chercha querelle pour les vaisseaux anglais qu'un prince si faible ne pouvait repousser de ses ports. Bonaparte lui écrit, et il écrit au Directoire qu'il va par la Toscane à Rome. Il convient même avec le grand-duc qu'il mènera ses troupes non par Florence, mais par Sienne. A moitié chemin, tout à coup Murat, qui les conduit, tourne à l'ouest et les mène à Livourne.

Pendant ce temps, Bonaparte, allant seul à Florence, acceptait le dîner et les politesses du grand-duc, aimable, complimenteur, et « charmé, disait-il, de voir un héros » ! Dans ce voyage, en même temps pour faire sa cour aux prêtres, il alla revoir le bonhomme de chanoine dont il disait être parent, et comme lui descendu d'un saint du Moyen-âge. Cela pouvait avoir un bon effet en Italie, en France, dans tout le parti rétrograde.

Contre le vœu du Directoire, au lieu de se rendre à Rome, il s'était contenté de vingt millions que lui donnait le pape (23 juin). C'était peu, en comparaison des trésors qu'on espérait tirer de Livourne, ce grand port plein de marchandises anglaises. Mais au moment où Bonaparte, ayant rejoint Murat, y entrait avec lui, il voit un grand spectacle en mer; c'était une frégate anglaise qui emmenait du port deux bâtiments français et quarante et un navires anglais.

Le chasseur, resté au rivage et voyant échapper

la proie, pouvait encore se consoler. Livourne était plein de richesses appartenant à toute nation. Et, ce qui valait mieux, le désordre de ce grand pillage allait lui fournir quelque prétexte d'accusation pour perdre et écarter définitivement ses surveillants, Garreau, Salicetti. Dès le 21 mai, il avait préparé leur perte, en faisant passer par leurs mains une matière fort délicate, des contributions en bijoux, trésor incomparable du vieil art italien, matière scabreuse, difficile à apprécier.

Un mois juste après (21 juin), sentant que Paris écoute, dresse les oreilles, il se plaint du désordre, mais d'une manière générale (*Corresp.*, I, 518) : « La partie administrative ne va pas. On ne tire profit de rien. Ni ordre, ni activité. *L'argent des contributions se distribue je ne sais comment.* Les contributions ne vont plus. On change et l'on rechange le mode de perception. Les grandes opérations financières, faites et à faire, les grandes moissons que nous avons à cueillir, exigent de la vivacité dans les mouvements. Il faut unité de pensée diplomatique et financière. »

Le Directoire et ses commissaires lui rappelaient la grande affaire révolutionnaire, une courte expédition à Rome, qui n'allait pas à sa politique, et qu'il voulait éluder à tout prix. Il dit que les chaleurs vont venir, et que peut-être les affaires le rappelleront au nord.

Dans cette guerre atroce, pour expulser ses surveillants, il en vient aux dernières injures, faisant entendre que les commissaires Salicetti, Garreau, sont des voleurs. « On a substitué à un seul responsable (Belleville, agent de Bonaparte) des commissions où tout le monde *dilapide* en accusant son voisin (20 juillet). » Voulant tout faire passer par les mains des agents à lui, il écrit violemment au commissaire Garreau, ancien conventionnel : « Je sais que vous répétez que je ferai comme Dumouriez. Il est clair qu'un général qui commande l'armée et donne des ordres sans un arrêté des commissaires ne peut être qu'un conspirateur. » (20 juillet).

Cela n'agissant pas suffisamment, il employa le dernier moyen, une accusation furieuse contre Salicetti, cet ami d'autrefois, qu'il eût dû ménager encore pour plus d'une raison. Il l'accusa de lui avoir *offert cinq millions* pour sa part dans le pillage de Livourne. Chose bien invraisemblable, que cet homme très fin n'ait pas craint par cette imprudence de se mettre à la discrétion de Bonaparte. Celui-ci, au reste, croyait lui-même si peu à sa propre accusation, que plus tard il lui rendit sa confiance dans le royaume de Naples, lui remit les fonctions scabreuses de ministre de la police.

Depuis cette calomnie, les commissaires sont tués. On n'en entend plus parler. Belleville, c'est-à-dire Bonaparte, règle tout souverainement !... Que penser du Directoire ? Bonaparte ne craint pas de lui faire les propositions les plus contre-révolutionnaires, que n'aurait pas osé faire un émigré.

Par exemple, il propose de *recréer les Suisses de Louis XVI,* un corps de Suisses pensionnés pour leur service en France, « qui pourraient être utiles dans une guerre de montagnes ». Nous voilà bien loin du 10 août !

Quelle était donc l'étourderie de Barras, la simplicité de Carnot, qui en toute occasion se portait pour répondant de Bonaparte, affirmait son patriotisme, etc.! Ce gouvernement eût mérité les Petites Maisons, sans son excuse, la faim. Il attendait, la bouche ouverte, que le dispensateur des trésors de l'Italie daignât lui jeter quelque chose. Bonaparte est compatissant. Il fait des aumônes à la France.

Plus tard, il envoie directement aux armées du Rhin, des Alpes, cet or corrupteur, qui semble sa propriété. Il habitue les soldats à le bénir, à tourner les yeux vers lui, vers le bienfaiteur des soldats. Ce n'est pas tout ; il envoie des millions à des ministres même, au ministre de la marine !

Il y avait un lieu où tout cela inspirait sans doute défiance. C'était notre armée de Vendée, le quartier général de Hoche. Aussi, Bonaparte recommande qu'en lui envoyant des renforts, on ne les prenne jamais dans cette armée (trop clairvoyante, trop défiante), qui gâterait la simplicité de l'armée d'Italie.

Cette position misérable du Directoire, poussé chaque jour par des besoins terribles, semble lui avoir ôté le sens. Il voit tranquillement Bonaparte se faire le maître de l'administration, et rendre l'Italie hostile à la France. Lorsque ses commissaires essayent de ménager les Italiens, de leur donner quelque adoucissement (par exemple trois cent mille francs sur une dette de trois millions), le Directoire, gourmandé par Bonaparte, renie ses commissaires, et le laisse régler par tous ses agents propres (en 1795, Belleville ; en 99, Haller). Enfin il le laisse être roi.

Tout ceci m'a rappelé l'histoire de Carmagnola, moins légitimement suspect, et combien les Vénitiens furent sages de lui couper le cou. On a dit : « Quelle défiance !... Il fallait le laisser aller, ce héros ! ce dieu des soldats ! » Oui ! et une fois lancé, et la République perdue, comment eût-on pu l'arrêter ?

Pendant plusieurs mois, Bonaparte eut cette royauté de finances. Masséna, lui, faisait les choses de la guerre. De Vérone, il voyait au nord les deux orages qui venaient : les Allemands sous Wurmser, les Slaves-Hongrois sous Alvinzi. Bonaparte, dans son comptoir, *in telonio*, à Livourne, Bologne, etc., recevait les tributs toscans, pontificaux, italiens, et dans ce moment sacré du réveil de l'Italie, il la laissait gémir, et accuser la France, perdre toute illusion !

Être plongé dans les froides eaux du Styx, dans la glace des intérêts, à cette heure sublime d'enthousiasme et d'amour ! quelle opération dangereuse et capable d'éteindre à jamais un peuple ?

Pour lui, il est douteux qu'une goutte du chaleureux sang d'Italie ait jamais coulé dans ses veines. Le grand caractère italien, l'aspiration vers l'idéal, lui manquait absolument. Décidément je croirais bien plutôt que sa jaune figure appartenait aux races barbaresque, sarrasine ou carthaginoise qui jadis ont peuplé la Corse.

En présence du buste admirable d'Houdon, si âpre et si serré, j'ai pensé quelquefois ce que fait croire aussi sa correspondance de 95, où il ne parle que d'argent. Sorti d'une famille d'orgueilleuse indigence, et fort séché par une éducation de prêtres, il arriva en Italie avec la soif d'un torrent altéré de Corse ou des rivières de Gênes (l'Aride et la Poudreuse), il fondit d'abord sur la caisse. Les millions de Plaisance l'écartèrent de Beaulieu, lui firent manquer Mantoue. Mais il était trop fin pour se garnir les mains. Dans ce temps de soupçons, le moyen de monter, c'était de s'écrier : Au voleur ! d'injurier sans cesse fournisseurs, commissaires du Directoire et le Directoire même, de déshonorer le héros auquel il devait tant (Masséna), enfin de se donner pour le seul pur, le seul à qui l'on pût confier le Trésor de l'État. Il fut probe par intérêt, pour avoir tout en confiance. Mais il ne put empêcher Joséphine de faire de petites affaires en attendant que les banquiers qui l'avaient lancé en 95, le relançassent encore au 18 Brumaire, où cet homme abstinent ne prit rien que la France.

Il est curieux de suivre (dans les *Mémoires* de

Ney, Gouvion-Saint-Cyr, dans le général Foy et autres) les curieux progrès de la corruption de l'armée. Elle y résista très longtemps. Nos officiers d'infanterie, dit encore Foy, reluisaient de pureté, d'honneur. A Austerlitz, les vieux grenadiers restés de nos armées républicaines s'indignèrent contre les jeunes qui, en venant, avaient pillé l'Allemagne, et leur dirent durement : « Avant de combattre en nos rangs, videz vos sacs d'abord. »

Ailleurs, j'ai dit (d'après un témoin honorable qui fut mon ami[1]), la nausée de nos officiers quand, après Eylau, invités à la table de l'Empereur, chacun d'eux trouva dans sa serviette un billet de banque.

La grande armée, démembrée pour l'Espagne, et surtout altérée par les conscrits de Wagram, conserva, malgré son corrupteur, longtemps ce fier esprit. Il essaya toujours d'éveiller l'avarice. Il créa, vers la fin, une caisse, un *Trésor de l'armée*. Lui-même, à Sainte-Hélène, il se donne un certificat de désintéressement. « Si l'on me donnait un tableau, je le donnais au Muséum[2] ».

D'accord. Mais les millions déposés chez Laffitte, les trésors de Madame Mère et d'une famille qui s'en servit activement pour préparer sa funeste restauration !

---

1. M. de Fourcy.
2. On a vu par la note prise aux *Mémoires* de Mme de Rémusat qui, certes, n'entendait pas charger Bonaparte, que ce qu'il dit ici de son désintéressement est un mensonge (voir page 409 de ce volume). — A. M.

CHAPITRE XI

Défaillance de Bonaparte — (2 août). — Augereau le relève.
Castiglione — (4 août 95).

Bonaparte, occupé dans ses mois de repos de sa royauté financière, ne sut tirer aucun parti de l'Italie, du grand cœur et du dévouement que, dans nos revers, les Milanais, les Bolonais, etc., montrèrent pour la France et la liberté. Ils demandèrent des armes. Et le retour des Autrichiens, qui alors paraissait probable, ne les effraya pas. Même dans les populations vénitiennes, Brescia, si connue pour sa vaillance, et bien d'autres villes, auraient fourni d'admirables recrues. Bonaparte y envoya plus tard un agent, mais avec défiance, avec des paroles équivoques qui ne rassuraient point les patriotes. Aussi dans les grandes chaleurs, lorsqu'il se trouva avoir quinze mille malades à la fois, son armée fort réduite, et ne réparant point ses pertes tomba dans un extrême découragement.

Les rôles étaient changés. C'était l'empire d'Autriche,

en ce moment, qui avait pour lui l'élan populaire. Derrière les Allemands de Wurmser, les Slaves et les Hongrois d'Alvinzi apparurent. L'armée française eut affaire à des foules de grande épaisseur qui remplaçaient fort aisément leurs pertes. Elle avait beau tuer ; il en revenait davantage. Derrière nos sanglantes batailles, et les récits pompeux de Bonaparte, on voit toujours à l'horizon des foules de combattants, qui, malgré lui, ravitaillèrent trois fois Mantoue.

Il ne soupçonnait pas ce grand phénomène populaire, la levée en masse de tous ces peuples. Il restait au centre de l'Italie. Et de Livourne, Bologne où il était, il ne voyait rien qu'au midi la grande et faible armée de Naples, au nord vingt mille soldats seulement que l'Autriche avait tirés de son armée du Rhin. Le nouveau chef Wurmser, un vieux général, était, malgré l'âge, bouillant et indomptable. Alsacien comme Kléber, il avait comme lui le courage sanguin, colérique, celui des héros des *Niebelungen*. Il était éminemment propre à guider ce grand mouvement populaire. Mais le cabinet de Vienne l'avait sagement bridé et muselé, comme un coursier trop généreux, avec un mors d'acier, une gourmette de fer. J'appelle ainsi un pédantesque conseil d'état-major qui ne le quittait pas, lui faisait suivre la ligne tracée, lui disant à chaque pas hardi : « Vous allez vous casser le cou. » Si ce malheureux s'obstinait dans son aventureux courage, il avait une autre Minerve pour le rappeler à la sagesse. C'était un commissaire anglais, qui, fournissant les subsides, parlait de haut, et disait : « Doucement! cette armée coûte cher à Sa Majesté Britannique. Il faut la ménager et songer à la peine qu'on a pour tirer de tels subsides du Parlement. » De sorte que si cet ardent Wurmser eût échappé à ses tuteurs d'état-major, il aurait été remis dans la ligne précise par l'habit rouge, ce commissaire anglais qui, mainte fois, en pleine bataille, lorsque Wurmser voulait insister et recommencer, disait : « Assez pour aujourd'hui. Cela nous coûte trop. Ce sera pour un autre jour. »

Masséna était sur ses gardes à Vérone. Il avait fait placer une batterie à Rivoli sur un point élevé qui commande tout. Il s'était assuré de trois passages sur l'Adige, et croyait prendre l'offensive dans la montagne, à l'entrée du Tyrol. Ce fut tout le contraire. Le déluge descendit de lui-même, fondit irrésistible. Le meilleur des lieutenants, Joubert, ce jeune homme héroïque qui, comme Bonaparte, électrisait tout du regard, à la Corona et à Rivoli, eut un accident unique et terrible : il fut abandonné? Ses canonniers quittèrent leur poste. Il fut si indigné que, seul avec deux hommes, il rentra dans la batterie, et culbuta par-dessus le parapet deux canons sur l'ennemi, puis, à travers les balles, il parvint à rejoindre Masséna. « Qu'y faire ! » dit celui-ci immuable, intrépide. Pendant que leurs soldats se débandaient devant Davidowitch dans la montagne, Masséna et Joubert parvinrent à ramener l'artillerie.

Cependant les Croates avaient entouré et bloqué

le général Guieu. L'Allemand Klénau et l'émigré de Vins avaient pris Brescia et sa garnison française (30 juillet). Grand désastre! Dans cette place, se trouvaient trois généraux, six chefs de brigade, mille soldats, quinze cents malades, beaucoup d'employés, nos magasins, etc.

Augereau vaillamment dirigeait lui-même la retraite vers Roverbello, à la tête de huit cents grenadiers. Bonaparte, qui avait appris nos malheurs à Milan, arrive près d'Augereau, fort troublé, à neuf heures du soir, et lui parle de se retirer derrière le Pô. Augereau dit froidement : « Je pars pour Brescia. J'en chasserai l'ennemi, vous rendrai les chemins entre Milan et Vérone. » Bonaparte, absorbé, se tourna vers Berthier, et dit désespéré : « S'il en est ainsi, il nous faut donc lever le siège de Mantoue! » Résolution terrible, d'un bon sens héroïque, qu'Augereau combattit en vain. Pour deviner ce qu'elle coûtait à Bonaparte, il faut savoir que, n'ayant point de matériel de guerre, il avait tout l'été ramassé tout ce qu'on trouvait en Italie, de grosses pièces et mille autres objets. Notre camp était une ville près de la ville de Mantoue. Sacrifier tout cela, c'était un tel effort que personne, parmi l'ennemi, ne put le croire. La nuit du 31 juillet au 1ᵉʳ août, tout disparut. Notre énergique Sérurier fit enclouer nos canons, brûla les équipages et tout ce qui pouvait servir. Il se coupa en deux, renforça de ses deux moitiés ceux que j'appellerai les deux bras de l'armée, Augereau, Masséna.

Cependant, Augereau fait comme il a dit, il reprend Brescia. D'autre part on avait délivré Guieu et Rusca, enveloppés par l'ennemi. Mais tout cela ne remontait pas Bonaparte. Il restait inconsolable de son camp de Mantoue. Dans le conseil des généraux, il parlait encore de se retirer derrière le Pô : « Vous ne le ferez pas, dit Augereau. Si nous repassions ce fleuve, notre retraite deviendrait une déroute qui nous mènerait jusqu'à Gênes. »

Bonaparte, fort perplexe, vers deux heures du matin, rappelle Augereau : « Je crois comme vous qu'il faut marcher à l'ennemi. »

Ce même jour, 2 août, à quatre heures du soir, Augereau étant à Montechiaro, voit arriver tous les généraux et Bonaparte qui les assemble dans une grange. Et là, il pleut encore de mauvaises nouvelles; le général Valette a évacué Castiglione, malgré ses soldats. Le messager, homme très fin, montrait comme excuse je ne sais quel ordre. Bonaparte, furieux : « J'avais dit qu'on se défendît à outrance : vous deviez y périr. Je devrais vous faire fusiller. » Puis, s'adressant aux généraux, il dit : « Retranchons-nous ici pour quelques jours. Sérurier va venir nous joindre; nous irons établir notre ligne sur l'Adda. »

Augereau se mit à rire, et dit : « Oui, sur l'Adda si guéable, qu'on peut passer partout!... les Autrichiens sont à deux pas; vingt mille Autrichiens! » Puis s'adressant fermement à Bonaparte, il dit, avec une liberté amicale, héroïque : « Je suis l'ami de votre gloire ; je voudrais vous voir plus tranquille.¹ Il faut combattre ici, et je réponds de la victoire. Au reste, dit-il, avec son malin sourire, si nous avions le dessous, c'est que je serais mort. » Cela fit rire les assistants, mais ne dérida pas Bonaparte, qui dit : « Moi, j'aime mieux m'en aller vers Lodi. ».

Mais il fut le seul de son avis. Tous ses généraux opinèrent dans le sens d'Augereau, dirent qu'il fallait combattre. Sur cela, il fit un geste d'impatience et dit : « Je ne m'en mêle plus. Je m'en vais. »

Alors Augereau : « Qui commandera, si vous partez ? — Vous ! » dit Bonaparte. Et il partit pour Lonato, où était Masséna.

Le général parti, Augereau dit avec bonhomie à ses anciens : « Le commandement ne m'appartient ni par ancienneté, ni par mérite. Ce n'est pas moi qu'il fallait nommer. N'est-ce pas Kilmaine ? — Celui-ci, vaillant Irlandais, mais qui avait plutôt le flegme britannique, répondit froidement : « Eh bien, commandez, Augereau. — Vous m'aiderez donc ? — Oui, allez toujours. »

Et, sans se faire prier davantage, Augereau accepta la responsabilité.

Cette scène admirable ne nous a été connue que longtemps après Jomini, Thiers et les autres historiens de Bonaparte. Je l'ai copiée dans les *Mémoires* de Masséna, compilés par le général Koch. J'ai connu

---

1. Il osa un mot plus fort : « Vous êtes trop nerveux. » C'était l'opinion de M. Daunou. Il m'a dit qu'au 18 brumaire il l'avait vu pâlir, et, presque évanoui, retomber aux bras de ses grenadiers.

ce savant historien militaire. J'ai pu apprécier son caractère et sa véracité. D'ailleurs, ici, il ne plaide pas pour son héros Masséna. Tout est à la gloire d'Augereau.

M. Thiers affirme hardiment et sans la moindre preuve que c'étaient les généraux de Bonaparte qui voulaient se retirer : « Tous opinèrent vers la retraite, dit-il. Il n'en était aucun (sauf Augereau) qui crût prudent de tenir. »

Pour moi, ce qui me porte à croire tout le contraire, c'est une lettre de Bonaparte lui-même que je lis dans sa *Correspondance* (t. I, 3 août); il ordonne à Kilmaine d'envoyer cent grenadiers et cinquante chevaux au pont de Cassano pour assurer le passage « contre des houlans, dit-il, ou des gens du pays ». Ce pont célèbre, si connu par le passage des armées, était, en effet, la voie la plus sûre pour repasser le fleuve en cas de retraite.

Ceci prouve combien il jugeait lui-même invraisemblable que Wurmser fût battu par la même tactique qui avait fait battre Beaulieu. A la guerre, comme en tout autre art, il y a inconvénient à se répéter ainsi. Il avait eu l'avantage sur Beaulieu, parce qu'il l'avait séparé de Colli, isolant ainsi les Autrichiens des Piémontais. Comment supposer cette fois que Wurmser, seul général, se laissât isoler de ses lieutenants Quasdanowitch et Bayalowitch, qui descendaient les rives du lac Garda ? Si l'avantage fut à Bonaparte, qui se tenait entre eux à la pointe méridionale du lac, c'est que l'état-major, qui menait Wurmser, l'obligea de partir, de laisser seuls ses lieutenants. On lui montra sans doute un ordre péremptoire de la Cour, qui disait encore ce qu'elle avait dit invariablement : « Avant tout, allez à Mantoue, ravitaillez Mantoue. »

Wurmser dut obéir, ce qui permit à Masséna de gagner la bataille de Lonato, et quand Wurmser lui-même vint au secours le 4 août, ce ne fut que pour recevoir d'Augereau la défaite de Castiglione.

Tout cela dans M. Thiers est arrangé systématiquement, rattaché à « *un grand plan* » conçu d'avance. Mais pour que ce grand plan fût bon, il fallait ou que le vieux Wurmser agît comme un jeune étourdi, ou bien que les tuteurs de Wurmser lui forçassent la main et le fissent agir comme s'ils avaient été les instruments de Bonaparte même.

Je crois qu'il y eut plus de hasard dans tout cela. Je crois, comme les généraux Koch et Beauvais, qu'après avoir levé le siège de Mantoue, voyant le grand poste de Castiglione abandonné, Bonaparte eut réellement l'idée de la retraite ; et même à Lonato, il ne savait pas encore si Masséna aurait à combattre Wurmser ou son lieutenant Quasdanowitch.

L'historien véridique et désintéressé de Masséna laisse toute la gloire de Castiglione à Augereau. Il ne suppose pas, comme M. Thiers, que cette division Masséna, en partie décimée à Lonato, put le lendemain aider beaucoup Augereau à Castiglione.

Koch le montre attendant de pied ferme l'armée principale de l'Autriche, et Wurmser revenu de Mantoue. Il le tourna à droite et occupa les hauteurs de Solférino. Lui-même au centre força Castiglione, dont il passa en personne le pont-levis, pendant que ses grenadiers escaladaient les murs de la petite ville.

Cependant une mer d'Autrichiens arrivait. Augereau cache son artillerie dans un torrent, simule une retraite. Puis, au bon moment, démasquant ses canons, il fait feu, et insiste par une charge à la baïonnette. Wurmser, ce semble, se défendit héroïquement. Tous nos généraux furent mis hors de combat. Augereau seul fit d'abord face aux Autrichiens. Kilmaine, arrivant sur leur flanc, les tourna. Il y eut six mille morts. Quinze mille prisonniers tombèrent dans les mains d'Augereau. Nulle bataille plus décisive.

Bonaparte allait et venait entre les deux armées. Il creva cinq chevaux. Il semble avoir été présent à Lonato, mais non à Castiglione. Car il fut très surpris quand il vit le champ de bataille, et les grandes pertes de l'ennemi. Dans son transport, il embrassa Augereau. Ce bon mouvement de nature fut court. Il ne l'aima pas davantage. Dans la patente où il le nomme duc de Castiglione, il ne rappelle pas le grand service qu'Augereau rendit ce jour-là à la France, à lui-même. Dans ses *Mémoires militaires*, si tard et si près de la mort, il n'a plus de cœur, et ne dit que ce mot glacial : « Ce jour-là, il se conduisit bien. » Cette mauvaise grâce me fait croire au beau récit de Koch, et montre que Bonaparte garda jusqu'au bout rancune à celui qui, dans ce jour de grand péril, le vit faible et le raffermit.

Jomini trouve aussi (t. IX, p. 332) qu'il ne recueillit point de cette journée les résultats qu'on était en droit d'attendre, qu'il ne montra pas la vigueur qu'il avait déployée au début de la campagne. Wurmser put rassembler ses colonnes éparses, se retirer sans engager d'affaire sérieuse, et mettre quinze mille hommes de troupes fraîches dans Mantoue. Cette facilité vient d'une chose que Jomini n'apprécie jamais. C'est que Wurmser, quelles que fussent ses pertes, avait en ce moment une immense force populaire dans les vaillantes milices (slaves ou tyroliennes), qui venaient derrière lui. En retombant sur elles, il se retrouvait fort et jeune, comme le géant Antée quand il touchait la terre. Un grand changement s'était fait pour nous. Notre brillante armée d'Italie (étrangère à l'Italie même), c'était désormais *le soldat*. Et les gens de Wurmser (Allemands, Tyroliens, Hongrois, Croates), tous ces Barbares, c'était *le peuple*.

Le moment où la République eut la plus belle chance contre Bonaparte, et pouvait l'écraser encore, ce fut le 1er août, où, sans ordre, il avait levé le siège de Mantoue. Il n'aurait pu alors rendre compte de sa royauté financière, dont il avait écarté tous les surveillants légitimes. A ce moment, Augereau, Masséna eussent suffi pour le premier péril. Et on eût, de surcroît, fait venir l'armée des Alpes et Kellermann, qu'il avait si orgueilleusement repoussé. Son inquiétude principale était la prise immense que la levée du siège donnait à ses clairvoyants ennemis, les patriotes de Paris. Aussi, il regretta beaucoup d'avoir outragé leur homme, Salicetti. C'est à lui qu'il écrit sa première lettre, qu'il date de Brescia, 2 *août*. Il lui envoie son frère Louis, et le prie de croire ce que Louis dira. Cette lettre ne témoigne que trop du désordre de son esprit. Il lui parle d'abord de la bataille de Lonato comme gagnée; elle ne le fut que le lendemain 3 août. Puis il ajoute : « Battu, je me retirerai sur l'Adda. Battant, je ne m'arrêterai pas aux marais de Mantoue » (parole singulière, puisqu'il a laissé Mantoue deux jours auparavant).

Ce même 2 août, il écrit vaguement au Directoire : « Nous avons eu des revers; puis des victoires. » Enfin, le 4, après Castiglione, qui le rassure, il fait le malade, le bon citoyen amoureux de la retraite (9 août). Il bénit Carnot, qui fut sans doute touché, et, comme toujours, répondit de lui.

Déjà après la victoire de Lonato et sans attendre celle de Castiglione, il avait envoyé un aide de camp à Paris. Le 9, dans sa lettre à Carnot, il paraît souhaiter ce qu'il craignait le plus (c'est-à-dire d'être appelé à Paris et de rendre des comptes). Certainement, il avait été instruit par son secrétaire, officier de marine, des grands procès anglais qui occupaient l'Europe. Le long procès d'Hastings finissait juste au moment, où (sans Castiglione) Bonaparte, appelé à Paris, eût eu à craindre un procès semblable, qui l'aurait arrêté dans sa voie téméraire (1795).

FIN DU TOME PREMIER

TABLE DES MATIÈRES

	Pages
Introduction	1
Préface	9

PREMIÈRE PARTIE. — LA FIN DES JACOBINS.

Chap. I. Le Jacobinisme finit. — Le Socialisme commence. — Babeuf, Saint-Simon, Fourier ... 23
   II. Babeuf ... 31
   III. Saint-Simon en 93 et 94 ... 38
   IV. Babeuf au 9 thermidor ... 47
   V. La sortie des prisons. — L'explosion de la pitié ... 53
   VI. Le grand club de Babeuf réclame pour les droits de Paris ... 63
   VII. La résurrection de Danton (août 94) ... 71
   VIII. L'Assemblée, pour se maintenir, favorise les Jacobins contre Paris et Babeuf (1-6 septembre 94) ... 85
   IX. Les Jacobins menaçants, menacés. — On ferme le club de Babeuf (8-30 septembre 94) ... 93
   X. Les Jacobins en péril. — Babeuf arrêté. — Fréron (octobre 94). 104
   XI. Terrible ascendant des femmes. — Ce qu'étaient les Jacobines. 115
   XII. Les dames de la réaction ... 121
   XIII. La clôture des Jacobins (10 nov. 1794) ... 131

DEUXIÈME PARTIE. — FIN DE LA CONVENTION. — DIRECTOIRE.

Chap. I. La France reprend le mouvement. — La grande création des Écoles. — Réaction de la nature ... 139
   II. La France déborde au dehors. — Grandeur et vertu des armées. — La magnanimité de Hoche ... 156

TABLE DES MATIÈRES

Pages

CHAP. III. Aveugle réaction de la pitié. — Les chouans enhardis. — Meurtres et faux assignats (novembre-décembre 94). . . . 171
IV. La panique de l'assignat. Les spéculateurs. Les utopistes. — Saint-Simon, Babeuf (94-95) 184
V. Comment la Terreur blanche se prépara l'hiver 196
VI. La journée de Germinal (1er avril). — Massacres de Lyon (5 mai 95). 203
VII. Journée de Prairial (20 mai 95). — Envahissement de l'Assemblée. 218
VIII. Procès de Prairial. — La mort de la Montagne (21 mai, 17 juin 95) 235
IX. Ignorance et des républicains et des royalistes. — Massacres du Midi (mai-juin 95) 253
X. Quiberon (25 juin-22 juillet 95). 264
XI. Rentrée des royalistes. — Leurs masques divers. 298
XII. Vendémiaire. — Bonaparte 319

TROISIÈME PARTIE. — ORIGINE ET COMMENCEMENT DE BONAPARTE.

CHAP. I. Madame Lætitia. — La Corse. — Paoli 336
II. Les Bonaparte. — Leur position double. — L'enfant de la prophétie 344
III. Bonaparte séminariste. 353
IV. De royaliste il devient maratiste 360
V. Misères. — Intrigues avant et après Vendémiaire. 368
VI. Joséphine. — Organisation de la publicité pour la campagne d'Italie. 378
VII. Victoire sur le Piémont. — Bonaparte traite avec le roi, sans dire un mot pour l'Italie 384
VIII. Lodi (12 mai 95) 394
IX. Bonaparte ne comprit rien à l'Italie. 406
X. Bonaparte roi d'Italie. 413
XI. Défaillance de Bonaparte (2 août). — Augereau le relève. — Castiglione (4 août 95) 423

FIN DE LA TABLE DU TOME PREMIER

IMPRIMERIE E. FLAMMARION, 26, RUE RACINE, PARIS.

www.ingramcontent.com/pod-product-compliance
Lightning Source LLC
Chambersburg PA
CBHW050902230426
43666CB00010B/1992